现代汉语中介语语篇的结构特征研究

娄开阳 著

中央民族大学出版社
China Minzu University Press

图书在版编目(CIP)数据

现代汉语中介语语篇的结构特征研究/娄开阳著. —北京：中央民族大学出版社,2019.9 重印

ISBN 978-7-5660-1569-3

Ⅰ.①现… Ⅱ.①娄… Ⅲ.①现代汉语—中介语—研究 Ⅳ.①H1

中国版本图书馆 CIP 数据核字(2018)第 244582 号

现代汉语中介语语篇的结构特征研究

著　　者　娄开阳
责任编辑　戴佩丽
责任校对　肖俊俊
封面设计　关国焕
出 版 者　中央民族大学出版社
　　　　　北京市海淀区中关村南大街 27 号　邮编:100081
　　　　　电话:68472815(发行部)　传真:68932751(发行部)
　　　　　　　68932218(总编室)　　　　68932447(办公室)
发 行 者　全国各地新华书店
印 刷 厂　北京建宏印刷有限公司
开　　本　787×1092(毫米)　1/16　印张:19
字　　数　300 千字
版　　次　2019 年 9 月第 2 次印刷
书　　号　ISBN 978-7-5660-1569-3
定　　价　88.00 元

序一

中央民族大学副教授娄开阳博士，他是在中国传媒大学师从李宇明教授取得的博士学位；后来进入北京语言大学，在崔希亮教授指导下攻读博士后。他的博士后出站报告是《外国学生现代汉语书面叙述类基础语篇的篇章结构特征研究》，获得好评。现在呈现在读者面前的新著《现代汉语中介语语篇的结构特征研究》就是他在出站报告的基础上进一步完善撰写而成的。我是开阳博士后出站答辩委员会的主席，对出站报告和现在的书稿都比较熟悉。修改后的书稿完善了文献综述，统一了语料选取标准，增删了部分章节，修改幅度较大。我所以要做上述交代，是想告诉读者这部新著是作者经过多年研究所积累的研究成果。在该书付梓之前，开阳要我为之写序，尽管我对语篇没有什么研究，但我还是欣然接受了这个邀请，因为我可以借此机会进一步学习语篇知识。再说，说到语篇，而且是外国学生的中介语语篇，就离不开汉语二语教学的书面语教学，我也正好可以借写序之机再次陈述我关于在汉语二语教学中要加强汉语书面语教学的观点。

看完整个书稿，总的说我比较满意——其一，开阳对国内外有关语篇研究的成果进行了较为全面的梳理，做了较为公允的评介。其二，所研究的中介语语篇虽还不算很多，仅从“HSK 动态作文语料库”中选用了 19 万余字的语料，但他对这些语料的处理、分析是认真的、细致的，是下了功夫的。其三，不仅下了功夫，还动了脑子，这使他通过研究获得了研究中介语语篇的结构特征的一些有价值的结论——“欲说明叙述类作文的篇章结构特征，宜加强篇章结构支撑点（关键点）的分析；欲说明叙述类作文的篇章结构特征，宜关注篇章结构特征呈现状况的描写；欲说明叙述类作文的篇章结构特征，宜注意篇章结构各项特征的提取；欲说明叙述类作文的篇章结构特征，宜在研究方法上加强定量研究”。不仅如此，而且使他能修正 R. B. Kaplan 于 1966 年提出的“母语或第一语言的思维方式会影响到二语写作的语篇模式，表现出不同的篇章结构特征”这一理论假设，还纠正了 Kaplan 一些具体看法，譬如，语篇要素排序问题在语体语篇的结构研究中占有重要的位置，Kaplan（1966）主要关注中心句出现的位置对要素排序的影响，但开阳在书中指出，“实际上所有结构要素都涉及排序的问题”，从而纠正了 Kaplan 的片面看法。

汉语中介语语篇的结构特征研究，无论是对汉语书面语语篇研究，还是对汉语二语教学中的书面语教学，都有重要意义。可是这方面研究在我们国内还少有人涉及。因此，娄开阳博士这项研究具有一定的开创性。

国内所以在这方面研究不多，这一方面是因为我们国家大规模开展汉语二语教学的历史不长，积累的资源不多；另一方面，也是更重要的原因，在汉语二语教学中对汉语书面语教学重视不够。

学习汉语的外国人，基本上可以分为两大类：一类是只要求会说、会听几句汉语口语句子，诸如“你好！”“谢谢！”“再见！”“我是……。”“我来自……。”“我的名字叫……。”等，并没有想着真要学习、掌握汉语。这主要是来中国旅游的一些观光客。另一类是出于某种目的真想学会、掌握好汉语，以便自己能跟中国人进行自由交谈，能较好地阅读自己所需要的汉语文献资料，甚至能在中国工作。对前一类外国汉语学习者来说，适当给他们教一些汉语口语就可以了；对后一类外国汉语学习者来说，必须不仅要教他们学习、掌握好汉语口语，还一定得教他们学习、掌握好汉语书面语。为什么？

第一，赵金铭教授在《“说的汉语”与“看的汉语”》一文中曾指出，如果国外汉语学习者只学“说的汉语”“听的汉语”，不学汉字，不学习、掌握书面语，那日后只能成为会说汉语的“文盲”。①

第二，一个外国人，他如果真要想了解、认识中国，要学习、研究中国文化，就不能不学习书面语。

第三，从另一个角度说，我们要想使国外了解中国文化，要想使中华文化走向世界，融入国际多元文化的大家庭中去，也必须设法使国外汉语学习者学习、掌握好汉语书面语。说实

---

① 参看赵金铭《“说的汉语”与“看的汉语”》，见赵金铭主编《汉语口语与书面语教学——2002 年国际汉语教学学术研讨会论文集》，北京大学出版社，2004。

在的，通过外国汉学家和中文翻译人员的口和笔来介绍中华文化，将中国的经典著作翻译成他们的语言，让他们的国民阅读了解，这比我们的对外宣传的效果要好得多。

第四，虽然联合国确定汉语为联合国的工作语言之一，可是实际上在国际上基本没有汉语的话语权。现在互联网上85%是英语，联合国各种场合使用的语言95%是英语，汉语的使用率只占百分之几。[①] 现在情况虽已向好的方面有所改变，但真要取得汉语在国际上的话语权，就得让越来越多的外国人，不仅学习掌握好汉语口语，而且学习掌握好汉语书面语；也就是说，要设法让越来越多的外国人，不仅能说一口汉语，还能用汉语阅读写作，具备汉语书面语的能力。而这只有通过汉语书面语教学才能达到。

这里我们必须清醒地认识到，汉语要走向世界，汉语教学真要为构建人类命运共同体事业做出贡献，就必须重视和加强汉语书面语教学。

本书很有出版价值。不过，日后再版修订时，希望能增加更多母语背景的新语料，增加跟我们国内的中国孩子的作文做对比的研究成果，同时在文字上做进一步的打磨。

是为序。

2018 年 10 月 29 日
于寓所

① 引自《参考消息》2006 年 1 月 24 日 15 版《欧美兴起“汉字纹身热”》一文。

序二

娄开阳博士的博士后出站报告是“外国学生现代汉语书面叙述类基础语篇的篇章结构特征研究”，其在站研究期间我是他的合作导师。此前，我们一起完成了国家社科基金重点项目“外国学生汉语书面语习得与认知研究”（项目号08AYY003），这个课题的研究成果已经由北京语言大学出版社结集出版。出站之后，开阳仍然关注着外国学生的书面语语篇问题，现在摆在我们面前的新作《现代汉语中介语语篇的结构特征研究》就是在出站报告的基础上进一步完善而成的。

中介语（inter language）是指第二语言学习过程中所使用的目的语，由于它距离地道的目的语还有距离，因此被命名为中介语，意思是说这是由母语向目的语过渡阶段的中间状态的语言形式。对于第二语言学习者来说，能够正确地使用目的语是第一个目标，能够文雅地使用目的语是终极目标。观察学习者的语篇特征是我们了解学习者学习过程的一个窗口。开阳的这部著作是一部下了苦功的认真之作：他不仅从“HSK 动态作文语料库”中选用了 19 万余字的语料，同时还对所选语料在原有标注基础上重新补充标注了 12 项语篇信息（该项工作均由作者一人独自完成），这使得他的研究有根有据、有的放矢。我认为他的研究有以下几个特点：

第一个特点是选题比较有新意。该研究属于对比修辞学研究的范畴，这类研究在国内做的人不是很多，国外此前的研究也多以印欧语为主要研究对象。开阳选择以现代汉语中介语语篇为研究对象，严格地说这不是比较修辞学的研究范式，但是他的研究取材于不同母语背景的汉语学习者，也可以算是一种比较。从中介语的角度入手研究语篇问题还是个比较新的课题，这个选题有较强的理论意义和实践价值。

第二个特点是语料翔实。开阳的研究所采用的语料是同质的（对比修辞学创始人美国语言学家 Kaplan 当年所用的语料是不同质的），而且为了统计方便，他选取了母语为英语的作文 12 篇、母语为日语和母语为汉语的海外华人的作文语料各 96 篇。他的研究在这个范围内展开，所选的语料限于记叙文。

第三个特点是结论出新。该研究的结论修正了 Kaplan 在 1966 年提出的理论假设（即母语或 L1 的思维方式会影响到第二语言或 L2 写作的语篇模式，表现出不同的篇章结构特征），开阳用数据表明：不同母语背景的学习者其汉语中介语语篇均为线性结构，L1 思维方式对 L2 写作的影响并不明显。Kaplan 认为来自不同文化背景的学习者其 L1 文化思维模式会对 L2 写作的书面语篇章模式造成负迁移，其结论是：英语是线性（Linear）结构，闪语系的语篇结构是阶梯型的；而包括汉语、日语在内的东方语言的学生作文呈螺旋型结构。

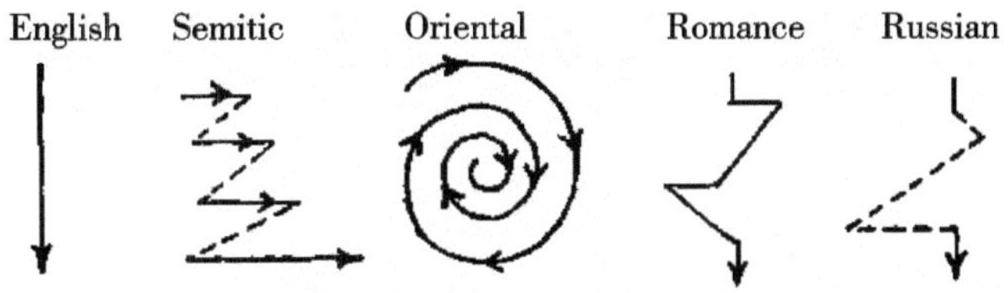

Kaplan 的这个结论影响很大，以至于经常被人引用。而开阳的研究表明，无论母语是英语还是日语，抑或是汉语，学习者的汉语作文均呈现出线性结构特征：中心句均居于篇首（91.7%/91.7%/72.9%），结构关系也多为支撑线性结构的解证关系（66.7%/66.7%/87.5%），统计数据完全修正了 Kaplan（1966）的理论假设。这一修正意义重大。当然，这还需要闪－含语系、罗曼语族、斯拉夫语族的语言的验证。Kaplan 关于东方语言的说法过于笼统和简单。

此外，它还对不同母语背景的学习者中介语语篇的结构特征进行了研究，对不同学习阶段的学习者（以 HSK 成绩划分）的汉语中介语语篇特征进行了比较，得出了令人信服的结论。

开阳的研究不足之处是缺少作为对比参照的中国学生的作文语料：若与其他母语背景的学生做比较，仅有海外华裔学习者的语料是不够的，毕竟这些学生的 L1 很多并非汉语。另外，母语为英语的作文语料只有 12 篇，毕竟是很大的缺憾（语料库中只有这么多，也是没有办法的事），因为这是缺乏统计学意义的。另外，不同的语体、不同的文体、不同的话题、不同的性别、不同的外语学习经验是否会影响汉语中介语的语篇结构？这都是值得进一步探讨的问题。

是为序。

2018 年 10 月 2 日于北京

目　录

插图和附表索引

第一章

绪　论

本书以外国学生的汉语中介语书面语篇为研究对象*，基于“HSK 动态作文语料库”中的记叙文语料展开分析，试图描写外国学生现代汉语叙述类作文：（1）理论上篇章结构特征的呈现状况；（2）不同母语背景视角下的篇章结构特征；（3）不同汉语水平视角下的篇章结构特征。以期对汉语对比修辞研究做出理论上的贡献，并为国际汉语书面语教学实践提供借鉴。

---

* 本书的“外国学生”也包括海外华裔学生。

1.1 研究对象

本书的研究对象是外国学生现代汉语书面语篇中的普通语篇，所选用的语料是书面普通语篇中的叙述类作文。本书将所有现代汉语语篇分为语体语篇和普通语篇：所谓语体语篇是指有明确语体规定性的篇章，如新闻语体、科技语体和应用语体中的各类语篇等；普通语篇是语体语篇的基础，指不带任何语体色彩的语篇，其典型代表是作文。

1.1.1 研究范围

本书的研究范围限于国际汉语教学领域中面向外国学习者的第二语言教学。

1.1.1.1 教学类型：李宇明（2009）在《海外华语教学漫议》一文中根据汉语与学习者的文化关系和语言习得的顺序这两项指标，将汉语教学划分为五种类型：

Ⅰ. 作为第一语言的母语教学：这种类型的学习和教学主要发生在中国本土、海外华人华侨家庭以及某些华人社区，典型的如国内中小学语文教学。汉语既是这些学习者的母语又是他们的第一语言。

Ⅱ. 作为第二语言的母语教学：如海外华人华侨子弟的汉语教学。汉语是这些学习者的母语，但不是他们的第一语言。学习汉语不但是为了重建母语，同时也是为了实现民族文化认同。

Ⅲ. 少数民族的国家通用语言教学：如国内少数民族的汉语教学，又称对内汉语教学。汉语是中国的国家通用语，少数民族学生既要学好自己的母语又要学好国家通用语言，实现国家认同层面的文化认同。

Ⅳ. 汉字圈的第二语言教学：如日、韩学生的汉语教学。学习者是来自日本、韩国等汉字文化圈国家的学生。这两个国家在历史上曾长期使用汉字，其历史的相当一部分是用汉字记载的，因此学习汉语（汉字）对其有着特殊的意义。

Ⅴ. 非汉字圈的第二语言教学：如欧美学生的汉语教学。学习者是来自非汉字文化圈的学生，以欧美国家为代表。这些学习者在文化上与汉文化迥异，学习动机也不同，汉语、汉字对其没有特殊意义。汉语既不是这些学习者的母语，也与他们的文化没有太多关联。其学习动力主要来自汉语的使用价值，学习目标主要是培养语言交际能力，学习内容主要是语言，性质上是一种工具性学习。各种教学类型见表 1 - 1：

表 1 - 1　五种汉语教学类型表

序号	教学类型	学习对象	汉语学习类型	汉语教学类型
Ⅰ	作为第一语言的母语教学	国内学生及华人华侨社区	母语学习（汉语是第一语言）	母语文教育（中小学语文教学）
Ⅱ	作为第二语言的母语教学	海外华人华侨子弟	母语学习（汉语非第一语言）	华语文教学
Ⅲ	少数民族的国家通用语言教学	国内少数民族学生	对内汉语学习	对内汉语教学
Ⅳ	汉字圈的第二语言教学	汉字文化圈的学生（日本、韩国等国）	对外汉语学习（汉字对其有特殊意义）	对外汉语教学或海外汉语教学
Ⅴ	非汉字圈的第二语言教学	非汉字文化圈的学生（欧美等国）	对外汉语学习（汉字对其无特殊意义）	对外汉语教学或海外汉语教学

本书研究的教学类型是汉语作为第二语言的教学，即上述五种教学类型中的Ⅳ（汉字圈的第二语言教学）和Ⅴ（非汉

字圈的第二语言教学)。

1.1.1.2　教学对象：面向外国学生。教学对象与教学类型是紧密相连的，本书所研究的教学对象是外国学生，即上述Ⅳ和Ⅴ教学类型中的日、韩及其他非汉字文化圈的外国国籍的学生。须略作解释的是，此处的外国学生有广义和狭义两种：广义上说指第一语言为非汉语的学生；狭义上讲指国籍为外国籍的学生。①

1.1.2　研究语料

本书所用语料限于外国学生 HSK 考试中的叙述类作文。

1.1.2.1　语料性质：本书选用的是作为第二语言的现代汉语书面普通语篇典型代表的 HSK 作文。该语料从性质上来说包括以下三点：

(1) 是共时平面的语料，以区别于古代汉语及近代汉语语料。如历史上外国学生所写的汉语作文，不在本书研究之列。(2) 是书面语体的语料，以区别于现代汉语口语语体的语料，如外国学生的口语语料。(3) 是叙述类作文语料，即外国学生所写的现代汉语记叙文，以区别于外国学生作文中的议论文和说明文语料。

1.1.2.2　语料形式：本书研究的是书面文本形式，以区别于口头形式。无论书面语体还是口语语体都有口头形式和文本形式这两种。

本书所使用的语料是从北京语言大学“HSK 动态作文语

---

① “第一语言”与“母语”概念不同，二者的差异可参看李宇明（2003）《论母语》。

料库”中选取出的外国学生的叙述类作文，即记叙文。因记叙文的内涵过于宽泛，如新闻报道本质上也是记叙文，为了更明确本研究的对象，本书将采用“叙述类作文”的说法。一来表明本书的研究对象是作文，二来也与其他类型的普通语篇相区别，如议论性作文和说明性作文。①

此外，本书在补充标注时采用了“篇内标注+篇外标注”相结合的方式，即不仅在篇内标出中心句和结构要素（包括 WHO、WHAT、WHY、HOW、EFFECT 和 BACKGROUND），还会在篇外用表格具体注明内容，以便于阅读。②

1.1.2.3 样本量确定：为使统计结果更为可靠，本书将置信区间设为95%，误差率≤10%，根据统计学原理则最小样本量不得小于96篇，因此我们将在语料条件允许的情况下，从每个角度的语料中随机选出96篇。③ 不同置信区间和不同误差率下的样本量要求参见表1－2：

表1－2 不同置信区间和误差率下的样本量表

误差率 / Z值 / 样本量	不同置信区间的Z统计量		
	90%	95%	99%
	1.64	1.96	2.58
10%	67	96	166
5%	269	384	666
3%	747	1067	1849

① 同时这一术语也符合逻辑学中关于定义的种属界定：“作文”是大概念，属于“种”；“叙述类”是小概念，属于“属”。

② 由于标注是在此前已经标注过字、词、句偏误的语料文本上进行的，因此会保留原有的标注符号，这些标注痕迹不影响语料阅读与分析。

③ 从理论上来说，将置信区间增大并将误差率降低将会使结论更为可靠，但现有 HSK 动态作文语料库中部分语料有限，目前的设定是比较务实的最佳选择。

根据我们的设定，主体各章语料取样数量情况见表1－3：

表1－3　主体各章语料取样数量一览表

	语料样本数量	备注
母语为英语	12	语料库中只有12例，已是穷尽性检索。
母语为日语	96	语料库中共有174篇语料，随机选取96篇。
海外华裔	96	语料库中共有151篇语料，随机选取96篇。
初级水平	45	汉语水平角度的语料是将前三部分语料中的初、中、高级语料汇总而来，故未能达到本书设定的统计参数。
中级水平	87	
高级水平	72	

1.2　研究内容

1.2.1　主要内容

本书的研究内容主要包括四部分：

（1）篇章结构特征分析的三大关键点；

（2）篇章结构特征的理论呈现状况；

（3）不同母语背景的外国学生汉语中介语语篇的结构特征；

（4）不同汉语水平的外国学生汉语中介语语篇的结构特征。

1.2.2　研究目标

本书的主要研究目标是描写外国学生汉语中介语书面语篇的篇章结构特征，即研究内容中的第四部分；之前三部分的研究内容是实现该目标的前期基础研究。

1.2.3　研究重点

本书的研究重点是不同母语背景的汉语中介语书面语篇的篇章结构特征和不同汉语水平的汉语中介语书面语篇的结构特征。

1.2.4　研究难点

本书的研究难点是中介语语料库中语料的篇章层面的文本标注，所有语料均需人工标注，几乎无法计算机辅助，这种标注状态使得工作量大增。

1.3　研究方法

本书采用定性和定量相结合的研究方法，具体包括问卷调查法、语料库的方法、数理统计法、文本分析法等研究方法。下面按照本文各部分研究方法使用的先后顺序来介绍。

1.3.1　问卷调查法

问卷调查法主要用于调查外国学生最常用的书面语篇类型，作用是确定本书的研究语料，对应正文第一章中的“1.1研究对象”。外国学生常用的书面语篇类型很多，限于客观条件，我们只能研究最常用的语篇类型。我们设计问卷调查了外国学生在华日常生活、学习和未来工作中常用的现代汉语书面语篇类型。数据表明，作文是在华外国学生最常学习的语篇类型之一，因此确定研究语料为外国学生的 HSK 作文。调查问卷内容参见附录 1 和附录 2，调查结果参见附录 3。

1.3.2 语料库的方法

本书就是基于“HSK 动态作文语料库”的研究，以保证语料的同质性和相关统计与计算的准确性。目前该语料库共有语料 11569 篇，共计 424 万字。现有语料已经做了字、标点符号、词和句等方面的加工处理。在语篇方面也做了包括句间连接手段的错误标注、语义表达方面的错误标注以及篇章错误的数据统计等处理。此外，语料库还提供了历次考试的时间、地点和作文题目，以及包括国籍、性别、作文分数等在内的考生信息。上述标注大大方便了本书的进一步研究，本书将进一步完善篇章结构方面的标注，以满足我们的研究需求。

1.3.3 数理统计法

本书运用数理统计的方法，其作用在于按照统计学原理选取语料，实现以小见大的研究目标，对应第一章中的“1.1.2 研究语料”。限于人力，我们无法做到穷尽性研究，因此有必要采用抽样调查的方法，通过分析部分样本来反映全貌。如前所述，我们根据统计学原理设定置信区间为 95%，误差率≤10%，日本学生和华裔的语料均抽样选取了 96 篇。

1.3.3.1 母语背景：Kaplan（1966）将学生 L2 作文结构特征的不同归因于学生的母语文化背景不同。尽管不少学者反对他的观点，但我们认为注意区别语料作者不同的母语背景还是有必要的。不同语言文化背景的学生在接受母语的书面语写作训练时会有自己的学术传承和写作传统，这一传统尽管不一定等同于思维模式，但对作者的 L2 写作会产生一定影响应该是可以肯定的。本书将分别从母语为英语（英、美、加、澳等国学生）、母语为日语（日本学生）和母语为汉语（国籍为新加坡、葡萄牙、美国和澳大利亚等国的华裔学生）中分别抽取样本。

1.3.3.2　汉语水平：不同汉语水平的作文其篇章结构特征必然差别很大，因此在考查篇章结构特征时要注意区分不同的分数区域。Kaplan（1966）为人诟病的主要原因是他用英文的典型语篇与学生的 L2 习作相比较，对比语料的英文语篇不在同一水平上，结论当然不能令人信服。本书力图克服这一语料上的缺陷，通过分数区域来划分汉语水平，将分数划分为低分区（< 70 分）、中分区（70—84 分）和高分区（> 84 分），分别对应初级水平、中级水平和高级水平。

1.3.4　文本分析法

本书对语料采用文本分析的方法，其作用是服务语料标注，同时确保不同母语背景和不同汉语水平语料之间的对比分析是客观统一的，对应正文中的第三至第九章。在统计外国学生汉语中介语书面语篇的篇章结构特征时，要用到文本分析法才能得出篇章结构的理论呈现状况和各项篇章结构特征。本书对文本进行分析的主要内容是叙述类作文的三个关键点（篇章的中心思想、结构要素和结构关系）和三大分析维度（有无、强弱和优劣）。即先标出三大关键点，然后再从三个维度分析三大关键点，最后进一步分析三大关键点的数量、位置等其他维度，以求细致全面。

1.3.5 技术路线

本书具体技术路线图如图 1－1 所示：

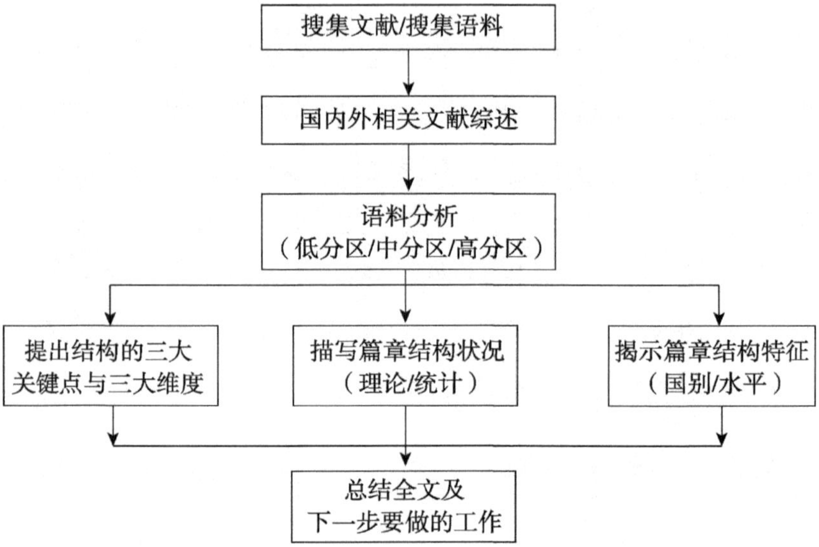

图 1－1　本书技术路线图

第二章

现代汉语篇章结构特征研究现状

本章分两部分来谈，首先综述国内外篇章结构的研究现状；然后再综述有关篇章结构特征的研究概况。篇章结构是篇章结构特征研究的基础，因此在综述篇章结构特征研究的相关文献之前，有必要摸清前人对篇章结构的相关研究现状。

在篇章结构综述部分，先介绍篇章结构研究的简史，然后主要介绍国外篇章语义结构研究、主位结构理论和修辞结构理论；主要评述国内传统文章学、汉语句群理论和现代篇章语言学等。在篇章结构特征综述部分，主要评介国内外对比修辞学领域的研究、国际汉语教学领域的研究以及中文信息处理领域的研究。

2.1 国内外篇章结构研究现状

2.1.1 国外篇章结构研究现状

2.1.1.1 篇章结构研究简史。下面分别介绍英语学界和俄语学界的相关研究。

（1）英语学界：在欧美学界，有关篇章结构的研究可以说贯穿了篇章语言学发展的整个历史（徐赳赳，1991；徐赳赳，1995；朱永生，2003），无论在萌芽阶段、起步阶段还是兴盛阶段，篇章结构都是很受关注的重要课题：

①萌芽阶段（从1952年—20世纪60年代末）：语篇结构一直都是重要的研究课题。Harris（1952）从成分分布的角度进行了话语结构分析；Halliday（1985）的主位结构研究的就是篇章结构。

②起步阶段（20世纪70年代前后大约10年间）：不仅开始出现了影响较大的篇章理论，如van Dijk（1980）的“宏观结构理论”（Macrostructure Theory）；还包括大量涉及篇章结构的研究，如reference（指称）、deixis（指示）、anaphora（回指）、topic and comment（话题和述题）、cohesion and coherence（衔接与连贯）、substitution（替换），等等。徐赳赳（1995）认为这一时期的研究相对于传统语法来说，“篇章结构”是一个新概念。

③兴盛阶段（从20世纪80年代起，尤其是90年代以来）：对篇章结构的关注成为主要趋势之一。具体说来表现在两方面：一是向大结构发展，二是向实用性较强的话语发展。前者是对

篇章类型的研究，又分两种情况：A. 研究某种话语或篇章的结构，如论证结构（argumentational structure）；B. 不同话语篇章之间类型的比较。后者是对某一语体结构展开研究，如以 van Dijk 为首的一批学者开始研究新闻语篇的结构。

（2）俄语学界：俄语篇章结构研究的历史更悠久，不过由于政治原因，与欧美之间长期处于隔绝状态，语篇分析方面的分界也非常明显。其研究开创于 1948 年，这一年波斯别洛夫发表了两篇论文《复杂句法整体及其主要结构特征》和《现代俄语中的复杂句法整体问题》，被认为是俄语篇章语言学的奠基之作。同年，菲古洛夫斯基发表《从单句句法到篇章句法》一文，对推动俄语篇章语言学的发展起过很大作用（转引自王福祥，1994；吴为章、田小琳，2000）。显而易见，这三篇重要文献都是与篇章结构有关的。

到了 20 世纪 80 年代，俄语篇章语言学整个研究领域呈现出两大趋势和三大热点（吴为章、田小琳，2000）。在两大趋势中，关于语篇结构的研究属于第一大趋势；在三大热点中，“句际关系和句际连接手段问题”是语篇结构的主要研究内容，而“超句统一体问题”中也免不了涉及篇章结构方面。

可见无论是欧美还是苏联，篇章结构研究始终伴随着篇章语言学的发展历史。在整个历史发展过程中，也出现了很多有代表性的篇章结构方面的理论，下面简要介绍影响较大的三种理论：van Dijk 的篇章语义结构研究、主位结构理论和修辞结构理论。

2.1.1.2 van Dijk 的篇章语义结构研究。语义结构包括宏观结构（macrostructure）、微观结构（microstructure）和超结构（superstructure）。宏观语义结构最早用于说明叙事文体的整体结构。van Dijk（1980）在 *Macrostructures* 一书中详细阐述了这一概念，并且运用自己提出的理论和方法对新闻报道等具体篇章的宏观结构和微观结构做了细致分析。

van Dijk 把篇章中的一个句子以及两个按顺序连续排列的句子的结构定义为微观结构，并进一步提出了建立在更高篇章层次上的宏观结构。他指出，微观结构只注意到了篇章中句子与句子之间的直线关系，但篇章却并非由直线关系组成的，而是还有建立在篇章总体之上的或建立在篇章中一个较大单位总体之上的结构，即宏观结构。微观结构和宏观结构都是从篇章语义上来讲的。简单地说，篇章语义结构是个层次结构，上一层次的语义是由抽取下一层次组成单元共有的命题内容构成的，最上边这个层次就是整个篇章的宏观语义结构，或者我们通常所说的“话题”或“主题”。

van Dijk 具体提出了四项宏观规则来说明如何把微观结构压缩成宏观结构：①删除规则：去掉不重要或次要信息；②选择规则：选出基本信息；③概括规则：把信息加以概括；④涵盖规则：选出主题或主题句。此外，van Dijk 还提出了“超结构”的概念用来表示篇章类型结构，如小说、新闻、法律文本等结构。超结构不仅体现篇章的整体，还决定篇章片段（宏观结构）的顺序。在这个意义上，超结构就是大篇章顺序。van Dijk（1972）还用树形图来表示这种顺序，下面是叙事总结构与论证总结构示意图：

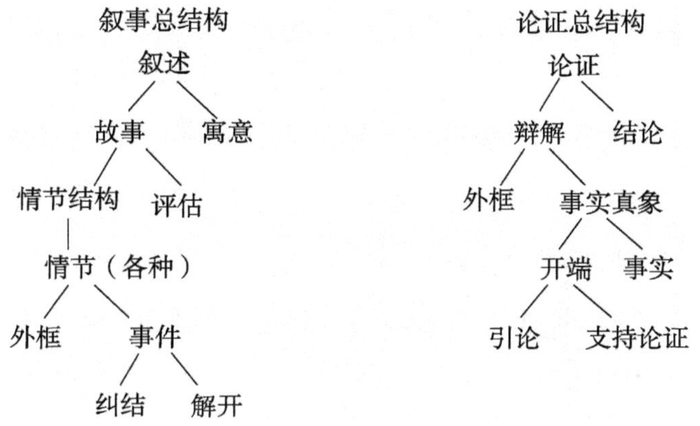

图2－1　Van Dijk 的叙事总结构与论证总结构树形图

本书认为，van Dijk 不仅看到了篇章中句子与句子之间的直线关系，而且看到了语篇结构的层次性，提出了宏观结构与超结构的概念，这是一个很大的进步。不过也有明显的不足：(1) 在微观结构、宏观结构和超结构三者之间的关系上还有些模糊，理论上还有待进一步深入说明。(2) 他所谓的宏观结构并非篇章的总体框架，实质上即我们通常所谓的中心思想（即话题/主题）。(3) 宏观结构和微观结构都是从篇章语义方面来谈的，未能在形式方面做进一步探讨。显然，若单从语义角度来考虑篇章结构而没有形式上的标记，势必会造成很多见仁见智的情况。

此外，van Dijk 描述的宏观规则是从语篇理解角度切入的，较适用于篇章理解方向的研究课题，对篇章生成方面的研究（如口语教学与写作教学）则显得不很对路。还有学者认为（廖秋忠，1991）其研究用来说明独白的说明文、议论文甚至记叙文问题不大，若用来处理对话语篇则问题较多。这一评价也较为中肯。

2.1.1.3 主位结构理论。Halliday（1994）的系统功能语法中的功能语法部分包括三种纯理功能：概念功能、人际功能和语篇功能。语篇功能有三个重要组成部分："主位结构""信息结构"和"衔接"。简单地说，主位结构由主位（theme）和述位（rheme）两部分构成。Halliday 认为主位是话语的出发点，代表已知信息；而述位则表示主位以外的发话人所说的其他一切成分（Brown G. &Yule. G.，1983：133）。篇章展开的过程实际上也就是主位推进的过程。早期的语言学家（Danes，1970、1974）发现，表面上看篇章的结构是千变万化，甚至是杂乱无章的，但实际上不同类型的篇章实体中的主位变化、推进方式是有规律可循的。学者们对各种篇章类型的主位推进方式、过程进行了抽象概括，得到了许多不同的基本模式，这就是"主位推进模式（patterns of thematic progression）"。下面主要介绍科连克与 van Dijk 的研究、中国外语界的研究以及汉语界的相关研究。

（1）科连克与 van Dijk 的研究：1973 年，苏联的科连克认为俄语篇章内部连贯性篇章具有两种结构形式：平行结构和链式结构。1977 年，van Dijk 也提出了与科连克非常相似的观点，列出了两种主位推进模式的基本公式：

①［<a，b>，<b，c>，<c，d>……］；②［<a，b>，<a，c>，<a，d>……］。

显然，van Dijk 的公式①相当于科连克的链式结构，公式②相当于科连克的平行结构。

（2）中国英语界的研究：对此关注的学者很多，下面重点介绍徐盛桓、黄衍和朱永生等人的研究。徐盛桓（1982）概括了四种主位推进模式：①平行性发展：以第一句的主位为出发点，以后各句均以此句主位为主位，分别引出不同的述位，从不同的角度阐明这个主位。②延续性发展：这指的是前一句的述位（B）或述位的一部分（B1），作为后一句的主位，而用一个新的信息作述位，阐明这个主位，如此延续下去，带出新信息，推动思想内容的表达。③集中性发展：第一句的主位、述位作了基本叙述以后，第二、第三……句分别以新的主位开始，但都用第一句的述位，亦即各句不同的出发点都集中归结为同一种情况或状态。④交叉性发展：第一句的主位成为第二句的述位；第二句的主位又成为第三句的述位；第三句的主位又成为第四句的述位，如此交叉发展下去。

黄衍（1985）列举了英语篇章主位推进的七种模式。①各句均以第一句的主位（T1）为主位，引出不同的述位，从不同的角度对同一个主位（T1）加以揭示、阐发。②前一句的述位成为后一句的主位，主位又引出一新的述位，该述位又成为下一句的主位，如此延续下去。③各句均以第一句的述位（R1）为述位，各句不同的主位都归结为同一个述位（R1）。④第一句的主位成为第二句的述位，第二句的主位成为第三句的述位，第三句的主位又成为第四句的述位，依次类推。⑤第一、三、五……句的主位相同，第二、四、六……句的主位相同。⑥第一句的述位（R1）成为以后各句的主位。⑦各句的主位/述位无明显联系。

朱永生（1995）总结了英语篇章主位推进的四种模式：①主位同一型：亦称平行型或放射型，指主位相同，述位不同；②述位同一型：亦称集中型，指主位不同，述位相同；③延续型：亦称梯型，指前一句的述位或述位的一部分成为后一句的主位；④交叉型：即指前一句的主位是后一句的述位。

（3）汉语界的相关研究：与外语界类似，主要也是基于 Halliday 等人的相关理论，针对汉语语篇分析后得出相关结论。限于篇幅，下面着重介绍史金生等（2018）的研究成果。他们以法律法规语篇的语料为研究对象，总结出了以下五种主位推进模式：①同一型：又称平行型，是以前一小句的主位为出发点，以后各小句均以此句的主位为主位，分别引出不同的述位，从不同角度对同一主位加以阐发。②派生型：是在首句主位、述位叙述之后，以后各句的主位都是从首句的述位派生出来的。③并列型：是指几个连续小句各自有自己的主位与述位，各小句的主位与述位构成并列关系。④延续型：前面小句的述位是下个小句的主位，这种连贯相承的形式就是延续型主位推进模式。⑤集中型：几个小句有不同的主位，但有相同的述位。可以看出，虽然研究对象不同，所举例证各异，但结论与外语界类似。

综观主位结构理论，本书认为总的说来有以下两点不足：（1）该理论对篇章结构的层次性关注不足：主位推进并非是在同一个层次上展开的，宜先划分语篇的层次。（2）针对某一具体语体或语篇类型的研究不多：尽管近年来有所进展，但对不同语体或语类的语篇结构展开进一步深入系统地研究似乎仍有必要。此外，上述研究多是基于英语语料进行的，以现代汉语为研究对象的成果较少。

2.1.1.4　修辞结构理论（Rhetorical Structure Theory，简称 RST）。1986 年 8 月在荷兰召开的第三届国际篇章生成研讨会上，W. C. Mann 和 S. A. Thompson 提交了一篇论文 *Rhetorical structure theory*: *Description and construction of text structure*（修辞结构理论：篇章结构的描写和建构），初步提出了 RST 理论

的框架。1987年，在美国南加州大学信息科学研究所内部发行的刊物上，他们又发表了近百页的论文 *Rhetorical structure theory*：*A theory of text organization*（《修辞结构理论：篇章结构理论》），系统地阐述了该理论。RST理论在创建之初是为计算机生成自然语篇服务的，20多年以来应用范围不断扩大，被不少人用来研究本国语言（参见徐赳赳、Jonathan J. Webster，1999；乐明，2006：4）。此处的"*Rhetorical*"指的是"篇章"而非国内意义上的"修辞"，其理论要点如下：

（1）关系性（relation）。RST理论认为，一个篇章中的各个小句，不是杂乱无章地堆在一起的，这些小句与小句之间，存在着各种各样的语义关系：A. 各种语言都有一套数量不一的语义关系。B. 在这套语义关系中，某些关系使用的频率很高，某些关系则很少出现。C. 绝大部分的语义关系是不对称（asymmetry of relation）的，也就是说，绝大部分的关系是"辅助（satellite）"和"核心（nucleus）"的关系。

（2）功能性（function）。RST理论认为，篇章的整体性（unity）和联接性（coherence）都源于功能性，因此RST理论研究句子与句子之间的关系是从功能的角度考虑的。"RST理论着眼描写那些使得篇章成为人类交际有效的和能理解的工具的功能和结构。"（Mann et. al.，1992：43）

（3）层次性（hierarchy）。整个篇章中的各个小句的组合是有层次的。其特点是：A. 两个小句之间的语义关系是最底层的，然后几个小句和几个小句之间的关系组成高一层次，最后再由更大的语言单位之间的语义关系组成整个篇章。B. 每个篇章的层次多少是不固定的，层次的多少是由篇章中的句与句之间的语义关系的复杂程度所决定的，通常来说，语义关系越复杂，层次也就越多。C. 层次的均衡性（homogeneity of hierarchy）。也就是说，每一个层次都可采用相同的功能描写。

具体来说，RST 把篇章结构分为两个层级：最高层是整篇文本的结构框架；最低层是句与句之间的连贯关系。篇章整体关系就是由这两个层次搭建起来的，即①句子与句子形成具有基本连贯关系和复杂连贯关系的单元；②这些单元再组织成为一定的结构框架，从而叠床架屋地形成一个完整的篇章。RST 对基层的句间关联性进行了大量的研究，并确定了让步、条件和证明等基本的关系类型，认为在这个层级上篇章有两个特点值得注意：第一，段落中大多数有关联的两个片段是相邻的；第二，从功能上讲，其中一个片段通常扮演着另一个片段的某个角色。因此，若可以在两个以上的片段基础上确定一个关联，就等于定义了一个最小的篇章。

RST 理论的核心概念就是关系类型——“修辞关系（Rhetorical Relation）”。修辞关系存在于两个互不重叠而又有明显联系的语段之间，是未经陈述但可以引申出来的关系命题。该理论定义了一些修辞关系类型：让步、条件、证明、对比、罗列、序列，等等。在基层的关系类型描述基础上，RST 又规定了上层的文本结构框架模式，包括五种类型。在结构框架的基础上，就可以形成一个关于篇章文本的修辞结构树。一棵修辞结构树就是一个由结构框架组成的层级系统。一个结构框架将一些连续的文本片段连接起来，从而组合成更大的文本片段，这些更大的文本片段又可以进一步被更高层的结构框架连接起来，从而形成一个完整的篇章结构树。RST 的理论目标是，任何连贯的语篇的结构都可以用一个修辞结构树来加以描述。这棵树的顶层结构框架能够覆盖全部语篇的文本片段。

可以看出，RST对篇章结构的分析跟对句法结构的分析模式并无本质上的差别。有学者（俞士汶、詹卫东等，2004）指出就语篇分析来说，还有一系列的问题需要解决：

①需要为一种语言的篇章文本准备多少个关系，有多少种结构框架类型？②如何从语言片段的形式特征上推断片段之间的关系类型？③多大的语言单位作为篇章分析的基本单元（片段）比较合适，在具体文本中如何准确地识别出这样的单元，等等。

RST理论所展示的实际上基本是篇章知识表示的形式框架，但关于语篇知识本身目前的研究成果还比较少。比如分析汉语的篇章应该定义多少个关系，有多少种结构框架类型，描述汉语叙述文的脚本应该具体到多细的程度等，很多问题都需要进一步探索。本书认为，除了上述问题之外，RST理论还存在以下两点缺陷：（1）从形式到意义的研究路径：语言的生成是先有意义再有形式，因此在研究时选择从意义到形式的研究路径更符合人类言语的生成规律。RST理论的研究路向易于造成某些主观的判断。（2）形而上学的切分手段：与前一问题紧密相连，RST在切分分析单位时与人类语言生成的客观规律不符。这两点导致了该理论实际上无法彻底解决自然语言信息处理领域中的问题。

2.1.2　国内篇章结构研究现状

国内汉语界的研究历史更早，人员众多。大致可分为三个研究方向：传统文章学、汉语句群理论和现代篇章语言学。

2.1.2.1　传统文章学领域的研究。此类成果较多，传统文章学的研究要从《文心雕龙》说起，学界一直认为《文心雕龙》从本质上来说是一本系统的写作学论著，有着完备的写作理论体系（潘新和，1997；李兆新，2017；王万洪，2018）。除《文心雕龙》之外其他代表人物与论著有：《文章学概论》（张寿康，1983）、《文章学导论》（张寿康，1985）、《段落的组织》（郑文贞，1984）、《中国文章学史》（周振甫，1994）和《文章学新探》（陈亚丽，1995）等。

张寿康主编的《文章学概论》在“文章的要素”一章中列“结构”一节，讲述“段落和层次”“开头和结尾”“过渡和照应”以及“文章标题”等内容。《文章学导论》（张寿康，1985）在结构方面所花笔墨更少，张寿康把它作为表达的一个方面，从特征的角度列举了六类结构类型：空间结构（用地点的排列组成文章）、时间结构（用时间的延续组成文章）、事理结构（用事物客观存在的层次组成文章）、心理过程结构（即述说思想过程）、总分结构和并列结构。显然，这六类结构的分类标准并不一致，互有交叉，最后两种实际上属于逻辑结构。

专门讨论整体结构的是郑文贞（1984）的《段落的组织》，前一部分讨论段落的内部构造，后一部分讨论段落的组织运用。在“内部构造”部分详细描写了段落的构成和种类、同一结构中诸层次的关系以及上下层次的意义关系。其中“上下层次的意义关系”描写得尤为细致，包括并列、连贯、递进、总分、转折、因果和说明等七种关系。在“组织运用”部分谈到了叙述角度的统一和变换以及段落的条理、波澜和语气等。

总之，我国的文章学研究还是传统意义上的修辞学研究，比较注意写作技巧。其研究颇有深度与广度，很多观念并不比西方语言学落后。以郑文贞（1984）为例，书中段落的构成和种类实质上（当然不完全等同）讨论的就是语篇的微观结构，而上下层的意义关系描写的就是宏观结构；至于组织运用则可以视为由微观结构形成宏观结构的宏观规则；所论述的“主语的变换”问题则与“主位推进理论”不谋而合。不过在研究方法上略显传统。

2.1.2.2　汉语句群理论的研究。相关成果主要集中在汉语句群研究领域，代表作品有《语段知识》（郝长留，1983）、《句群和句群教学论文集》（田小琳主编，1986）、《句组分析》（高更生，1986）、《句群与表达》（吴为章，1988）和《汉语句群》（吴为章、田小琳，2000）等。

与篇章结构有关的内容主要是吴为章、田小琳（2000）中论及的“句群内部接应”，指出共有包括词语接应、句式接应、辞格接应、音气接应、语意接应和伴随语言接应等6大类35小类内部接应形式。外部接应的手段，最常见的是时间词语、处所词语、同义词语、顶真句式、比喻辞格、反复辞格和拟人辞格等。这里主要谈的是篇章的内部与外部接应，离总体结构有些远。

本文认为，传统的句群研究本质上属于语篇的微观结构研究，是传统语法研究的延续，将语法单位由句子扩展到了句群，因而受句法（包括复句）研究的影响较大。

2.1.2.3　现代篇章语言学的研究。代表人物有廖秋忠（1988、1991）、陈平（1987、1991、2004）、徐赳赳（1996、1999、2010）和郑贵友（2002）等。

廖秋忠举例说明了叙述体的结构，如小说的宏观结构按顺序由以下结构要素组成：（1）铺陈；（2）冲突激发；（3）冲突发展；（4）高潮；（5）冲突解开；（6）最后的悬念；（7）结尾。

郑贵友（2002）讨论了篇章的语义结构和功能结构。在语义结构中归纳了微观语义结构的4大类17小类语义关系类型：因果关系、并列关系、逆反关系和包含关系。并将微观功能结构概括为：说明结构、总分结构、平行结构、对照结构、补充结构和延伸结构等6种。在宏观功能结构中，以文体特征为依据划分为叙事结构、议论结构、说明结构和新闻结构等4类。

本书认为，现代篇章语言学的研究对我们的研究启发很大。不足之处在于：（1）研究对象对语体的区分显得注意不够，没有明确区分普通语篇与语体语篇，研究语料的同质性受到了影响。其二，研究方法相比之下略显传统，多为定性研究。

2.1.2.4　外语界的研究。主要集中在系统功能语法几部概论性著作中（胡壮麟、朱永生、张德禄，1989；程琪龙，1994；刘辰诞，1999）。

黄国文（1988）在《语篇分析概要》中设专节讨论了“语篇的结构”，阐述了“叙事结构”，介绍了篇章的三种基本关系结构：一般与特殊（general and particular）；递进（progression）和相容（compatibility）。他论述了表现关系结构的四种会话策略：顺序关系结构、层次关系结构、连环关系结构和平衡关系结构。

胡壮麟（1994）在《语篇的衔接与连贯》中也专章论述了语篇结构，介绍了叙述语体结构、辩论语体结构、科技语体结构和诗歌结构等。

王福祥（1994）在《话语语言学概论》中列举了文章的

两种表层结构：并列结构与链式结构；又论述了三种深层结构：并列式扩展结构；推衍式扩展结构和混合式扩展结构。

总的来说，外语界比较注意及时引介评述国外最新理论，就英语语料本身也做了大量研究工作。同时也开始超越引介阶段，着手进行英汉对比方面的研究——有关篇章结构特征的对比形成了对比修辞研究。

上述前人的研究成果对我们篇章结构的研究均有很大的借鉴意义，综合各方理论观点，我们提出了自己关于篇章结构的观点：语篇结构就是指语篇中结构要素之间的关系，因此要想描述语篇的结构首先必须从意义上分析出篇章结构要素；然后再描写这些结构要素的隐现规律、前后规律和轻重规律（参看娄开阳，2008a，2008b，2009a，2009b）。

2.2 汉语篇章结构特征研究现状

篇章结构特征的相关研究主要集中在对比修辞学、国际汉语教学和自然语言信息处理等，下面分别介绍相关研究概况。

2.2.1 对比修辞学研究概况

2.2.1.1 国外对比修辞学研究概况。“对比修辞（Contrastive Rhetoric）”最早是由美国应用语言学家 Kaplan（1966）提出的，此处的“修辞”实际上指“文章、语篇”（陈平，2017），并非中国传统意义上的修辞。该理论主要通过对比分析不同 L1 学生的 L2 书面语篇，找寻其不同 L2 书面语篇的篇章特征，并试图从语言和思维的关系角度出发揭示其背后的形成理据，最终形成了对比语言学的一个新的分支：“对比修辞学”。

Kaplan（1966）在1963年至1965年先后搜集并分析了600份英语L2作文（包括110份L1为汉语的英语作文），通过对比研究发现，来自不同文化背景的学生所使用的书面话语模式（patterns of written discourse）不同：（1）英语是直线性（Linear）结构，其段落常以主题句开始，接下来是自然衔接的例证句，然后收尾；或者先有例证句，最后以主题句归纳收尾。这两种结构是典型的演绎型与归纳型结构。（2）闪语为母语的学生所写的篇章常出现复杂的平行结构；（3）包括汉语在内的东方语系的学生作文呈螺旋型结构，主题往往通过迂回的方式来阐述发展。此外，拉丁语系是实"之"字结构，俄语是虚"之"字结构（参看图2—2）。Kaplan认为这是由于学生L1文化思维模式的负迁移造成的，并认为英语的线性结构较好。该文在西方语言学界引起巨大反响，以英汉对比为例，大致可分为支持派（Ricento，1986；Scollon，2000）、反对派（Mohan&Lo，1985）和折中派（R. M. Coe & 胡曙中，1989）。

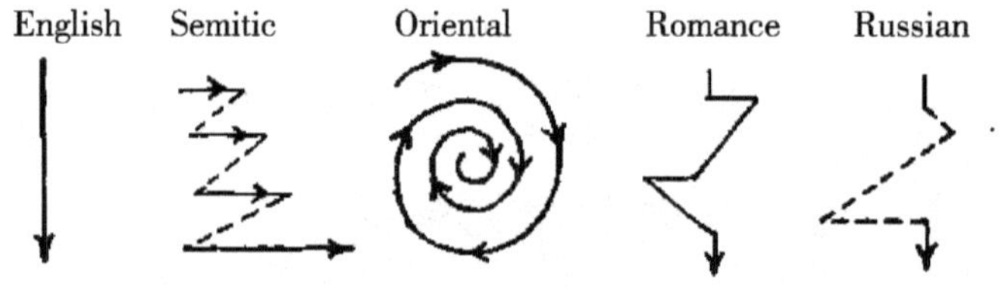

图2－2　不同语言背景下学生L2英语作文结构模式

此后，在20世纪80—90年代出现了大批对比修辞方面的研究成果，从各角度对比英语与其他语言在写作方面的异同。Kaplan（1987、1988、1997、2000、2001）本人也对其理论做了不断修正，由早期侧重于说明文的对比分析扩展到后来的记叙文和议论文；所对比的语言种类也越来越多，包括日语、阿拉伯语、韩语、泰语、印度语、西班牙语、德语和捷克语等。

进入21世纪以来，对比修辞学逐渐发展成为集语言学、人类学等多学科为一体的跨学科研究领域，各方面都发生了翻天覆地的变化：（1）研究范围越来越大，不仅对比的语言种类越来越多，而且更多地考虑写作过程中的认知及社会文化变量，呈现出五种新的研究趋势（Connor，1996、2000；Hinds，1983、1990；Mckay，1993）。（2）对比体裁越来越多。由学生作文中的说明文扩展到记叙文和议论文，再发展到对学术论文、研究报告、商业信函、社论、简历、政治语篇等的对比研究。（3）研究手段及分析方法越来越多种多样。除定性研究外，量化分析、样本调查、个案分析、准实验等方法相互补充，增加了研究的科学性。

总的来说，Kaplan的研究具有开创性意义，不仅开拓了新的研究领域，使对比语言学突破句法的藩篱进入语篇层面；而且开创了新的学科分支——对比修辞学，吸引了众多研究者加入对比修辞研究领域。本书认为，Kaplan所谓的“书面话语模式”实质上就是篇章结构特征，对比修辞理论的相关研究对本书具有直接的借鉴作用。不过该理论也存在明显的缺陷。除了Kaplan为大家所诟病的在研究态度上带有浓重的“英语沙文主义”色彩之外（Matalene，1985），还存在以下几点不足：

（1）研究语料不同质：Kaplan使用的英语本族语语料所用的是典型的英语段落，而非英语本族语者所用的是其英语习作，是一种非典型的英语段落。从后者得出的篇章结构只能是一种变体，并非典型意义上的修辞结构，因此其研究的真实性和可靠性不足。

（2）研究内容过于主观：首先，犯了过度概括的错误，忽略汉语、泰语、韩语等语言之间的差别，将其统统归入东方语言之列（Hinds，1983）；其次，对篇章结构特征的分析较为主观，科学性不足。此外，一种语言的语篇也并非只有一种语篇模式，Kaplan 的研究过于简单化了。

（3）研究方法过于简单：缺乏定量分析，忽视了语言能力及写作能力培养过程中的许多变量（Mohan&Lo，1985）。Kaplan 本人也在后来的文章（1987、1988、1997、2000）中承认了这些。

2.2.1.2　国内对比修辞学研究概况。与国外相比，国内对比修辞学的研究虽起步较晚但成果丰厚。下面分别从研究简史、研究特点和研究内容三方面来介绍：

（1）研究简史：国内涉足该领域的研究主要集中在英语界，从 R. M. Coe & 胡曙中（1989）开始大致经历了①引进介绍（林大津，1991a，1991b，1994a，1994b），②吸收深化（杨玲，2001、2002；马广惠，2003；张延君，2003；刘金明，2006；穆从军，2007；云红、原雪，2008；刘立新、杨玉晨，2014）和③总结展望（杨玲，2012；齐放、张军，2018；等等）这三大阶段。可以看出，国内研究基本上走过了“引介—吸收—深化—总结”的研究轨迹。当然，各阶段之间的界限并不分明，研究成果也互有交叉。

（2）研究特点：总体上来看，国内的对比修辞研究有三个特点：一是成果丰硕，除了大量的研究论文之外，开始出现硕士和博士学位论文（如夏莉，2005；杨玉晨，2005）。二是内容广泛，基本覆盖了国外对比修辞学所涉及的所有内容。三是队伍强大，不仅研究者的人数越来越多，人员素质也越来越强，并且形成了相对稳定的研究中心（如上海外国语大学、广州外语外贸大学、解放军外国语学院和福建师范大学等）。

（3）研究内容：研究成果从内容上来说大致可归为两类：一类主要侧重对该理论的引介与述评，如许余龙（2002）、杨玲（2002）、马广惠（2003）、穆从军（2007）、丁婷（2017）、齐放和张军（2018）等；另一类是运用对比修辞理论对中国学生的英语作文或者中外语篇对比展开研究，如 R. M. Coe & 胡曙中（1989）、林大津（1994）、丁言仁和胡瑞云（1997）、虞秋玲（2001）、刘立新和杨玉晨（2014）、齐放和张军（2015）、鞠玉梅（2016）、王红欣（2017）等。

具体说来可分为三部分的内容：①中国学生英语 L2 作文研究：不仅有全面对比（丁言仁、胡瑞云，1997；马广惠，2001；虞秋玲，2001；张延君，2005），还有议论文研究（徐力生、李广才，2002；王燕萍，2003；刘颖，2004）和记叙文研究（方丽青，2006；方丽青、姜渭清，2008）等。②语体语篇与专门用途写作研究：对比的语料由作文转向带有明显语体色彩的学术论文（刘礼进，1999；王燕萍，2005）、新闻报道（梁月俏，2006）、新闻评论（周珞，2001；陈瑜，2012；夏莉，2007a；2007b）、学术论文（穆从军，2016）、书评（柳淑芬，2004、2005）、商务信函（戴丽鹃，2012）以及法庭辩论（何静秋，2012）等。③有关研究方法的研究：既有对研究方法的总论（杨玲、柯扬茜，2004），又有具体方法的介绍，如个案研究（卢建梅，2010）和行动研究（饶谊，2010）等。相比之下，在对比修辞学框架下的汉语研究相对较弱，文献较少。

2.2.1.3　小结与讨论。上述国内外相关的对比修辞研究，主要是描写不同国家学习者 L2 书面语篇的篇章模式并揭示其内在理据。上述研究成果对本书有借鉴价值，不过与本书也有以下几点不同之处：

首先，研究对象和研究语料不同。国内外的对比修辞研究基本上是以英语为目标语的，除了少量其他语种的 L2 语篇之外，基本上是以英语 L2 语篇为研究对象的；国内英语界则是以中国学生的英语作文为研究对象的，所用语料多取自大学生或中学生的英语作文。而本书是以汉语 L2 书面语篇为研究对象，所用语料是外国学生所写的汉语作文。

其次，研究目的不同。Kaplan 与国内英语界的研究目的主要是为了描写篇章模式，是为英语作为外语/二语教学服务的。而本书研究的目的是为提炼不同国家学习者汉语 L2 语篇的篇章结构特征，是为汉语作为外语/二语教学服务的，二者之间有着本质的不同。

此外，上述研究还存在以下几点缺陷：

（1）研究语料不够同质：有些研究将各种体裁的文章放在一起比较，对语篇的题目、长度、写作环境等因素未加限制。其一，外国学生的语料应题目相同，写作要求相同，写作环境相同。所选用的语料作者的语言文化背景也应基本相同或大致一致。其二，所有语料都应该是习作。即用来进行对比的中国学生作文也应该是水平大致相当的习作，这样对比出来的结果才是科学可信的。本书所选用的“HSK 动态作文语料库”中的语料完全可满足语料同质性的要求。

（2）研究方法不够科学：一是之前的研究在设计上缺乏对多种变量的限制，如写作者的国籍背景、语言水平和作文题目等。二是定性研究多而定量研究少，不少定量研究中的样本量不足，结论不足以服人。如 Kaplan（1966）的研究中超过 5 种语言的总样本量只有 600 份，若进行语料标注则难免产生误差，从统计学上来说样本量略显不足。本书从“HSK 动态作文语料库”选取语料，运用语料库语言学的方法则可以避免上述不足。

（3）研究内容不够客观：主要指不同语篇之间的对比缺乏统一的对比基础（tertium comparationis）使得结论过于主观。包括 Kaplan 在内的很多研究者对篇章模式的概括是主观的，缺乏统一的对比标准，未能客观反映不同母语背景学习者 L2 书面语篇的篇章结构特征。因此，有必要提取篇章结构共同的对比参照点作为关键点，所有语料均据此展开比较，最终才能产生客观可靠的结论。本书在描写不同母语背景和不同汉语水平两类语篇的结构特征之前，先抽取出了篇章结构的三个关键点（中心思想、结构要素和结构关系）并提出了统一的三大分析维度（有无、强弱和优劣）。

综上，基于“HSK 动态作文语料库”，采用语料库语言学的研究方法是完全可以弥补前人研究中上述缺陷的。

2.2.2　国际汉语教学研究概况

国际汉语教学领域涉及叙述类作文的研究多集中在写作研究和 HSK 测试研究两个方向。具体到篇章方面主要关注的是留学生作文中衔接手段方面的偏误分析（辛平，2001；刘俊玲，2005；刘元满，2005），专门论及篇章结构或结构特征的文章较少。

张宝林（2005）文章中的一部分论及“语义中心的表现形式”，共有六种情况：（1）首句表明话题，末句揭示语义中心。(2) 首句既表明话题，又揭示语义中心。(3) 首句提供话题，首句和末句之外的其他句子为中心句。(4) 首句表明话题，但没有直接揭示语义中心的句子，语义中心需要进行概括。(5) 话题承前省略，末句为中心句。(6) 话题承前省略，首句是中心句。

由此可见，上述研究首先是以段落为研究对象而非全篇；其次，区分了话题和中心句。文中所用语料丰富，六种段落结构方式也证明了 Kaplan 所谓的东方语言螺旋型的结构特征是缺乏语料依据的。

2.2.3 中文信息处理相关研究概况

该领域的研究目的主要是想通过对文本结构特征的分析，提高抽取文本摘要、文本检索以及文本过滤的精度，以改进信息抽取、文本检索及自动文摘等计算机对中文信息处理方面的功能（刘军万、刘飞飞，2004；黄丽琼、何中市，2006；梁文婷、何中市、龙华，2009；王孟国，2010；刘红红、安海忠、高湘昀，2011）。但该领域的研究与本书大相径庭，即便在语篇结构特征的指标分析上也差异较大，如刘红红等（2011）提出的文本信息结构特征三类拓扑性质指标：（1）计算度和强度；（2）最短路径；（3）加权聚类系数，显然与语言学界的研究思路完全不同。

本书认为，中文信息处理领域的相关研究与本书思路不同：首先，研究目的不同。前者是面向计算机为中文信息处理服务的；后者是面向学习者为汉语教学服务的。其次，研究方法不同。前者主要采用数学或者计算机科学的方法，比较强调算法的运用；后者主要用文本分析的方法，间或用到语料库或数理统计等方法。这两大不同导致了二者尽管可以有相同的研究对象，但关注焦点差异很大。尽管彼此在研究方法及研究结论方面值得互相借鉴，但借鉴空间有限。从现有研究成果来看，互相借鉴的情况还比较少。

2.3 总结与讨论

2.3.1 总结

综观国内外研究现状，本书认为：

（1）研究视角：学科视角多样，术语使用不一。不同学科、不同领域所使用的术语不同，即便是同一术语，各家界定的内涵也不完全相同。

（2）研究性质：定性研究较多，定量研究不足。中文信息处理界注重定量研究，语言学界的传统研究偏重定性研究多一些，近年来也开始加强了定量方面的研究。

（3）研究对象：普遍研究较多，具体研究不足。所见文献中就语篇结构的普遍情况讨论较多，针对某一类特定语篇类型（如作文、新闻报道、科技论文等）所做的系统研究不足。

（4）研究方法：传统方法较多，现代手段不足。汉语学界近年来已注意采用现代语言学研究手段（如利用语料库和心理实验的方法），以提高研究结论的科学性。

2.3.2 讨论

针对前人研究的不足，本书认为：

（1）欲说明叙述类作文的篇章结构特征，宜加强篇章结构支撑点（关键点）的分析。文无定法，对作文的评判很难做到面面俱到，对结构支撑点进行考察则是可行的，因此加强对篇章结构支撑点的分析是很有必要的。前人成果已经开始注意这些，不过本书希望通过对关键支撑点和分析维度的研究，在篇章结构方面将普通语篇和语体语篇统一起来。不仅如此，还希望即使在普通语篇内部亦可将叙述类语篇（记叙文）、议论类语篇（议论文）和说明类语篇（说明文）等不同的语篇类型打通——即可以使用同一套术语系统与操作系统来分析解释所有语篇类型的篇章结构。

（2）欲说明叙述类作文的篇章结构特征，宜关注篇章结构特征呈现状况的描写。结构特征是相比较而言的，因此在书面语篇的写作与测试方面，教师有必要了解学生目前呈现出的篇章结构特征状况，并根据不同呈现状况的频率高低制定教学和测试策略。显然，外国学生 HSK 作文结构的呈现状况与国内中学生作文是有差异的[①]。因此，描写出外国学生汉语作文篇章结构特征的呈现状况很有现实意义：不但有助于国际汉语教师汉语书面语篇的教学测试，同时也有助于外国学生汉语书面语篇的写作训练。

（3）欲说明叙述类作文的篇章结构特征，宜注意篇章结构各项特征的提取。找出外国学生叙述类作文篇章结构中的绝对特征与相对特征是必不可少的：这将有助于国际汉语教师制定有针对性的写作教学策略；有助于国家修订 HSK 语段测试标准；有助于提高教师和 HSK 作文评分员的客观评判能力；

① 限于条件，目前尚无法将外国学生的中介语作文与国内中学生的作文加以比较。

同时也有助于作文机器自动评分系统的研制与开发。

（4）欲说明叙述类作文的篇章结构特征，宜在研究方法上加强定量研究。现有的修辞研究对定性研究较多而定量研究较少，今后应加强这方面的研究，以增强研究的科学性。此外，“HSK 动态作文语料库”在字、词、句层面的标注较丰富而在语篇层面的参数标注不足，因此，应深入研究中介语语料库语篇标注的标准体系及标注方法。

第三章

篇章结构关键点分析之一：中心思想

本章集中讨论现代叙述类作文的第一个关键点：中心思想。所谓中心思想，是指文章想要叙述、论证或说明的核心思想。

中心思想在三大关键点中是最重要的。在评定作文分数的时候，有无中心、中心是否明确或者中心立意的高下，都是评判作文的重要标准，乃至首要标准。这就是中心思想对一篇作文的重要性。下文将首先概述篇章结构的关键点与分析维度，然后以“记我的父亲”和“对我影响最大的一个人”这两个题目的作文语料为例，从有无、数量（多寡）、位置（前、中、后）、强弱、详略、优劣与对错等多个角度阐述中心思想。

3.1 关键点与分析维度概说

国内曾有学者（林大津，1994）批判 Kaplan（1966）的研究有缺陷，指出其研究科学性不高。这一看法是中肯的，本书在研究外国学生汉语 L2 作文的时候希望能克服这一缺陷。解决办法除了增加样本量以及加强定量研究之外，似乎还应确定考察篇章结构特征的关键点及分析考察的维度。

在分析外国学生叙述类作文语料的时候，我们发现对篇章结构所分析的关键点就是篇章结构的支撑点①，同时也认为分析关键点时应有相对稳定的分析维度。语料分析结果显示，现代汉语叙述类作文有三大篇章结构支撑点：中心思想、结构要素和结构关系②。中心思想指整个篇章的核心思想；结构要素指构成篇章结构的各个要素；结构关系指结构要素与中心思想之间的逻辑关系③。可以从以下四大分析维度展开分析：即三大关键点的有/无、对/错、强/弱和优/劣。有了这三大关键点和四大分析维度，研究所得结论的科学性就会大大提高。只不过对于外国学生而言，暂时不考虑“对/错”的问题，因此在后文分析时主要从三大分析维度出发。同时，对每一篇语料都采用同样的操作方法与流程，分析规程上也会大大提高规范度。

外国学生叙述类作文的篇章结构可能有多套，那么如何判

---

① 下文将根据内容的不同情况，有时使用“关键点”，有时使用“支撑点”。

② 其实，这三大关键点同样适用于议论文和说明文，笔者将另文阐述。

③ 在语料分析标注之初，曾考察过结构要素之间的逻辑关系，为后续研究服务，文中暂且保留原有标注不删。

断结构是一套还是多套呢？可通过分析考察上述三大关键点来判断：下文将中心思想简称为“中心”，结构要素简称为“要素”，结构关系简称为“关系”。如判断一篇作文篇章结构的数量主要看该文拥有几个中心，若只有一个中心并且围绕此中心形成了一套结构体系就属于简单结构；若拥有两个或两个以上中心及其结构要素体系的就是复杂结构。判断一篇作文的好坏不太容易，很难避免主观因素，有了这三大支撑点之后，至少在篇章结构特征方面可以有相对比较客观的衡量标准①。

三大关键点说的是在判定作文结构特征时分析什么，接下来的问题就是如何来分析呢？这就涉及四大分析维度：有/无、对/错、强/弱和优/劣，可通过这四方面来分析考察三大关键点。详情参见下表：

表3－1　篇章结构的三大关键点与四大分析维度

	有/无	对/错	强/弱	优/劣
中心思想	有中心/无中心	中心切题/ 中心不切题	中心明确/ 中心不明确	立意高远/ 立意平平
结构要素	有要素/ 无要素	有必有要素/ 无必有要素	要素足够/ 要素欠缺	要素表达较好/ 要素表达欠佳
结构关系	有结构关系/ 无内在逻辑	关系正确/ 关系错误	结构关系强/ 结构关系弱	结构关系合适/ 结构关系欠妥

当然具体到每个支撑点，除了这四大维度之外各自还有其他分析角度，我们将在后文详细阐释。

① 作文总体质量的优劣是一个综合判断的过程，涉及的因素很多。此处只说可以判断篇章结构特征的好坏，不涉及其他因素。

3.2 中心思想的有无

这里的"有无"是指作文是否形成了中心思想，具体事项是否有明确的中心句。从理论上来说一篇作文不管好坏、不管是否扣题都应有中心思想，有中心的作文占绝大多数，比处恕不举例。但语料显示，不少低分作文常常没有中心思想，令人读了之后不知所云。下面举例说明三种常见的无中心的情况。

3.2.1 无中心情况之一：尚未成文，尚未形成中心思想

这种情况指作文基本上未成篇，因而也不可能形成中心思想，参见下例①：

例 1）语料：#199412123525100081

题目：记我的父亲；分数：55；国籍：日本；性别：男

一［C］听"父亲［C］"，我想｛CD 来［B 采］｝起了［BD "］我小时候的事情。

听父亲［C］说，｛CJ－zhuy 他｝从小时候就喜欢棒球，长大了，想当一［C］名职业棒球选手。但是，家里除了父亲以外，还有三个弟弟和两个妹妹，他担心父母培养不了他们｛CC 我们｝，没｛CC 缘［C］｝去考高中，不得不去帮别人干活。

我小时候，父亲常常对我说，"你长大了，要当［C］一［C］名职业棒球手。［BC,］"当时，我不愿意当职业棒球的选手，但是，天

① 下文中的所有例句均保留语料编号、题目、分数、国籍及性别等相关参数。语料字词句中的标注符号为语料库中的原有标注，本书全部保留；语篇参数标注将在篇外用表格标注出来。

天跟着父亲练习打棒球，越打越有了进步，我渐渐地爱上了棒球。

多亏父亲的帮助和支持，我念初中二［C］年级的时候｛WWJ｝

该文并未完成，提炼不出中心思想：写父亲和自己的篇幅各半，且主要是写自己“小时候的事情”，有跑题之嫌。再看下一例：

例2）语料：#199412123523200025

题目：记我的父亲；分数：50；国籍：韩国；性别：女

我一想｛CJ－buy起｝我父亲就｛CJX｝心里感到疼的感觉｛CJy｝。天下最关心我、爱我的人就是我父亲。我对他的感情跟除［B余］了我以外的我家的孩子｛CD的｝可以说不一样［BQ。］来中国以后我动不动想着我父亲。从我小｛CC少｝的时候｛CQ起｝我身上有点儿病，到现在还没治好。我父亲从那个时候｛CJ－zy就｝认为｛CD着｝这是他自己不周到［B道］的结果。在少女时代我过得比较苦｛CD了｝，［BC。］因为一边上学一边看病，［BC。］甚至于｛CD到｝最近｛CJ－zy也经常｝｛CJ－sy去｝看｛CD着｝病。每次我父亲｛CJ－sy说｝希望我的病好些，但我知道没有｛CD可｝希望｛CD的｝。我在韩国上大学时，有一天我因为病有些难过，所以在父亲面前禁不住流眼泪了。那天晚上我父亲在他的书房｛CC书家｝一晚［C］上｛CJX｝给我写信了｛CJX｝。我真忘不了他的信。大学毕业后为了看病我特意｛WWJ｝

该文明显没有写完，全文大半篇幅只写了自己的病，并没有提炼出有关父亲的观点。

3.2.2 无中心情况之二：大致成文，但未形成中心思想

这种情况指作文基本完成了，但并没有形成中心思想。

例3）语料：#199412123525100030

题目：记我的父亲；分数：55；国籍：日本；性别：男

我的父亲今年四十五岁，性格｛CJ＋sy是｝跟｛CC1好象｝明治

［C］时代｛CQ的｝人差不多一样，我对｛CC1觉得｝父亲的印象现在也不太清楚，因为我的父亲｛CQ自｝我出生以来十年一直不在家里，所以我小学｛CC2小学生｝的时候，第一次父亲的存在｛CJX｝认识｛CJ-buy到｝了，我的记忆［F憶］里｛CC上｝父亲的样［C］子是一直工作，从早上开始到晚上［BQ,］父亲的样［C］子一点儿也不变，星期日也工作。

我高中｛CC2高学生｝时｛CQ对｝父亲的印象，更不大清楚。我早上去上课，［BC、］下课后｛CJ-sy进行｝体育活动，回家的时候已［B以］晚上十点左右，我就睡觉，所以一个星期一次或者两｛CC二｝次｛CJX｝｛CJ-zy能｝看见父亲，当然我跟父亲从来｛CC2一点儿｝也没有一起聊［B仰］天儿。

我来中国后，我觉得那么严肃｛CC严重｝的父亲越来越不一样｛CC3变［C］化｝了。

该文基本上完成了，从最后一句话来看似乎还有话要说。但在中心思想方面，似乎很难总结出明确的中心思想，只是平淡地记录自己对父亲的印象而已。

3.2.3 无中心情况之三：已经成文，但难以总结出中心

有些作文甚至是完成了全文，而且字数也不少，但就是无法总结出中心思想来。参见下例：

例4）语料：#199412123523100051

题目：记我的父亲；分数：55；国籍：韩国；性别：男；总分：214

《记我的父亲》，这个题目让我｛CJ-sy想｝起很深刻的记忆来，为什么呢？［BC!］我的父亲去年4月份由于重病｛CC2病｝去世了。我的父亲｛CJ+sy是｝好像朱［B洙］自清作品｛CD中｝《背影》｛CQ中｝的爸爸一样，经常照顾我。去年［C］｛CD的/CJ+sy有｝一天从家乡突然传来｛CC2来［F來］｝了一个不好的消息，那就是爸爸

得了重｛CC 坏｝｛CD 的｝病，家乡的某一位大夫说得了这种病的人不能活｛CJ－buy 过｝六个月｛CD 多｝，当时我的心里真难受。后来｛CC 以后｝我陪他去｛CC 来｝｛CD 汉城｝住院｛CJX｝汉城｛CD 里｝最有名的医院，动手术，可还是没有用，老天爷连一点忙也不帮他，他那年四月去世了。可是他｛CD 当｝临死时表现出的那｛CC1 那么｝正正当当的态度，那｛CC1 那么｝英雄似的姿态让我深深｛CC 深切｝地｛CC 的｝感动，我永远忘不了。

当时，父亲继续表示担［B 但］心｛CD 对｝母亲、还没嫁的一个女儿。爸爸！对这个问题，您不要再｛CD 次｝担［B 但］心了｛CC 吧｝！我是谁？就是您的儿子，全部的家事儿我要认［C］真地解决！您放心吧！父亲的去世，这件事儿｛CD 向我｝最近发生的｛CJsd｝［BQ,］也最难忘的事｛CJs｝。现在虽然我人｛CC1 的身子｝住在北京［BQ,］但是每天每时忘不了｛CJ－dy 父亲｝的事。

该文基本上完成了，不过从总体上来看，并未形成中心思想，令人读了之后不知所云。

3.3　中心思想的数量

中心的数量是指中心思想可分为单中心（只有一个中心）和多中心（有多个中心）两种，下面分别举例说明。

3.3.1　单中心作文

即全文只有一个中心思想。目前 HSK 动态作文语料库中大部分是单中心的记叙文。下面是一个单中心记叙文的例子：

例 5）语料：#199505104525100277

题目：记对我影响最大的一个人；分数：70；国籍：日本；性别：男

当时，我大学二年级，听说｛CC 听到｝我的好友｛CD 用｝暑假回到我们家乡了。他叫神谷英一。［BC,］记［C］得高［C］中时，他已［C］成熟，我｛CQ 的｝同学们一有烦恼，就［C］请神谷同学消［C］除［C］自己的忧愁。我读大学以后，心里不舒畅，拿不定我要追求的一件大事。［BC,］因此，我去他家，想听他的高明｛CC 高见｝的劝言。我们一年多的时间没见面，但他仍然是｛CD 个｝老样子，冷静、沉默，使人感觉舒服。他个子是一般｛CJxw｝，体型较壮，但因为他从容不迫，所以我有点儿觉得［C］压抑｛CJX｝。我对他说我的心［C］情，他说："我生活很单调，并觉得无聊［C］。当然也有想做的事，可是只想，却还没动手。"刚［C］开始的时候，他脸上浮着一脸｛CC 福｝笑容，但听完后，脸上没有笑，对我严肃地回答，说："我不想听你的话，你想做，就［C］做！"回家的路上，我想起｛CC 回记｝了他说｛CC 劝｝给我的一个很简单的道理，"不言而实［C］"。这［C］一天和他进行谈话，我才明白了这么简［C］单的道理，他真是给我很大的影响啊！

该文的分数并不高，只有 70 分，但有明确的中心思想：给自己生活影响最大的人是好友神谷英一。全文围绕着这一个中心展开。

3.3.2 多中心作文

即全文有多个中心思想。拥有多中心的记叙文在 HSK 动态作文语料库中比例不大。下面是一个典型多中心的例子，更多例子详见后文复杂结构。

例 6）语料：#199412123635200109

题目：记我的父亲；分数：70；国籍：俄罗斯；性别：女

若有人问我：'你想像［B 象］谁？'［BD,］我一定会说我希望在许多方面像［B 象］我父亲一样。［BC,］最使我佩服的是他的坚韧［C］不拔的性格。［BC,］他从小经历了许［B 讦］多沧桑［C］，作为混血儿遭受了不少侮辱，但是｛CJ－zhuy 他｝并不因为这个而变得｛CC1 成了｝残暴或古怪，只是性格有些内向，不太喜欢说话，可同时善于思考。各种各样的困难、挫折、痛苦磨炼｛CQ 了｝他的百折不挠的意志。无论他干什么事情，都｛CJ－zy 会坚持｝干［BQ,］一直到成功为止。［BC,］别人都放弃努力的时候｛CC2 时｝，他不顾一切地［C］继续干，即使失败了，也从来不把过失推在别人身上，敢于承认自己的无能或错误。若他明知某件事情他没有能力做｛CD 得｝到，他不会答应别人｛CJ＋sy 做｝，并且毫［B 豪］不隐讳地说出原因，不爱找借口。但这并不意味着他不乐于助人。若有人向他请求帮忙，只要他能做到，肯定会答应，而且不要回报。难能可贵的是，爸爸在任何一种场合都能保持冷静自若的姿态，即使心里有些不安，这种心情不会在他的脸上显露出来，让在他身旁的人绝对信任他。

该文分数并不高（70 分），不过全文中心明确，写父亲的三种性格特征：坚韧不拔、乐于助人、冷静镇定。并且详略得当，重点写坚韧不拔，略写后两种性格。在篇章结构方面，尽管全文只有一段，但层次清楚，可分为四层：

（1）第 1 层：前两句“若有人问我：“你想像谁?”，我一定会说我希望在许多方面像我父亲一样。最使我佩服的是他的坚韧不拔的性格。”——总括父亲坚韧不拔的性格。

（2）第 2 层：从“他从小经历了许多沧桑”到“并且毫不隐讳地说出原因，不爱找借口。”——具体描写父亲坚韧的性格。

（3）第 3 层：从“但这并不意味着他不乐于助人”到“只要他能做到，肯定会答应，而且不要回报。”——写父亲乐于助人，不计回报。

（4）第 4 层：最后一句“难能可贵的是，爸爸在任何一种场合都能保持冷静自若的姿态，即使心里有些不安，这种心情不会在他的脸上显露出来，让在他身旁的人绝对信任他。”——写父亲冷静镇定，遇事不慌。

下面再举一个多中心的例子，该文得了95分的高分：

例7）语料：#199412123542200059

题目：记我的父亲；分数：95；国籍：越南；性别：女

我的父亲，[BC——]他老人家名字叫陈德留。他是一位中学老师，今年六十多岁，已经退休了。他是越南人，非常热爱祖国，热爱人民，热爱教育事业，也很热爱我的家。

他曾经当过校长，工作很负责任。他已[B己]经和学校的同事为祖国为人民培养[B着]了不少优秀的学生。现在他的学生可以说是桃李满天下了。他说：爱国爱民先爱学生。

他热心于教育工作，编写{CC写出}了很多的教程，也培养了不少的年轻老师。直到现在他还当家庭老师呢。他的学生曾经{CC已[B已]经}说过：我从来没见过一位这样忘我地{CC的}工作{CC劳动}的老师。我父亲的这种忘我工作{CC劳动}的精神感动了我的心，我一生都{CQ要}向他学习。

我父亲之所以在工作上能取得一点成绩[BQ,]是因为他得到了我妈妈的帮助。他有一个很好的爱人。我妈妈在生活中，在工作中都给他创造了有利的条件。我父母生下了七个孩子。我们七个兄弟姐妹都是我妈管教的。她说这样父亲才有机会为学校工作。

{CP因为没有时间关心我们和母亲{CJ+zxy的生活}，我父亲在教我们学习这方面已经作出了很大的努力。P}我之所以今天能够当一个中文教师，也是因为荣幸{CQ地}得到了我的父亲[B章]少年时代的教育{CC教养}。我的哥哥妹妹弟弟也一样{CD地}得到他老人家无微不至[B致]的{CC地}关怀。作为一个好孩子我深深地理解我父亲对我家庭的帮助也{CD不}是不小的。我暗暗地感谢他。

若有人问我你最尊敬{CC可爱}的人是谁，那么我可以说：那是我的父亲。

该文是多中心的典型语料：父亲是一个爱祖国和人民的人；父亲是一个热爱教育事业的人；父亲是一个热爱家庭的人。而且多中心之间详略得当，错落有致，是一篇难得的佳作。

3.4 中心思想的位置

指中心思想的位置在全文的前面、中间或者后面。中心思想的位置在作文评判时也是发挥作用的，表面上看似乎无关紧要，出现在哪里都可以。但我们在分析语料时发现，出现在篇首（尤其是篇首第一句）的中心还是易于得高分，而且绝大多数作者的偏好也是将中心句置于篇首的。在 HSK 动态作文语料库之中作文中心前置的情况较为普遍，这一偏好不因国别、母语不同而改变、说明 Kaplan 当年的观点值得再斟酌。下面举一个中心后置的例子：

例 8）语料：#199412123523100062

题目：记我的父亲；分数：85；国籍：韩国；性别：男

我的父亲已经 75 岁了。尽管｛CC 不管｝年龄大，可是身体非常硬朗，由于他在日本长大，所以在日本上｛CQ 的｝学｛CD 了｝。他的文化水平｛CJ－sy 是｝高中毕业，按照当时｛CQ 的｝状况，这样的学历不［C］那么低。［BC,］1945 年终于解［C］放了，他跟我母亲一起回国了。［BC.］到祖国什么都没有［BQ,］尤其是农村，不但没有电灯，而且吃的东西也不够。［BC.］父亲一回国，［BC.］就当｛CJ－buy 起了｝｛CD 个｝老师。［BC.］那时候除了父母以外，［BC.］还有爷爷、［BC.］奶奶、［BC.］三个弟弟和四个妹妹，［BC.］他是一家长男，［BC.］所以｛CD 把｝所有的事由他一个人承担｛CC2 担｝起来了。［BC.］可是那时候老师的薪水很低，［BC.］他不［C］能不［C］放弃当老师｛CJ＋zxy 的职业｝。［BC.］他带着全家人去农村。他在农村种田，［BC.］全家人帮他种田，［BC.］所以生活条件越来越好了，［BC.］随着生活条件｛CJ－sy 变｝好，｛CJ－zy 就｝能让弟弟和妹妹结婚｛CQ 了｝，一听他的话｛CC 说｝［BQ,］就可以知道当时他的处境［C］多么困难。［BC.］

他是我尊敬的一个人之一，他一辈子为了全家人甘受所有的委屈和困难。

现在父母已经迁到汉城了，他的生活好多了。[BC.] 我恨不得马上见 {CJ-buy 到} 他。[BC.] 我衷心地祝他健康长 [C] 寿。

该文的中心思想明确，集中写父亲“是我尊敬的一个人之一，他一辈子为了全家人甘受所有的委屈和困难。”这是为数不多观点置后的文章，全文先写父亲的经历，再进行总结。

篇末点题历来是文章学中比较受赞许的一种写作手法，因此中心句后置从理论上来说应该是没有问题的。但后文的统计数据表明，在类似 HSK 这样的考试中将中心句置后的做法并不讨喜。这或许是由于判卷老师的改卷心理造成的：在紧张的判卷过程中，评判者更偏好开门见山或单刀直入的中心句前置形式。

3.5 中心思想的强弱与详略

即便全文有中心思想，也存在一个表达得好与坏的问题。表达得好坏也是由多个因素决定的，其中很重要的两个衡量标准是中心思想的强弱（明确与否）与详略（所用笔墨多少）。本书把中心思想的强弱称之为明确度，把中心思想的详略称之为轻重度。这两个维度当然并非一回事，不过二者之间实际上很难截然分开，为了论述的方便，下文分开来阐述之。

3.5.1 中心思想的明确度

明确度即强弱度，是指中心思想表达的明确程度。若中心思想非常明确突出就意味着明确度高，否则就是明确度低。中心思想的明确度与下面要谈的轻重度既有关系但又不完全等同：一般来说，所用笔墨较多的、表达篇幅较重的中心思想通常较明确；反之亦然。不过中心思想表达的明确度与所用笔墨的多少并不一定成正相关关系：有些作文花了很大的篇幅，但中心思想并未表达清楚。

3.5.2 中心思想的轻重度

轻重度指中心思想表达时所用笔墨的多少程度。所用笔墨多就意味着中心思想轻重度高；否则就是轻重度低。前文已有所阐释，不再详述。轻重度不太容易判断，因为显然全文每句话都是为这个中心服务的（若有中心的话）。这里所指的中心思想的范围是狭义的，仅限于明确表达中心思想的语句（中心句）。从广义上来说，整篇作文都是为了说明中心思想，很难准确判断。

提出轻重度的意义在于，文字表达也是有高下之分的，有些写作高手言简意赅、微言大义，可以通过较少的文字而表达出较深刻的思想；而有些文章用笔不太简练，常被人形容为“下笔千言，离题万里”。用明确度和轻重度来衡量更容易看清作文中各种不同的表现情况，用数学的方法排列组合的结果如下：

（1）轻重度低 + 明确度高：即用笔墨少，且中心明确；

（2）轻重度高 + 明确度高：即用笔墨多，且中心明确；

（3）轻重度低 + 明确度低：即用笔墨少，且中心不明确；

（4）轻重度高 + 明确度低：即用笔墨多，且中心不明确。

显然，自上而下作文的水平也由高至低：学生们比较常见的情况是“轻重度低 + 明确度低”，即无话可写，中心也不太明确；或者“轻重度高+明确度高”，即中心较明确，使用的笔墨也较多。对学习者而言，若能做到“轻重度高+明确度高”基本上就算达到要求了。因此，提出中心思想表达上的轻重度与明确度对汉语作为二语/外语的写作教学和中小学作文教学而言都是非常有意义的。

由于“轻重度高+明确度高”和“轻重度低+明确度低”这两类的例子不胜枚举，恕不举例了。下面是一个“轻重度低+明确度高”的例子：

例9）语料：#199704123616200106

题目：记对我影响最大的一个人；分数：90；国籍：韩国；性别：女

到现在，对我影响最大的人就是我的男朋友。

我和他是在大学二年级的时候相识{CJsd}，{CD到}目前交往{CC交了}已经两{CC二}年多了。我们{CD也}是中文系里的同班同学。我们见面以前，那是我彷徨的时期。因为当时我觉得大学生活没什么意义，学习上的压力也很大，我就感到孤独、[BC,]空虚。

那时侯{CC3那样的时候}，他的出现给我{CQ带来了}巨大的变化。他不但给我学习上的帮助，而且给我精神上的安慰[C]。作为一位知心的朋友，作为一位真诚的同学，也作为一位热情的恋人，他给我{CJX}{CD付出}了太多的帮助。

总是在我的跟前，也许是永远共处的，世界上唯一的[BQ、]最了解我的人[BQ,]是我男朋友。我真感谢给我这么大的影响{CJjy}，{CJ-zhuy他}{CJ-sy是}未来也要跟我同甘共苦的朋友。

该文只有一个中心思想：“到现在，对我影响最大的人就是我的男朋友。”全文开门见山，直奔主题，一点也不拖泥带水。该文篇幅不长，字数不到280个字，能得90分的高分绝非偶然。

3.6 中心思想的优劣与对错

中心思想的优劣是指中心思想是立意高远还是立意肤浅；中心思想的对错指中心思想正确与否。

3.6.1 中心思想的优劣

在 HSK 动态作文语料库中中心思想立意较为肤浅的作文太多了，下面举两个立意较高的例子：

例 10）语料：#199704123616200106

题目：记对我影响最大的一个人；分数：70；国籍：德国；性别：男

看到这次考试的题目之后，我没有｛CC 不是｝马上就下笔写字。谁是对我影响最大的人呢？这并不难回答｛CC2 说｝，但可能不能满［C］足老师的要求。肯定有同学写自己的父亲或母亲是这个人，也许是某个国家的总统、［BC,］某民族英雄，甚至某流行音乐的明［B 名］星。影响对我最大的人不属于这一类，反而是一个完全普通的而又很特殊的人。

我七年前在开封｛CQ 的｝河南大学教德语时，大门外有很多卖水果的人。他是其中一个，但又跟他们不一样。到了西瓜之季，他总是亲自给我挑最好的瓜，既香又甜，我吃得津津有味。买了几次他的西瓜之后，他开始问我问题：｛CQ 问｝我是哪国人，喜不喜欢中国，中国人的生活方式能不能习惯等等。我也鼓起勇气问他的生活最近如何，过去怎么样，对中国的发展有什么看法，觉得现代的年轻人怎么样等等。这样我慢慢了解他和他妻子的情况。

他当时已经七十多岁｛CQ 了｝，但身体还不错，耳聪目明｛CC 耳目聪明｝。他本来是农民，生于山东某县。二十来岁的时［B 十］候他当兵｛CQ 了｝，先是跟随国民党［B 堂］，但过了几个月以后就发现了他的领导的一些不好的行为，因而开始找一个新的｛CQ 出｝路，这就是共产党［B 堂］的红军。那里，他说，人的行为真的符［B 附］合他们说的道理。他体会了当时战争的苦，但因为他有希望就无所谓了。

我这｛CQ 里｝不能重复他跟我说过的所有内容，但我应该说明他为什么是影响｛CQ 我｝最大的人。这就是，他吃了那么多苦［BQ,］而并没有变成一个不热爱生活［BQ,］或者一个思想特别保守的人。他了解中国的当时情况，也｛WWJ｝

该文并未写完，遣词造句方面也有个别瑕疵，因而分数不高（70 分）。不过这篇文章的中心思想立意较高："我应该说明他为什么是影响我最大的人。这就是，他吃了那么多苦却并没有变成一个不热爱生活或者一个思想特别保守的人。"从文中可以看出作者是一个来中国教授德语的成年外教，思想深度要远远高过国内中小学生。因此尽管文字基础不是特别好，判卷老师依然给了中等分，或许较深刻的中心思想给全文增了色。

再看下一篇，全文中心积极向上，读后令人感动：

例 11）语料：#199412123542200059

题目：记我的父亲；分数：95；国籍：越南；性别：女

我的父亲，［BC——］他老人家名字叫陈德留。他是一位中学老师，今年六十多岁，已经退休了。他是越南人，非常热爱祖国，热爱人民，热爱教育事业，也很热爱我的家。

他曾经当过校长，工作很负责任。他已［B 已］经和学校的同事为祖国为人民培养［B 着］了不少优秀的学生。现在他的学生可以说是桃李满天下了。他说：爱国爱民先爱学生。

他热心于教育工作，编写｛CC 写出｝了很多的教程，也培养了不少的年轻老师。直到现在他还当家庭老师呢。他的学生曾经｛CC 已［B 已］经｝说过：我从来没见过一位这样忘我地｛CC 的｝工作｛CC 劳动｝的老师。我父亲的这种忘我工作｛CC 劳动｝的精神感动了我的心，我一生都｛CQ 要｝向他学习。

我父亲之所以在工作上能取得一点成绩［BQ,］是因为他得到了我妈妈的帮助。他有一个很好的爱人。我妈妈在生活中，在工作中都给他创造了有利的条件。我父母生下了七个孩子。我们七个兄弟姐妹都是我妈管教的。她说这样父亲才有机会为学校工作。

{CP 因为没有时间关心我们和母亲 {CJ + zxy 的生活}，我父亲在教我们学习这方面已经作出了很大的努力。P} 我之所以今天能够当一个中文教师，也是因为荣幸 {CQ 地} 得到了我的父亲 [B 章] 少年时代的教育 {CC 教养}。我的哥哥妹妹弟弟也一样 {CD 地} 得到他老人家无微不至 [B 致] 的 {CC 地} 关怀。作为一个好孩子我深深地理解我父亲对我家庭的帮助也 {CD 不} 是不小的。我暗暗地感谢他。

若有人问我你最尊敬 {CC 可爱} 的人是谁，那么我可以说：那是我的父亲。

该文不仅文字基础较好，而且立意高远，催人奋进！该文能得 95 分的高分绝非偶然①。

3.6.2 中心思想的对错

中心思想的对错是指中心思想正确与否。中心思想的好坏与高下表面上看似乎差不多，实际并非一回事：写作水平高低是一回事，思想观点是另一回事。有些在评判者看来并不正确的思想观点，写作水平却不见得不高。最典型的例子是骆宾王所写的著名的“讨武曌檄”，该文原本是讨伐武则天的一篇战斗檄文，思想观点与武则天针锋相对，但却由于文采斐然、写作水平高超而深得武则天本人嘉许。不过若要举中心思想错误的例子不太容易，下面权且举两个不太典型的例子。

例 12）语料：#199505550523200902

题目：记对我影响最大的一个人；分数：50；国籍：韩国；性别：女

对我影响最大的一个人 [BD——] 是我姐姐。

---

① 该例前文曾出现过，为便于阅读，此处重新编号。

这里的影响是在形成性格方面从姐姐那里所受到的不好的影响。我现在长这么大还那么内向是因为姐姐对我厉［B 励］害的缘故吧。

我在家里老么｛CJs｝，所以我一直都把一切行为，思想跟姐姐学的｛CJZR｝。我的性格深为内向、［BC，］消极［B 及］、［BC，］脆弱。可姐姐和我相反［BQ，］｛CJ－zhuy 她｝很粗犷｛CC 粗糙｝、［BC，］大方，想说什么就当场说什么，一点儿也不考虑对方的心情。而且她妒忌得很。

｛CJ－zhuy 姐姐｝因不圆［B 园］满的人际关系而长久苦闷，受到苦痛。活到现在最碍事的就是｛WWJ｝

该文中心明确，写自己性格内向是由于受姐姐不好影响的缘故。篇幅不长，文字基础也较差，因而得分不高（50 分）。

例 13）语料：#199505104525200174

题目：记对我影响最大的一个人；分数：55；国籍：日本；性别：女

对我影响最大的就是我的母亲［F 親］。今年我二十七岁。虽然随着年纪｛CQ 增｝大，对我影响的因素也多，但是我认为她的影响最大。

我母亲［F 親］是一个心理脆弱｛CC2 弱而脆｝的人。她很容易受伤。因为小时候跟我母亲［F 親］接触比跟我父亲［F 親］时间长得多［BQ，］所以我就受到她性格上的影响。基本上我的性格也脆弱｛CC2 弱｝而容易受伤。可是，我小时候｛CQ 同时｝不知不觉｛CJX｝感觉到她的弱点我就保持跟她的距离。我不敢把自己的问题告诉｛CJ－by 她｝，怕她比我更担［B 坦］心。所以我心理上产［F 産］生了矛盾。就是自己不强我也不敢｛CQ 跟｝别人多接触。

这个问题我一直没能认识｛CC2 认｝到。这两年通过一些旅行和跟一些人接触才认识｛CC2 自觉得｝清楚。既然知道｛CC 理解｝了问题，我就要克服它。这个问题在我的人生中｛CC 上｝是｛CD 个｝非常重要的。

该文也是写自己心理上受母亲脆弱性格的影响最大。主要写母亲对自己的消极影响。全文篇幅不算特别短（近 300

字），文字基础也较好，不过得分不高（55 分）。

综合来看这两个例子，写的都是“记对我影响最大的一个人”，而且都是写对自己产生消极影响的人。两篇作文的得分都不高，或许是在审题方面与主考方的理解有一定偏差：命题中的“影响”通常指积极影响，绝大多数考生写的也都是对自己有积极影响的人；而这两篇写的都是姐姐或母亲对自己产生的消极影响。这或许是分数受到影响的部分原因。

3.7 小结

本章讨论了现代汉语普通语篇三大关键点中的中心思想，主要讨论了中心思想的有无、数量、位置、强弱、详略、优劣及对错等问题。具体观点如下：

（1）叙述类作文的三大篇章结构关键点是：中心思想、结构要素和结构关系；分析三大关键点时的四大维度是：有无、对错、强弱和优劣。

（2）中心思想的定义：指作者想要叙述、论证或说明的全文的核心思想。

（3）中心思想的有无与数量：存在是否有中心的问题；在形成了中心的叙述类作文中又有单中心与多中心之分。

（4）中心思想的位置：指中心句的位置是前置、居中还是置后。

（5）中心思想的强弱与详略：本书用明确度和轻重度来衡量作文中中心思想的各种不同表现。

（6）中心思想的优劣与对错：优劣指中心思想的好坏；对错指中心思想正确与否。

第四章

篇章结构关键点分析之二：结构要素

本章讨论现代汉语叙述类作文的第二个关键点：篇章结构要素。篇章结构要素的本质是意义单位，所谓篇章结构要素是指围绕全文中心思想所展开的语篇结构的组成要素。

任何一个语篇的篇章结构都是由其结构要素按照一定顺序构成的，这其中牵涉到三个问题：篇章结构要素的隐现、轻重和先后问题。

篇章结构要素的隐现即结构要素在文中的有无；结构要素的轻重就是指结构要素的详略；结构要素的先后就是指结构要素的排序问题。下文分别从结构要素的内容、性质、隐现和轻重等方面来阐述现代汉语叙述类作文的篇章结构要素。

4.1 结构要素概说

4.1.1 以结构要素内容为标准的记叙文分类

语篇的具体类别不同，其篇章结构要素的具体内容也不同。叙述类作文即通常所说的记叙文或者叙述文，本质是记述人、事、物或景的。因此根据内容可以将记叙文再细分为：记人类记叙文、记事类记叙文、记物类记叙文和记景类记叙文。

这些亚类放到一定的语境之下可以发展成语体语篇，并形成特定的文学体裁：记人类记叙文可以形成人物传记；记事类记叙文可以形成新闻报道（忠实记录现实）或者小说（艺术加工现实）等；记景类记叙文可以形成游记[①]。这是文体学或者语体学研究的范畴，在此恕不赘述——本书想要强调的是叙述类作文是这些特殊语篇的基础或者原型。

仔细分析 HSK 动态作文语料库中叙述类作文的题目，会发现有一些题目是典型的记叙文（括号里是考试时间）：

（1）记述某人：有时这个人是确定的，如“记我的父亲”（1994.12）；有时这个人是不确定的，如“记对我影响最大的一个人”（1994.12）。

（2）记述某事：如 HSK 考过的“学习汉语的苦与乐”（1994.09）、“我的一个假期”（2001.05）和“我的童年”

① 记物类记叙文发展成语体语篇会是什么体裁尚需进一步研究。不过，记景与记事、记物之间很难截然分开，因此常被人统称为“事物”或“景物”，例如游记似乎就可同时分析为记景（自然景观或人文景观）、记事（驴友的旅游事件）、记物（山、寺等物）。

（1999.10）等。

（3）记述某物：如“我最喜欢读的一本书”（2003.05）等。

在记叙文中若想说清自己的中心思想，就需要围绕着中心展开一些结构要素来支撑全文的中心思想，下面简单举例分析一下。

4.1.2 要素内容分析：以记人类叙述文为例

不同类别的记叙文要做不同的内容分析，具体题目也要做具体的分析。下面我们以记人类叙述文中的“记对我影响最大的一个人”（1994.12）为例，对篇章结构要素的内容进行一下具体分析。若要写好这一题目，就必然涉及以下结构要素：

（1）影响者（下文中简称“人物”，标注时用 WHO 来表示）：谁对自己产生了影响；

（2）影响内容（下文中简称“内容”，标注时用 WHAT 来表示）：影响了自己什么；

（3）影响方式（下文中简称“方式”，标注时用 HOW 来表示）：是如何影响自己的；

（4）影响原因（下文中简称“原因”，标注时用 WHY 来表示）：为什么对自己的影响最大；

（5）影响效果（下文中简称“效果”，标注时用 EFFECT 来表示）：自己受影响后的效果如何；

（6）影响者的背景（下文中简称“背景”，标注时用 BACKGROUND 来表示）：包括影响者的经历和背景。

下面是一个结构要素较全的例子，尽管所得分数不高（50 分），但大致涉及了上述几个结构要素（语料中用下划线标注并在括号中标明，下同）：

例 14）语料：#199412104523200115

题目：对我影响最大的人；分数：50；国籍：韩国；性别：女

我的脑子里总是有｛CC1 占着｝① 一位善良的老师。｛CJ－zhuy 他｝是｛CD 个｝我的小学六年级的班主任×××老师(WHO/ BACKGROUND)。

那时候我不爱听父母的话，甚至｛CQ 连｝老师的话也置之不理，真是天生｛CC2 天性来｝的脾气。我一直到小学六年级对学习｛CQ 也还｝没有感兴趣。老师们都讲得呆呆的。每天我的耳朵里听到的声音都是嗡嗡的没有意思的读［B 卖］书声。可是到了六年级的时候［BQ,］我的老师启发了我的学习能力(WHAT)，｛CD 很｝鼓励［B 厉］我｛CD 的｝学习，关心体贴，很慈［B 兹］祥地｛CC 的｝关怀｛CQ 我｝｛CD 了｝［D 出］(HOW)。从那个时候［BQ,］我的成绩都跟着我的学习兴趣慢慢地好起来了(EFFECT)。这个事情对我来说真是个不可思议［B 义］的｛CC 地｝事(WHY)。我现在已经大学生了｛CJs｝。

在该文中，出现的结构要素有：人物（WHO：小学六年级的班主任×××老师）；内容（WHAT：我的老师启发了我的学习能力，使我对学习产生了兴趣）；方式（HOW）（他鼓励我的学习，关心体贴，很慈祥地关怀我）；原因（WHY：这个事情对我来说真是个不可思议的事）；效果（EFFECT：从那个时候我的成绩都跟着我的学习兴趣慢慢地好起来了）；背景（BACKGROUND：他是我的小学六年级的班主任×××老师）。其中 WHO 与 BACKGROUND 发生纠结，集中在同一句

---

① 文中的句标注是“HSK 动态作文语料库”固有的，引用时保留不做改动：其一，尊重语料库所有者与加工者的版权与劳动；其二，是对考生语句层面汉语水平的一种真实反映。

之中[①]。

类似这种要素齐全的例子较少，大多数作文中的结构要素都不很全，还有不少情况是发生不同结构要素之间的纠结，即一个句子或小句承负着多种要素角色。请看下面的例子：

例 15）语料：#199412104525200693

题目：对我影响最大的人；分数：50；国籍：日本；性别：女

我三十多年的生活之中，对我影响很大的人很多。其中影响我最大的人是我的汉语老师泽田老师。

他今年七十一岁，现在也有二十多个学生，每天｛CD 很｝忙着教汉语。

我刚［F 剛］开始学习汉语的时候跟他认识，以后我跟他学习汉语。他人很好，对谁［F 誰］都热情。汉语教法也不错，我很｛CC 真｝尊敬××老师。

他的经历之中，最让我佩服的是“他五十多岁的时候开［F 開］始学汉语”的事。听老师说，｛CJ－zhuy 他｝先学了五年汉语，然后去台湾留学五年，回来后又学了三年［BQ,］才开了一所汉语学校。我听了老师的经历［B 力］很感动，因为他到了那么大的年龄［C］才开始搞新的事业｛CC4 新事｝，我感到很不错。他很用功。

我学习汉语的时候，常常碰到困难，这时我就把泽田老师想起来［BQ,］自己鼓励［B 力］自己。我希望｛WWJ｝

该文没有写完，文中却展示了人物（WHO：对自己影响最大的人是汉语老师泽田先生）；内容（WHAT：他年老但学而不厌的经历令自己佩服、感动）；方式（HOW：学汉语遇到困难时会想起泽田老师，自己鼓励自己）等三个结构要素。再看下面一个例子：

---

① 对作文的评判是综合的，该文得分不高的主要原因可能是句法层面的基础较差，文中出现多处病句，还有错别字等。因此，尽管在篇章层面表现不错，但还是未能及格。

例16）语料：#199412 0000221045231116

题目：记对我影响最大的一个人；分数：90；国籍：韩国；性别：男

父亲是对我影响最大的一个人之一｛CJZR｝。现在，我在中国学习，这一切都得感谢父亲对我无微不至的关怀，这都是父亲给我的。

记得我第一次考大学，名落孙山。当时我很难过，气得好几天不能睡觉，觉得对不起父母许多年来的关心照顾，感到无脸见人。这时，父亲和蔼地拍着我的头，轻声地安慰说："你不要把这次失败看得太重，以后，还会有很多坎坷，需要你去克服，不要太灰心，振作起来！"父亲以前经历过很多困境，每当遇到这种情况，他总是不消沉，后来也总是一片光明。父亲把他以前如何克服困难的经验｛CC 勇气｝都传授给我。每次遇到困难时，我也总会想到父亲以前给我的教诲。

我接到中国录取通知书的时候，父亲微笑着对我说："孩子！你好好记住父亲以前跟你说过的话，到北京，肯定还会有很多困难，若你遇到这种困境，你要勇敢地面对它，克服它。"我每次遇到困难时，常常想起父亲的教导｛CC 教训｝。

父亲好像永远在我的面前，带领我向一个又一个山峰攀登，把一个又一个｛CQ 的｝困难踩在脚下。

我永远尊敬我的父亲。

在该文中，有以下几个要素：人物（WHO：父亲是对我影响最大的一个人之一）；内容（WHAT：每次遇到困难时，我也总会想到父亲以前给我的教诲。）；方式（HOW：记得我第一次考大学，名落孙山。父亲把他以前如何克服困难的经验都传授给我）；效果（EFFECT：现在，我在中国学习，这一切都得感谢父亲对我无微不至的关怀，这都是父亲给我的）。

通过以上分析可以发现，篇章结构要素的多少似乎并不是决定作文分数高低的基本因素，分数高的作文中篇章结构要素数量不一定很多，而结构要素数量很充足的作文分数也不见得很高。其实表面上是这样，事实并非如此：这主要是由结构要素的性质决定的。在界定了结构要素的性质之后，才有标准判断要素在文中的足与欠。

4.2 结构要素的性质①

支撑篇章中心思想的结构要素很多，但地位不同：有些要素是非有不可的，而有些要素却是可出现也可不出现的。我们把这两种要素的性质称之为必有性和非必有性，相对应的可将结构要素细分为必有要素和非必有要素。下面还以“记对我影响最大的一个人”为例简要分析一下。

4.2.1 必有要素

指语篇中一定要有的篇章结构要素。从理论上来说，上述几个结构要素中“人物”（WHO）和“内容”（WHAT）是非有不可的。而且，相比之下“人物”更重要，这是全文的中心，要求写的就是这个人，没有“人物”这一结构要素作文就跑题了。但要想说明这个人的影响就必须要有“内容”，即这个人究竟影响了你什么。至于其余的结构要素就不一定是非有不可的。下面两个低分作文的例子或许能说明一些问题：

例 17）语料：#199412124525100057

题目：记对我影响最大的一个人；分数：55；国籍：日本；性别：男

我认为每个人从父母那里受到的影响最强、最深。我之所以这样认为，是因为对我影响最大的正是我父母。其中，我父亲对我的影响

① 对性质的理解可能不同，如上文我们谈到结构要素的本质是意义单位，其实也是性质的一种表现。此处的性质指“必有/非必有”。

更大。我不知这是否｛CQ 因为｝我们同性的缘故，还是别的什么缘故，［BC?］反正如此；我父亲对我的影响最大。

我父亲已近五十岁了。他至今依然总是板着脸，很少露出一丝笑容。再加上他那发达的肌肉，总是给人｛CD 感觉｝一种"敬而远之"之感。正因为如此，我小时候｛WWJ｝

在该文中，全文只提到了"人物"（WHO：对自己影响最大的是父亲）而未能说明"内容"（WHAT：影响了自己什么），原因显然是没有来得及写完。而下一篇作文的情况显然并非如此：

例 18）语料：#199505104523100099

题目：记对我影响最大的一个人；分数：50；国籍：韩国；性别：男

｛CD 记｝对我影响最大的一个人是谁呢？我敢于说：我的女朋友，她的名字［C］叫朴镇希。不知｛CJ－zy 会不会｝有人朝我一笑说："你这个没有男子汉｛CJ－zxy 气概｝的，提自己的女朋友当对你最｛CJ－sy 有｝影响的人，真笨！"

但是我交这个女人以前是不是这样，好像你们不知道，所以这样说。

我和她第一次见面是去年三 3 月初［C］，两人都是刚到北京的留学生。我的一位女的朋友是她的朋友，所以经常跟她见面，谈话等，自然地产生了一份｛CC 片｝好感｛CC2 爱情情绪｝。

到了暑假［B 暇］后，变成了爱情［C］关系。她经常用不损害我的自尊心的话来鼓励［C］｛CJ－by 我｝｛CD 了｝。你应该是有自尊心，有傲气的一个男子汉，你有能力｛CC 能量｝能做好你想做的所有的事。你不是以前的你｛CC 人｝。你努力一下等等，尤其是："我相信你。"我一听这四个，就能振作精［C］神干事了。

以后我慢慢地改变了、改善了｛CD 跟｝以前的样子。你们说吧［BQ,］这不是俗［B 欲］话中说的"成功的男人后边有伟大的女人。"｛CQ 吗｝［BQ?］我爱我的女朋友，我相信没有这个女人，｛CJ－zhuy 我｝就还是｛CC 变成｝以前｛CJ＋dy 那样｝的样子，所以说［BQ,］

对我影响最大的人是我的女朋友。

在该文中，明确指出了"人物"——对自己影响最大的人是自己的女朋友，但没有很明确地说明"内容"（WHAT：对方影响了自己哪些方面）。文中谈到了自己遇到女友前后的状态不一样了（EFFECT），但没有用明确的语句点明她影响了自己什么。造成这一缺陷的原因显然不是没有写完。

这两篇低分作文印证了我们前文的观点："人物"和"内容"是必有的篇章结构要素；"人物"更重要一些，无论低分作文还是高分作文中都有。显然，没有"人物"，下面的诸要素就无从谈起。

4.2.2 非必有要素

指可出现也可不出现的篇章结构要素。"记对我影响最大的一个人"中的非必有要素就是"方式"（HOW，这个人是如何影响自己的）、"原因"（WHY，为什么是对自己影响最大的人）以及"效果"（EFFECT，对自己产生影响之后的效果如何）等等。说这些要素属于非必有要素的原因有二：一是出现的频率较低①；二是即使这些结构要素出现的很多，对作文分数的影响也不是决定性的。参看下例：

例 19）语料：#199412104523200115

题目：记对我影响最大的一个人；分数：50；国籍：韩国；性别：女

我的脑子里总是有｛CC1 占着｝一位善良的老师。｛CJ－zhuy 他｝是｛CD 个｝我的小学六年级的班主任×××老师（WHO/ BACK-

① 这仅仅是从目前看到的语料推断出来的，最好能有确切的统计数据。不过由于 HSK 动态语料库在语篇层面的标注有限，我们暂时无法进行定量研究。

GROUND)。

那时候我不爱听父母的话，甚至｛CQ 连｝老师的话也置之不理，真是天生｛CC2 大性来｝的脾气。我一直到小学六年级对学习｛CQ 也还｝没有感兴趣。老师们都讲得呆呆的。每天我的耳朵里听到的声音都是嗡嗡的没有意思的读［B 卖］书声。可是到了六年级的时候［BQ,］我的老师启发了我的学习能力(WHAT)，｛CD 很｝鼓励［B 厉］我｛CD 的｝学习，关心体贴，很慈［B 兹］祥地｛CC 的｝关怀｛CQ 我｝｛CD 了｝［D 出］(HOW)。从那个时候［BQ,］我的成绩都跟着我的学习兴趣慢慢地好起来了(EFFECT)。这个事情对我来说真是个不可思议［B 义］的｛CC 地｝事(WHY)。我现在已经大学生了｛CJs｝。

该文的分数不高（50 分），但文中提到的要素很多，包括人物、内容、方式、效果以及原因等。语料表明，尽管作文中出现的非必有结构要素很多，分数也未见得会很高。

除了上述几个非必有结构要素之外，不少作文中多少还会涉及“背景”（BACKGROUND），多半是“人物”个人的情况或者经历。这一要素也可以理解，毕竟全文的中心是“人物”，难免要介绍该人的相关背景情况，否则也很难说明为什么该人会对自己产生影响，甚至是影响自己最大的人。参看下例：

例 20）语料：#199412104525100670

题目：记对我影响最大的一个人；分数：50；国籍：日本；性别：男

到｛CC 至｝现在，对我有最大的影响的人就是我的父亲。｛CD 从来｝我总是｛CC 时｝一边尊敬｛CJ－by 他｝，一边视｛CC 看｝他为我的目标。因为他是个男子汉。

原来，对所有的儿子来说，各自｛CC 各体｝的母亲自然能看作“母”。母亲是把孩子｛CC 辈子｝生了一下［BQ,］就｛CD 是｝成为母亲［L］。但是父亲呢？而｛CC1 反而｝父亲不是。

若他对他的儿子没做什么，他［BQ,］对儿子来｛CQ 说｝［BQ,］不会成为儿子｛CD 的｝尊敬的对象。他要让他的儿子看自己的人生｛CQ 能力｝［BD、］｛CD 强壮｝，才能被他的儿子认为｛CQ 是｝父亲。

当然一般说来［BQ,］对儿子｛CD 来｝影响最大的人就是其父母。对我来说，那个特点更突出｛CC 显出｝。因为我｛CQ 是｝小伙子的时候，发生｛CC2 有｝了一大｛CJX｝件事。

我的父亲在日本的区公所工作，管理企业的经费［F 费］的出入。有一天，父亲发现了一个医院的经济问题｛CC4 不正｝。它们跟那城市的领［B 邻］导有｛CD 了｝关系，［BC。］但是爸爸没有｛CC 不是｝死心｛CD 了｝，［BC。］只有｛CC2 只｝他一个人对那个医院开战｛CC2 战｝了。

终于他把那个医院的问题｛CC 不正｝暴露了，［BC。］并且｛CC2 并｝他在区公所里降职｛CC 降格｝了。但是他满足了。

爸爸对我教"男子汉应［B 因］该做｛WWJ｝"

在该文中有相当一部分篇幅是描写"背景"（BACKGROUND：父亲的经历），类似的例子很多。个别作文中背景甚至成了全文的主体，参看下例：

例 21）语料：#199412104525200669

题目：记对我影响最大的一个人；分数：55；国籍：日本；性别：女

我现在是什么样的人呢？自己了解自己很不容易，可我希望人家看我的时候，觉得跟我的阿［B 婀］姨一样温柔、热情［B 亲］。

记对我影响最大的一个人｛CD 是｝不是我的父亲［BQ,］也不是历史上的英雄，就是这一位可普通｛CC 普便｝的阿［B 婀］姨。我不但爱她，而尊敬她。我很想｛CD 要｝做她那样的事。她每天去老人｛CQ 的｝家帮助他们的生活。［BC,］他们行动｛CC 身体｝不方便｛CC 自由｝，不会起床，也不会洗澡。××阿［B 婀］姨给那些人喂｛CC 吃｝饭，把身体擦｛CD 地｝干净。有时候跟他们谈话，［BC、］听他们的诉说。你不要认为这是她的工作，因为她做这些事情都免费地做。

我从小时候至今在她家过。因为我的父母都有工作，而且工作很忙，他们不能照顾我们｛CQ 这些｝孩子。我｛CD 的｝母亲的朋友给母亲介绍××阿［B 婀］姨。母亲和她很合得来，母亲很相信她［BQ,］就放心地托付｛CC 依靠｝孩子的事情。以后，刚两｛CC 二｝岁的我在那个陌［B 某］生人家过日子。起初｛CC 头初｝母亲托我××啊［B 婀］姨的时候｛CJba｝，我大哭得｛CD 真｝厉害，后来晚上母亲接我走｛CC 来｝的时候［BQ,］我不愿意｛CQ 从｝阿［B 婀］姨家出来了。我的思想是差不多从阿［B 婀］姨｛CQ 那儿｝体会到｛CD 了｝的，但还远远不如她。

一九八九年她的丈夫去世了。虽然她觉得寂寞［B 莫］、［BC,］悲哀，但她的精神很好｛CC 强｝，［BC。］马上开始现在的活动｛CQ 了｝。做那种活动的人很少。

该文得分不高的主要原因显然是全文的大部分都在写主人公的“经历”（BACKGROUND），而较少谈及该人对自己的影响，似乎有些偏题了。

4.3 结构要素的隐现

对作文结构要素的考察分析首先是具体要素的隐现问题，即要素的有无问题。篇章结构要素的有无是就结构要素个体而言的，指具体语篇结构要素的赋值状况：赋值为 1 就是有（现），赋值为 0 即是无（隐）。显然，就整个要素系统而言，不存在无的问题。因此在对“有”这种情况进行分析时，就涉及整个结构要素系统中要素的多少及足欠的问题。

要素系统的多少是对要素数量的一种客观描述，优秀的叙述类作文篇章结构中出现多少数量的结构要素比较合适？这一问题需要具体问题具体分析，不过抛开具体下位小类不谈，结构要素的足欠问题的确是作文评分员无法回避的。

结构是由结构要素支撑起来的，没有要素当然不行，而且所涉及的要素太少也不足以支撑全文结构，因此就存在一个结构要素足欠的问题。从标准上来说，结构要素的足欠并无一定成规，而是看最后的总体效果：若形成了篇章结构，且完满支撑了中心思想，此时无论要素多少都算是充足的；否则就属于要素欠缺了。简言之，要素的足欠指整个结构要素系统的总体状况：结构要素较丰富，能满足中心思想表达的需求即为足；否则即为欠——这只是一个总体的趋势，是相对而言的，并没有固定的标准。

下面简要阐述一下篇章结构要素的有无、足欠和多少之间的关系：

4.3.1 结构要素的有无与足欠

可以说明的是，篇章结构要素的有无涉及语篇结构的对错问题，相对规定性较强，基本属于本体研究的范畴；篇章结构要素的足欠涉及语篇结构的好坏问题，规定性较弱，属于修辞研究的范畴①。从理论上来说，作文中不可能完全没有结构要素。

因此，一般只存在篇章结构要素的足欠问题而不存在有无问题，不过的确存在偏题的现象：

例22）语料：#199412104525200624

题目：记对我影响最大的一个人；分数：50；国籍：日本；性别：女

我觉得这作文的要求太难了。因为我不能选择对我影响最大的一

① 其实国外将篇章结构整体归入修辞范畴，直接称之为“修辞结构”（参看前文有关RST理论的阐述）。本文认为篇章结构的一部分应属本体研究。

个人。我已经二九岁的成人｛CJs｝，怎么能写出｛CJX｝只一个人。不过我想考虑｛CQ 别的｝办法……［BD。］在我的人生中｛CC 上｝，从最朴［B 补］素或者｛CQ 最｝深刻的事情｛CD 看来｝中，选择写出｛CC 去｝来吧！

这｛CQ 个｝暑假｛CD 时｝，我回日本去｛CQ 了｝。因为我在北京留学｛CD 了｝一年了，这期间内发生了很多事，［BC。］所以我已不太相信中国人｛CQ 了｝。从日本回来时，｛CD 在｝飞机场里的入境公安局的｛CQ 一个｝人［BD,］｛CD 他｝给我很多的启发［BQ。］而且遇［B 遭］见他以后，我对中国人的看法完全｛CC 完成｝改变了。有一位日本的小姑娘［BD,］｛CD 他｝进入入境检查时，他对那位姑娘非常热情。虽然她不会说汉语，可是他拼命地说明（用很多方法）而且非常有礼貌。正在｛CC 正好｝等着｛CQ 的｝外国人都感动了。

中国人也是各式各样的。那时［BD、］我感觉｛CC 感动｝到这点｛CC 这样｝。而且我应该努力学习汉语，为了找到很好的中国朋友交流。

该文严格来说还不能算是跑题，只能算是偏题：从文中来看，她也写到了“人物”，只是她想写的不是一个人而是多个人：“我觉得这作文的要求太难了。因为我不能选择对我影响最大的一个人。我已经二（十）九岁的成人，怎么能写出只一个人。”这说明即便对作文题目有自己独特的理解，完全没有要素的情况也几乎是不存在的。

4.3.2　结构要素的足欠与多少

这也是两个不同的概念，虽然都是就篇章结构要素系统而言的，但要素的足欠是相对而言，没有绝对的标准；要素的多少指的则是数量，有绝对的数字。数量多并不意味着要素的数量就足够了；反之，数量少也不意味着要素就不够。这里主要讨论的是作文中需要呈现的必有要素是否足够。还以“对我影响最大的一个人”为例，上述结构要素在考试现场上限于时间和字数，考生未必能面面俱到，但所涉及的必有结构要素基本上还是都提到了。上述的例子已证明此点，在此恕不举例了。

可以看出，篇章结构要素的足欠和多少归根结底可以归入有无问题之中，或者说足欠和多少都是对结构要素“有”的状况的一种描述。

4.4 结构要素的轻重与先后

结构要素除了隐现问题之外，还涉及轻重与排序这两大问题。

4.4.1 结构要素的轻重

结构要素的轻重就是指要素的详略。一般说来，在普通语篇中必有要素通常比较详细，而非必有要素比较简略，因此，为了凸显某些结构要素的重要性，相应的语言表达技巧是对必有要素展开较详细的描写，着墨较多，占用的文字篇幅也较长；反之亦然。此类例子较为常见，在此恕不举例了。

4.4.2 结构要素的先后

结构要素的先后就是指要素的排序。与轻重问题类似，也涉及结构要素的表达。一般说来，必有要素通常出现在重要位置（有的民族相信前置表明重要；有的民族感觉后置意味着重要，彼此在认知上并不相同）；非必有要素通常出现在不甚重要的位置上。教师训练学生写作的目的就是让其掌握将正确的结构要素放置到正确的位置上去。因此，Kaplan 先前的研究似乎很难全盘否定：尽管不同母语国家的学生有不同的表达方式，但结构要素涉及先后问题却是无可置疑的[①]。

排序问题是语篇图式结构研究的主要问题之一，在特殊语篇的结构研究中显得尤为重要（参看娄开阳，2008）。

4.5 小结

综上所述：

（1）根据内容可将外国学生现代汉语叙述类作文再细分为：记人类记叙文、记事类记叙文、记物类记叙文和记景类记叙文。

（2）外国学生现代汉语叙述类作文的篇章结构要素根据性质可分为必有要素和非必有要素两类。以记人类作文“记对我影响最大的一个人”为例，其必有要素是“人物”（WHO）、“内容”（WHAT）；非必有要素是“方式”（HOW）、“原因”（WHY）、“效果”（EFFECT）和“背景”（BACKGROUND）。

（3）外国学生现代汉语叙述类作文篇章结构要素的隐现问题中涉及多少与足欠两个问题。

（4）外国学生现代汉语叙述类作文篇章结构要素还涉及轻重与先后问题：轻重问题就是结构要素的详略；先后问题就是结构要素的排序。

任何语体的语篇图式结构要素都牵涉到隐现、轻重和先后

① Kaplan（1966）探讨的主要是中心句出现的位置，但实际上所有结构要素都涉及排序的问题。

这三大问题。大量研究表明，不同语体的图式结构的隐现规律、轻重规律和排序规律是非常不一样的。本书要研究的不是现代汉语普通语篇的篇章结构类型，而是不同母语作者或者不同汉语水平作者在普通语篇（作文）篇章结构方面所呈现出的不同特征。

第五章

篇章结构关键点分析之三：结构关系

在前面两章我们分别阐述了篇章结构三大关键点中的中心思想和结构要素，本章将着重讨论三大关键点中的结构关系。

下文将首先，简要介绍广义结构关系与狭义结构关系；然后分别阐述结构关系的有无、强弱和好坏。最后举例说明几种常用的结构关系：总分关系、解证关系、连贯关系、并列关系和递进关系。

5.1 结构关系概说

作文篇章结构中的结构关系包括广义与狭义两类：广义的结构关系包括两种，一是中心思想和结构要素之间的关系；二是结构要素之间的结构关系。语料分析表明，只有中心和要素之间的关系才是必有的结构关系，后者在语篇之中是非必有的。因此，狭义的结构关系只指中心与要素之间的关系。不过，出于方便教学的需要，本章会分别讨论这两种结构关系。

全文的篇章结构就是由中心思想统帅结构要素构成的。总体结构的好坏取决于中心思想如何统帅要素，即中心与要素之间的结构关系如何。显然在作文中，即便二者都有并且表达得都很好，也存在一个二者是否被有机整合的问题——说到底是一个整合度的问题。同样的问题也存在于结构要素之间。

好的文章应该有明确的结构关系、较强的结构关系，同时也是合理的结构关系。与此相对应，下文分别讨论外国学生现代汉语叙述类作文结构关系的有无、强弱与优劣[①]。

5.1.1 结构关系的有无

理论上一篇作文中中心与要素之间当然应该存在结构关系，不过事实上并非所有的作文都能达到这个要求。没有写完的作文自不必说，即便在完成全文的作文中也有很多是没有形成结构关系的。参见下例：

---

① 结构关系的对错问题需要根据表达效果综合判断，实际上只是趋势性的，主观上不易判断。

例 23）语料：#199412104523100675

题目：记对我影响最大的一个人；分数：55；国籍：韩国；性别：男

对我来说［BQ,］影响最大的人是我的爱人。现在她是我的｛CD 一个｝妻子和给我援［B 缓］助的｛CJ－zxy 朋友｝。我们第一次碰到是我刚［F 剛］上大学时候见面了｛CJZR｝。换句话说，我刚上大学的时候有一个我们系的聚会。那时候，我一看就｛CJX｝她很喜欢了。

原来，我成长｛CD 了｝｛CJX｝在祖父母的手里，所以不知道父母的爱｛CC1 爱情｝。以后，小学校的老师劝祖父说："这个孩子，应该在父母亲［F 親］的爱｛CC1 爱情｝中｛CC 上｝｛CJ－sy 成长｝。"以后，我不得不离开了祖父母、朋友、乡村，［BC。］来到釜山以后开始新生活。虽然在生活上很方便，但是｛CJ－zhuy 我｝一直想留下的祖父母、乡村里的同学们，［BC。］差不多每天｛CQ 都｝非常孤独。到高中毕业也是这样的生活。考上大学以后，不到一个月我的母亲｛CC 親母｝去世了。这件事情，对我来说｛CJ－sy 是｝非常痛苦的事。虽然对她没有感情｛CC2 情｝，但是只有她是｛CC 对｝我比较喜欢的人。母亲［F 親］去世了以后，我身边来的人是我爱人。她一直鼓励我，还｛CC1 还有｝给我许多帮助，［BC。］而且我去当兵的时候一直等我，想我。现在我非常尊敬她。我爱她。一辈子｛CQ 都｝很爱她。这是我的心里｛CD 上的｝话｛CC 言｝。

该文的中心是"对我影响最大的人是我的爱人"，要素中提到了"人物"（WHO：我的爱人）和方式（HOW：她一直鼓励我，还给我许多帮助）。但从全文来看，中心与要素之间并不存在明显的结构关系，未形成总体结构。

5.1.2 结构关系的强弱

在作文中即便有结构关系，也存在一个结构关系强弱的问题。同样的结构关系，在有的作文中就比较鲜明；而有的作文中就比较脆弱。下面三例都是按时间顺序来写父亲的，属连贯关系，不过结构关系的强弱还是存在较大差异的：

例 24）语料：#199412124636200017

题目：记我的父亲；分数：50；国籍：乌克兰；性别：女

对于每［B 没］一个人［BQ,］父母的影响｛CJ－zy 都｝｛CJ＋sy 是｝很重要。我还是很感谢我的父母［BQ,］从小很注［B 主］意我的教育，｛CJ－zy 给我｝讲很多有关世界的事情。

我小时候，因为妈妈工作很忙，所有大部分的时间是［C］跟爸爸一起过的。我那时候想我爸爸是［C］世界上最聪［B 总］明的人，虽然我小时候有｛CD 了｝太多的“为什么”，几乎［B 呼］所有的问题［C］他都［B 者］能够给我讲清楚。每天晚上他准备书专［B 传］门给我读，书都非常有意思。每［B 没］一个星期天他｛CJ－zy 都｝带我去动物园，公［C］园，或［C］别的小孩子喜欢［B 观］的地方。有时候晚上我们去看夜市，我们最喜欢［B 观］走的｛CC 得｝一条路我到现在｛CJ－zy 还｝怀念着。

｛CP 他是科学家，研［B 验］究石头的物理性能，于是经常给我带来非常奇妙的石头。P｝我长大了以后，｛CJ－zhuy 他｝送给我用｛CJX｝很多好看的石头做［B 作］的｛CC 得｝东西。

我爸爸这个人是很善良［B 艮］的，说［B 话］话不太多的人｛CJs｝。［BC,］｛CJ－zhuy 他｝很喜欢［B 观］我，［BC。］我也一直［B 致］怀念着他［BQ。］

该文的主体部分大致上是按时间顺序来记叙的，时间标志词有：“我小时候”“每天晚上”“每一个星期天”“有时候晚上”“我长大了以后”等，从首尾两个时间词来看具有时间上的先后性，但被中间两个时间词阻断，因而未能形成严格意义上的时间链。再看下一例：

例 25）语料：#199412123636200092

题目：记我的父亲；分数：55；国籍：乌克兰；性别：女

虽然我在国外留学，离我父亲很远，但我非常惦记他，少不得他。我想我父亲是个好人，又聪明又善良的人，跟他在一起我一分钟｛CQ

也｝不｛CC没｝觉得无聊，反倒［B到］觉得很有意思，很愉快。他什么都知道：关于历史、［BC,］民族的文化，［BC。］文学等。我记得我小时候他常常带我去｛CC到｝剧［B居］场、［BC,］公园或者旅游区｛CC3旅游｝，我想我们俩｛CJ-zy都｝感到很高兴。我上学时，他也陪着我做功课｛CC2课｝，这样让我对课文［L］的内容感兴趣起来。若他出差了。我跟妈妈充满期待｛CC4忍不住｝地等他，因为我们肯定｛CJX｝知道［BD,］他回来时［BD,］要给我们讲很多有意思的｛CJ-zxy事情｝，而且也会给我们送｛CJ+dy什么｝礼物。｛CJ-zhuy我｝还记得［BD,］我爸爸做的饭，不管他的工作多么忙，他还是有时候抽出时间给我们弄一些好吃的。一般在我家母亲做饭［BQ,］她｛CJ-sy做｝的饭不但我家里人喜欢［C］吃，而且我们的朋友也赞美她做的饭，但父亲｛CJ-sy做｝的比较特别｛CD的｝，有独特的口味，而且｛CC2而｝外观很好看。我想我不仅爱他，并且尊重他，要不我长大时，他不在我的身边，我就［C］不会得到我想得到的。所以我每次想起来｛CJX｝他，总觉得感动［BQ。］

该文也是按时间顺序来写的，时间标志词有"我小时候""我上学时"和"他出差（时）"。总体上形成了时间链：小时候→上学时→出差时。只是时间链的构成不是太好，"出差时"与前两个时间词的内在联系不太紧密。再看下一例：

例26）语料：#199412123619200071

题目：记我的父亲；分数：55；国籍：罗马尼亚；性别：女

我的父亲是工程师，在火车站工作。他总是｛CJX｝工作很忙，所以我们一起过的时间较少。不过，我还记得我小时候｛CC2时｝跟爸爸一起爬山。我最喜［C］欢的是在树林｛CC2林｝里散步，但是我害怕一个人在黑暗［C］的地方。我还记得爸爸带着我｛CQ这个｝小孩儿过小河，我们｛CC咱们｝钓［B条］鱼，采｛CC集｝花。我跟爸爸一起逛［B观］商店、买东西也算节日，［BC。］一天的时间都不回家，只逛［B观］商店［BQ,］在饭店吃饭：多｛CC很｝美的日子呀［C］！

然后父母离婚了。我跟妈妈一起［B走］住。当然不是跟爸爸每天见面。一个星期一两次｛CJX｝我去看他，他总是很高兴地｛CC得｝招待我。上了大学以后我搬［C］到｛CQ 了｝别的城市，只有假期｛CC 假时｝才能去看他。最近我来中国留学｛CQ 了｝。夏天见｛CC 看｝他的时候我突然发现｛CD 了｝他老了，头发大部分都花白｛CC 白花｝了。但最可惜的是好像我们互相也｛CC 还｝不是以前｛CD 的｝那么好｛CQ 的｝朋友［C］｛CQ 了｝。我改变了，长大了，而｛CC1 而且｝他不在我的身边帮助我，［BC,］了解我。

该文也是按时间顺序来写的，时间标志词形成了有明显先后顺序的时间链：我小时候→然后父母离婚了→上了大学以后→最近→夏天见他的时候。

从上述三篇语料我们可以看出，即便同样是连贯关系，结构关系也有强弱之分：第一篇作文结构关系最弱，没有形成很完整的时间链；第二篇作文结构关系较强，形成了时间链；第三篇作文的结构关系最强，形成了完整清晰的时间链。

5.1.3 结构关系的好坏

有的作文在逻辑上采用了某种结构关系，但从总体结构上来看似乎不是很合适。如下面两个例子中的结构要素之间均采用了并列关系，但前者的使用似乎不如后者。

例 27）语料：#199412123636200072

题目：记我的父亲；分数：55；国籍：乌克兰；性别：女

想起我过去的生活，我不得不想起我亲爱的父亲。

从｛CC1 自从｝｛CJX｝我记得我在生活中走自己的第一步｛CQ 开始｝，爸爸总是和我在一起。｛CP 我知道他非常爱我［BQ,］并不因为我是他的独生女，而且他对每一个孩子都是这样，总是很关心。P｝我知道在他的口袋里每天有好吃的东西［BQ,］专门［B 们］给｛CC 对｝小孩子准备｛CC 预［B 予］备｝的。

我上初中时爸爸天天晚上和｛CJ－by 我｝在一起做［B 作］家庭

［C］作［B做］业。{CP不但写字母，而且画画［BQ,］他都能力很强。P}他对我的学习看{CQ得}非常重，{CP哪［B那］怕一夜{CC2一个夜里}{CJX}我不睡［B懂］觉［C］，而作业需做［B作］完。P}

我的爸爸对任何事情都实事［B是］求是［B事］，在人与人之间的关系{CQ上}总是安分守己，那是因为他从前的生活非常艰苦。

我爸爸小时候，失去{CQ了}父母，他妹妹和哥哥因为年龄太小才十三［BQ、］十一岁无法抚养他，只好让他住在寄［B奇］宿学校里。

爸爸经常{CQ跟}我说{CD过}：“每一个人在生活中都要［C］有自己的目的，有了目的，你一定要达到{CC达成}它，不然的{CC得}话，生活没有意思。”

我现在才知道爸爸对我所［C］说的话有一定的道理。

虽然他已经去世了，但他永远在我的心里{CD中}。

在该文中要素部分采用了并列的结构关系，先后写了：记事（记父女关系）、记特征（父亲实事求是、安分守己）、记经历（父亲儿时的经历）和记影响（记父亲对自己的教诲）。基本上采取的是一种平行并列的关系。不过全文显得比较散乱，写父亲的这几个方面显得不在同一个层面上——而且条理不是十分清楚，层次的内涵需要人为总结。下一篇作文的主体部分同样采用了并列关系，相比较之下就显得较为合适：

例28）语料：#199412123542200059

题目：记我的父亲；分数：95；国籍：越南；性别：女

我的父亲，［BC——］他老人家名字叫陈德留。他是一位中学老师，今年六十多岁，已经退休了。他是越南人，非常热爱祖国，热爱人民，热爱教育事业，也很热爱我的家。

他曾经当过校长，工作很负责任。他已［B己］经和学校的同事为祖国为人民培养［B着］了不少优秀的学生。现在他的学生可以说是桃李满天下了。他说：爱国爱民先爱学生。

他热心于教育工作，编写｛CC写出｝了很多的教程，也培养了不少的年轻老师。直到现在他还当家庭老师呢。他的学生曾经｛CC已［B已］经｝说过：我从来没见过一位这样忘我地｛CC的｝工作｛CC劳动｝的老师。我父亲的这种忘我工作｛CC劳动｝的精神感动了我的心，我一生都｛CQ要｝向他学习。

我父亲之所以在工作上能取得一点成绩［BQ,］是因为他得到了我妈妈的帮助。他有一个很好的爱人。我妈妈在生活中，在工作中都给他创造了有利的条件。我父母生下了七个孩子。我们七个兄弟姐妹都是我妈管教的。她说这样父亲才有机会为学校工作。

｛CP因为没有时间关心我们和母亲｛CJ+zxy的生活｝，我父亲在教我们学习这方面已经作出了很大的努力。P｝我之所以今天能够当一个中文教师，也是因为荣幸｛CQ地｝得到了我的父亲［B章］少年时代的教育｛CC教养｝。我的哥哥妹妹弟弟也一样｛CD地｝得到他老人家无微不至［B致］的｛CC地｝关怀。作为一个好孩子我深深地理解我父亲对我家庭的帮助也｛CD不｝是不小的。我暗暗地感谢他。

若有人问我你最尊敬｛CC可爱｝的人是谁，那么我可以说：那是我的父亲。

该文分三部分写自己的父亲，条理分明，结构关系显得很合理。

5.2 常用篇章结构关系：中心与要素之间

语言具有递归性，吴为章、田小琳（2000）在给句群按结构关系分类时类比复句的结构关系给句群分为12类：并列关系、连贯关系、递进关系、选择关系、总分关系、解证关系、因果关系、目的关系、条件关系、转折关系、假设关系和让步关系。

本书在分析作文中的结构关系时也尽量与句群的结构关系

分类保持一致，也参照这些关系类型来为叙述类作文所涉及的两种结构关系进行分类。只是我们目前还无法判断这些结构关系在叙述类作文中是否都存在。因此，下面主要用真实语料举例说明叙述类作文中的常用结构关系，分为中心与要素的关系和结构要素之间的关系两部分来谈。

5.2.1 狭义结构关系之一：总分关系

叙述类作文的中心思想与结构要素之间比较常用的是两种结构关系：总分关系和解证关系[①]。

所谓总分关系，指中心与要素之间具有总分结构关系。“总”指综合在一起概括总说，“分”指分别作具体说明。在叙述类作文中，又分为前总后分型和前分后总型两小类。

5.2.1.1 前总后分型：即先总说后分说。该类型出现的频率较高，很多记叙文都采用这种类型。参见下例：

例 29）语料：#199412123542200059

题目：记我的父亲；分数：95；国籍：越南；性别：女

我的父亲，[BC——] 他老人家名字叫陈德留。他是一位中学老师，今年六十多岁，已经退休了。他是越南人，非常热爱祖国，热爱人民，热爱教育事业，也很热爱我的家。

他曾经当过校长，工作很负责任。他已 [B 己] 经和学校的同事为祖国为人民培养 [B 着] 了不少优秀的学生。现在他的学生可以说是桃李满天下了。他说：爱国爱民先爱学生。

他热心于教育工作，编写 {CC 写出} 了很多的教程，也培养了不少的年轻老师。直到现在他还当家庭老师呢。他的学生曾经 {CC 已 [B 己] 经} 说过：我从来没见过一位这样忘我地 {CC 的} 工作 {CC 劳动} 的老师。我父亲的这种忘我工作 {CC 劳动} 的精神感动了我的

① 至于是否还有其他常用的结构关系，尚需相关语料和统计数据的支撑。

心，我一生都｛CQ 要｝向他学习。

我父亲之所以在工作上能取得一点成绩［BQ,］是因为他得到了我妈妈的帮助。他有一个很好的爱人。我妈妈在生活中，在工作中都给他创造了有利的条件。我父母生下了七个孩子。我们七个兄弟姐妹都是我妈管教的。她说这样父亲才有机会为学校工作。

｛CP 因为没有时间关心我们和母亲｛CJ + zxy 的生活｝，我父亲在教我们学习这方面已经作出了很大的努力。P｝我之所以今天能够当一个中文教师，也是因为荣幸｛CQ 地｝得到了我的父亲［B 章］少年时代的教育｛CC 教养｝。我的哥哥妹妹弟弟也一样｛CD 地｝得到他老人家无微不至［B 致］的｛CC 地｝关怀。作为一个好孩子我深深地理解我父亲对我家庭的帮助也｛CD 不｝是不小的。我暗暗地感谢他。

若有人问我你最尊敬｛CC 可爱｝的人是谁，那么我可以说：那是我的父亲。

该文的中心思想是：父亲是一个热爱祖国、人民、教育事业家庭的人。第一段是总说；从第二段到第五段是分说。第二段写父亲热爱祖国和人民；第三段写父亲热心教育工作，编写了很多教程且培养了不少年轻教师；第四、五段写父亲也很关心家庭。中心思想与结构关系之间的总分关系非常明显。

5.2.1.2　前分后总型：即先分说再总说。该类型出现的频率较低，参见下例：

例 30）语料：#199412123523100062

题目：记我的父亲；分数：85；国籍：韩国；性别：男

我的父亲已经 75 岁了。尽管｛CC 不管｝年龄大，可是身体非常硬朗，由于他在日本长大，所以在日本上｛CQ 的｝学｛CD 了｝。他的文化水平｛CJ - sy 是｝高中毕业，按照当时｛CQ 的｝状况，这样的学历不［C］那么低。［BC,］1945 年终于解［C］放了，他跟我母亲一起回国了。［BC.］到祖国什么都没有［BQ,］尤其是农村，不但没有电灯，而且吃的东西也不够。［BC.］父亲一回国，［BC.］就当｛CJ - buy 起了｝｛CD 个｝老师。［BC.］那时候除了父母以外，［BC.］

还有爷爷、[BC.] 奶奶、[BC.] 三个弟弟和四个妹妹，[BC.] 他是一家长男，[BC.] 所以 {CD 把} 所有的事由他一个人承担 {CC2 担} 起来了。[BC.] 可是那时候老师的薪水很低，[BC.] 他不 [C] 能不 [C] 放弃当老师 {CJ + zxy 的职业}。[BC.] 他带着全家人去农村。他在农村种田，[BC.] 全家人帮他种田，[BC.] 所以生活条件越来越好了，[BC.] 随着生活条件 {CJ - sy 变} 好，{CJ - zy 就} 能让弟弟和妹妹结婚 {CQ 了}，一听他的话 {CC 说} [BQ,] 就可以知道当时他的处境 [C] 多么困难。[BC.]

他是我尊敬的一个人之一，他一辈子为了全家人甘受所有的委屈和困难。

现在父母已经迁到汉城了，他的生活好多了。[BC.] 我恨不得马上见 {CJ - buy 到} 他。[BC.] 我衷心地祝他健康长 [C] 寿。

该文的中心在全文末尾：父亲“是我尊敬的一个人之一，他一辈子为了全家人甘受所有的委屈和困难。”分述是在这一中心思想之前，全文分为 3 层：

①第一层：从开头到“这样的学历不那么低。”——写父亲在日本长大并上学；

②第二层：从“1945 年终于解放了”到“他是一家长男，所以把所有的事一个人承担起来了。”——写父亲 1945 年回到韩国，担任教师养家；

③第三层：从“可是那时候老师的薪水很低”到“一听他的话，就可以知道当时他的处境多么困难。”——写父亲放弃教师职业，到农村务农养家，经历了很多磨难。

5.2.2 狭义结构关系之二：解证关系

所谓解证关系，指中心与要素之间具有解证的结构关系——即结构要素是为了解释、说明或证明中心思想。这是从狭义上来说的，若从广义上来讲则每一篇作文的中心与要素之间都可归为解证关系——毫无疑问，每个结构要素都是为了解释、说明、证明或补充中心思想的。这一结构类型的语料可谓不胜枚举，下面简单举一个例子来说明：

例 31）语料：#199412104625200112

题目：记对我影响最大的一个人；分数：70；国籍：葡萄牙；性别：男

对我影响［B 向］最大的人相信是我的爸爸了。

我以前很不爱［F 愛］读［F 讀］书［F 書］，常常缺课。不做作业［F 業］，考试［F 試］时［F 時］不温习［F 習］，晚上跟朋友出去玩，深夜才回家。家里［F 裏］的人常常劝［F 勸］我要把握时［F 時］间［F 間］来读［F 讀］书［F 書］，尤其爸爸，虽［F 雖］然他没有开［F 開］口说［F 說］这［F 這］些话［F 話］，但是我可以从［F 從］他那希望我变［F 變］好的眼神中看得出来。因为［F 為］他以前也像我一样［F 樣］，不爱［F 愛］上学［F 學］，所以他不想历［F 曆］史重演。我爸爸今年已四十六岁［F 歲］｛CQ 了｝，由于［F 於］他只有小学｛CQ 文化｝程度［BQ,］所以薪金很低。要维［B 為］持一家六口的生活真是不容易。现［F 現］在的生活水平比以前还［F 還］要高，去找每一份［B 分］工作都要求什么［F 麼］什么［F 麼］学［F 學］历［F 歷］，竞［B 劲］争［F 爭］又激烈｛CC2 大｝，所以若我不｛CJX｝再努力把握时［F 時］间［F 間］来学［F 學］习［F 習］［BQ,］难［F 難］道［B 到］我想｛CQ 等｝年老｛CQ 了｝，记［F 記］忆［F 憶］｛CQ 力｝差｛CQ 了｝才去念书［F 書］｛CQ 吗｝？而且我除了要负［F 負］起照顾［F 顧］自己的责［B 债］任外，我还［F 還］应［F 應］照顾［F 顧］家人，尤其是爸爸和妈［F 媽］妈［F 媽］。他们［F 們］辛苦了二十多年，花｛CC 放｝了那么［F 麼］多的心血在我们［F 們］身上。若我们［F 們］不孝顺他们［F 們］，我们［F 們］就对［F 對］不起自己的良［B 浪］心了，以后［F 後］就抬不起头［F 頭］｛CD 来｝做人了。对｛CC 在｝此我相信我能做得到，因为［F 為］我现［F 現］在已开［F 開］始做了。

该文的中心句就是第一段“对我影响最大的人相信是我的爸爸了。”第二段一整段都是为了解释说明父亲对自己的影响。在该文中中心思想与结构要素之间的解证关系单纯而明显。

5.3 常用篇章结构关系：要素与要素之间

5.3.1 广义结构关系之一：连贯关系

所谓连贯关系是指结构要素之间具有连贯的结构关系，即结构要素之间是按先后顺序顺承来写的。在叙述类作文中，结构要素之间的连贯关系很常见。不过连贯关系又可以分为三个小类：

5.3.1.1 典型的连贯关系：指多个要素严格按照时间顺序展开。前面已有举例，请再看下例：

例 32）语料：#199412123619200071

题目：记我的父亲；分数：55；国籍：罗马尼亚；性别：女

我的父亲是工程师，在火车站工作。他总是｛CJX｝工作很忙，所以我们一起过的时间较少。不过，我还记得我小时候｛CC2 时｝跟爸爸一起爬山。我最喜［C］欢的是在树林｛CC2 林｝里散步，但是我害怕一个人在黑暗［C］的地方。我还记得爸爸带着我｛CQ 这个｝小孩儿过小河，我们｛CC 咱们｝钓［B 条］鱼，采｛CC 集｝花。我跟爸爸一起逛［B 观］商店、买东西也算节日，［BC。］一天的时间都不回家，只逛［B 观］商店［BQ,］在饭店吃饭：多｛CC 很｝美的日子呀［C］!

然后父母离婚了。我跟妈妈一起［B 走］住。当然不是跟爸爸每天见面。一个星期一两次｛CJX｝我去看他，他总是很高兴地｛CC 得｝招待我。上了大学以后我搬［C］到｛CQ 了｝别的城市，只有假期｛CC 假时｝才能去看他。最近我来中国留学｛CQ 了｝。夏天见

{CC 看} 他的时候我突然发现 {CD 了} 他老了，头发大部分都花白 {CC 白花} 了。但最可惜的是好像我们互相也 {CC 还} 不是以前 {CD 的} 那么好 {CQ 的} 朋友 [C] {CQ 了}。我改变了，长大了，而 {CC1 而且} 他不在我的身边帮助我，[BC,] 了解我。

前文介绍过，该文是按时间顺序来写的，时间标志词形成了明显的时间链：我小时候→然后父母离婚了→上了大学以后→最近→夏天见他的时候。类似的例子很多，下面再看一个“记我的父亲”的例子：

例 33）语料：#199412124604200022

题目：记我的父亲；分数：70；国籍：奥地利；性别：女

我与父亲分别已 [B 己] 有两年多了。自从来到中国留学后，我从没机会回家看看他。不知他最近身体如何？是否还常 {CD 有} 胃痛？爸爸我多么想念你啊！

回想起来 {CC4 回忆起}，我五岁时父亲就离开我与母亲到异国他 [B 它] 乡的奥地利去谋事。他到了一个完全陌生的地方，语言不同，生活习惯不同……他得一边学习德语，一边打工。他的生活是非常困难的，再说妈又不在他的身边，又不能帮助他。他常给我们写信，寄钱。每当母亲 [D 阅] 读他的来信时，她的眼泪就不断地一滴一滴流下来。我看得出母亲与我都是多么想念他。爸爸在奥地利的一家饭馆里打了三年的工。他为我们积蓄 [C] 了钱，自己本喜欢抽烟也舍不得买 {CC 花}。他每月不容易赚来的钱要么是寄到家来，要么就存在银行里，{CQ 等到} 将来我们的出国手续办好了，作为买飞机票的钱。我与妈妈日日夜夜 {CC 年年月月}，每时每刻思念他，盼望着我们一家人早日团聚 {CC 团结}。果然有一天我们收到爸爸的来信，说手续已 [B 己] 办好了。让我们赶快去北京大使 [B 吏] 馆 {CJ－sy 办理} 签证。1979 年的二月份 [B 分] 我与母亲坐上了飞机飞往奥地利去见我 [D 们] 心爱的爸爸。到了维也纳机场，我们远远地 {CC 从远方} 就看见了他，他还是依然如故，就是 {CC2 就所为} 胖 {CQ 了} 一点。我们终于团聚了！

该文的连贯关系更明显，全文有很清晰的时间链：我五岁时父亲就离开我与母亲到异国他乡的奥地利去谋事→爸爸在奥地利的一家饭馆里打了三年的工 →果然有一天我们收到爸爸的来信→1979 年的二月份我与母亲坐上了飞机飞往奥地利去见我心爱的爸爸。

5.3.1.2 易与并列关系混淆的连贯关系：即看起来既可归入并列关系又可归入连贯关系，但实际上综合分析还是会发现属于连贯关系。参见下例：

例 34）语料：#199704123610100102

题目：记对我影响最大的一个人；分数：70；国籍：法国；性别：男

从小至｛CC 到｝今，我总是喜欢我行我素。这并［F 並］非因为自己不想听别人的劝导［BQ,］或者从来不受别人的影响。说到对我影响最大的一个人，其实并［F 並］不容易。因为一直到高中毕业时，自己从没有过真正的朋友，所以自小接触最多的人当然便是父母和哥哥。而他们三人之中，母亲是最会说话的。父亲和哥哥生性内向，因此［BQ,］论理［BQ,］母亲便应该是对我影响最大的一个人吧？

还记得［B 待］｛CQ 我｝出生后，因逃避战争，全家都去了香港。当时母亲作为｛CC2 以｝一个少妇［BQ,］在一个完全不熟识的地方承担了二十四小时的典型［B 形］｛CQ 的｝母亲｛CQ 的｝职责。她也是因为丈夫每天｛CQ 从｝天亮至深夜都要拼命赚钱来养活一家四口［BQ,］所以才独守家中教养两个不懂事的儿子。哥儿俩上幼儿园后［BQ,］她更没空去｛CQ 做｝妇女本性喜欢做的事，更谈不上有｛CC1 想象｝什么事业上的个人发展或成就。在香港短短的五年中，妈妈便日日如此地｛CC 的｝过着那｛CQ 再｝平凡不过的生活。

后来一家人又到了法国。刚到那里，妈妈的日子过得真的不容易。语言不通加上经济上的负担［BQ,］使她｛CQ 决心｝要让｛CC 把｝自己坚强起来。

到了我稍微［B 为］懂事时，才发现她曾经暗中吞下｛CD 过｝那酸苦的泪水。慢慢地［BQ,］自己也为了这一点加倍亲近｛CC 接近｝她，［BC。］因此也从她的个人经历［B 厉］中体会到｛CC 了｝自己做｛CC 作｝人的原则。所以她便是对我影响最大的人。

该文谈母亲对自己的影响最大，写了两个时期的影响：在香港生活时期（第二段）和在法国生活时期（第三段）。从表面看香港和法国这两个地点应该是并列关系，但仔细分析会发现实际是借地点来代表时间段，而且在时间上有明显的先后关系，如第三段开头有衔接词“后来（一家人又到了法国）”。因此，这里要素之间实际上是连贯关系。

5.3.1.3　易与递进关系混淆的连贯关系：即看起来既可归入递进关系又可归入连贯关系，但实际上综合分析还是会发现属于连贯关系。参见下例：

例 35）语料：#199412104625100366

题目：记对我影响最大的一个人；分数：70；国籍：葡萄牙；性别：男

若不是她，我也许［F 許］不会［F 會］有今天。

她不是何方神圣［F 聖］，她只是我的妻子，一个［F 個］很平凡的中国［F 國］女子。

今天我也没有飞［F 飛］黄腾［F 騰］达［F 達］、身居要位，但是最低限度［BQ,］我学［F 學］会了善待他人、做事负［F 負］责［F 責］，而且积［F 積］极［F 極］向上。

她对［F 對］我产［F 產］生影响［F 響］力，应［F 應］该［F 該］说［F 說］是从［F 從］我们［F 們］开［F 開］始谈［F 談］恋［F 戀］爱［F 愛］时［F 時］起。

我们［F 們］在念［F 唸］中学［F 學］时［F 時］认［F 認］识［F 識］｛CJsd｝。［BC,］年青时［F 時］代的我，好动［F 動］得不得了，喜欢［F 歡］玩乐［F 樂］，口里［F 裏］喊的是“享受人生，追求自由。”大概女孩子毕［F 畢］竟是思想成熟点［F 點］。［BC,］那时［F 時］，她千方百计［F 計］使我认［F 認］识［F 識］

{CQ 到} 善用时 [F 時] 光的重要性，令我渐 [F 漸] 渐 [F 漸] 懂得如何充实 [F 實] 自己。玩要的时 [F 時] 間，便由上夜校、读 [F 讀] 远程 {CC 遙距} 课 [F 課] 程、读 [F 讀] 书 [F 書]、逛 {CC1 留連} 书 [F 書] 店或图 [F 圖] 书 [F 書] 馆 [F 館] 所取代。

以前的我，是一个 [F 個] 以自我为 [F 為] 中心的人，总 [F 總] 以为 [F 為] 地球绕 [F 繞] 着自己而转 [F 轉] 动。结婚之后 [F 後]，我有了家庭，从 [F 從] 中认 [F 認] 识 [F 識] {CQ 到} 两人在家庭中的对 [F 對] 等关 [F 關] 系 [F 係]。[BC，] 推而广 [F 廣] 之，便对 [F 對] 人与 [F 與] 人之间 [F 間] 的关 [F 關] 系 [F 係] 有了一个 [F 個] 全新的认识 {CC 概念}，与 [F 與] 人交往，每 {CQ 次} {CQ 都} 为 [F 為] 他人设 [F 設] 想，由帮 [F 幫] 助他人，从 [F 從] 而获 [F 獲] 得内心快乐 [F 樂] 的感受。

她，没有严 [F 嚴] 厉 [F 厲] 的言词 [F 詞]，没有埋怨，没有向我进行 {CC 作出} 真正的教诲 [F 誨]，她却 [F 卻] 在她做人作风 [F 風] 中，实 [F 實] 实 [F 實] 在在地感化了我。

甚至，这 [F 這] 次来京学 [F 學] 习 [F 習]，没有她的鼓励 [F 勵]，也许 [F 許] 今天我也不会 [F 會] 坐在这 [F 這] 里 [F 裏]，参加这 [F 這] 次考试 [F 試] 呢。

我的爱人，多谢你！

该文写自己的妻子对自己影响最大，先写读书时期她对自己的影响，再写结婚以后她对自己的影响。从内容上来看，后一时期的影响当然更深入，与前一时期相比具有递进性质。不过仔细分析会发现，尽管内容上具有进一步深入的性质，从时间上来看还是按明显的先后顺序来写的，因而还应归入连贯关系一类。

5.3.2 广义结构关系之二：并列关系

所谓并列关系是指结构要素之间具有并列结构关系。参见下例：

例 36）语料：#199412104625200369

题目：记对我影响最大的一个人；分数：70；国籍：葡萄牙，性别：女

对我影响最大的一个人，相信 {CQ 就} 是我的母亲 [F 親] 了。在我六岁 [F 歲] 的时 [F 時] 候，爸爸因胃病而离 [F 離] 开了我们。从 [F 從] 此以后，妈 [F 媽] 妈 [F 媽] 就要身兼父职，供 {CQ 我} {CQ 读} 书 [F 書] 上 {CC 教} 学，把我培育成材。

自小 {CC 少}，妈 [F 媽] 妈 [F 媽] 对我的管教非常严 [F 嚴] 厉 [F 厲]。她常常用"爱 [F 愛]"字教育 {CC2 教} 我。她教我爱 [F 愛] 一切的人，无 [F 無] 论 [F 論] 别人是贫 [F 貧] 是 {CC 或} 富，是好是坏 [F 壞]，是何等 {CD 的} 种 [F 種] 族。我们都应 [F 應] 该 [F 該] 爱 [F 愛] 他们。她亦教我要宽 [F 寬] 恕别人，不要记 [F 記] 仇。不要伤 [F 傷] 害别人。她对我这种 [F 種] 种 [F 種] {CQ 的} 以爱 [F 愛] 为 [F 為] 中心的教育 {CC 教學} [BQ,] 使我感受颇 [F 頗] 深，亦是我性格的根底。

我们家境不算富裕。正因如此，我更深深体会到母亲 [F 親] 工作的辛苦。我们两个人 {CC 两口子} 住在一间很小的房子里 [F 裡]。每 {CD 一} 天，母亲 [F 親] 下班时 [F 時] {CQ 都} 已经很晚了。但她仍坚 [F 堅] 持要为我辅 [F 輔] 导 [F 導]。好让 [F 讓] 我上课 [F 課] 时 [F 時] 更明白、更理解老师 [F 師] {CD 的} 讲 [F 講] {CQ 的} 内容 {CC2 话}。

由于 [F 於] 母亲 [F 親] 从 {CC 由} 早到晚都要外出 {CC 出外} 工作。我自己独 [F 獨] 自在家的时间很多。正因如此，我的性格非常独 [F 獨] 立。很多事情都可以自己决定，不会令母亲 [F 親] 操心。但亦都因为 [F 為] 长 [F 長] 期困在屋子里 [F 裡] 面，没有倾诉 [F 訴] 的对象，[BC。] 我的性格亦有点内向、孤僻 {CC 孤獨}。母亲 [F 親] 常常鼓励 [F 勵] 我参 [F 參] 加 {CJX} 多些课 [F 課] 外活动 [F 動]，认 [F 認] 识 [F 識] {CJX} 多些朋友。我现 [F 現] 在是话 [F 話] 剧 [F 劇] 组的活跃 [F 躍] 分 [B 份]

子，每个星期｛CQ 都｝忙个不停。

还［F 還］有一年多的时［F 時］间，我就要毕［F 畢］业［F 業］了。希望毕［F 畢］业［F 業］以后［F 後］，可以找到一份好工作，赚多｛CJX｝些钱［F 錢］，好好孝顺［F 順］｛CJcd｝我的母亲［F 親］，让［F 讓］她快快乐［F 樂］乐［F 樂］，无［F 無］忧［F 憂］无［F 無］虑［F 慮］。那就是我最大的心愿［F 願］了。

该文的中心思想是母亲是对自己影响最大的人，全文显得有些混乱，不过结构要素还是清楚的。母亲对自己的影响有两个：第一个影响是写母亲“自小，妈妈对我的管教非常严厉，她常常用‘爱’字教育我”。第二个影响是因为我“性格有点内向、孤僻，母亲常常鼓励我参加多些课外活动”。这两个影响之间的关系是并列关系。

5.3.3 广义结构关系之三：递进关系

所谓递进关系是结构要素之间具有递进结构关系，即指后面的结构要素在程度、范围、时间和数量等方面又进了一步。参见下例：

例 37）语料：#1994120001361236102138

题目：记对我影响最大的一个人；分数：70；国籍：法国；性别：女

要说｛CC 记｝对我影响最大的一个人［BQ，］就得回忆五年前的事。那时，我在北京大学进修汉语［BQ，］并且经过我的一个同班同学，我｛CD 就｝认识了她。后来，因为我们成为了同屋，我就有了了解她的机会。

她是韩国人，年纪跟我差不多一样大，可以说［BQ，］她是我所认识的跟我同岁的人当中最成熟的一个。成熟并不意味着严肃与严格，而是意味着她总是知道在什么样的情况下得采取什么样的态度，而我呢，每次看她能这样｛CD 地｝［BD、］很自然地对待某｛CC 这｝件事或某

{CC 这} 个人，就很佩服她，感到 {CJX} 因有她这么一个朋友而高兴。

不过，最令我敬佩的是 [BQ,] 她是个乐于助人的人。不管是朋友或陌生人，只要他有困难，她都会毫不犹豫地去帮助他、安慰他。有个同学生病，她就会手提着装满水果的袋子去看望他。这种对人类充满爱心的精神 {CC 态度} 实在感动了我那颗 [B 棵] 麻木的心，也给我留下了特别深的印象。认识了她，就像 [B 象] 开阔 {CD 打开} 了自己的视野 {CC 眼界} 一样。在跟她相处的那段时间里，我学到了不少东西，并把我的自私、冷淡 [B 谈] 等都抛在一边。她确实是对我影响最大的人。

该文的中心思想是：对我影响最大的一个人是与我同班同学的一位韩国人。结构要素有两个：第二段写这个韩国女孩很成熟；第三段写这个韩国女孩很热心。这两个要素之间不是并列关系而是递进关系，第三段开头表递进关系的过渡句："不过，最令我敬佩的是她是个乐于助人的人。"显示这两个结构要素之间是递进关系。

上述这三种只是主要的广义结构关系，若想字尽性考察所有的广义结构关系，尚需进一步深入研究。

5.4 小结

本章的主要观点如下：

现代汉语叙述类作文篇章结构关系涉及结构关系的有无、强弱和好坏问题。常用的狭义结构关系有总分关系和解证关系；常用的广义结构关系有连贯关系、并列关系和递进关系等。

本章及前两章我们讨论了篇章结构的三大关键点，由于本文研究的是外国学生的汉语作文，因此有必要考察不同母语学习者叙述类作文在理论上可以出现的篇章结构的呈现状况。

第六章

篇章结构特征的理论呈现状况

——基于数学理论的三元三维计算

本章将从数学理论和语言学理论两个方面考察外国学生汉语中介语语篇的结构特征状况。从三元（中心思想、结构要素、结构关系）三维（有无、强弱和优劣）的角度计算，数学理论上可出现的篇章结构特征的状况是125种，剔除语言学理论上不可能出现的20种情况，最后的结论是：共有105种篇章结构特征呈现状况。

首先需要说明的是，这里的篇章结构状况描写的是篇章结构的特征状况，而非篇章结构类型的状况。后者是指从理论上可以存在的具体结构类型，主要考查的是语篇结构要素的隐现规律、轻重规律和先后规律。

6.1 考察篇章结构状况的意义

从目前来看，基于语料库对外国学生作文状况所进行的全面描写的报告还不多见。限于人力和条件，本书对外国学生作文中记叙文篇章结构的状况也只能是一个理论上的定性描写。待 HSK 动态作文语料库语篇层面的标注完成之后，将可穷尽性统计外国学生汉语叙述类作文的篇章结构类别。

无论是进行汉语书面语作为第二语言的理论研究，还是从事汉语书面语写作教学实践，都需要对目前外国学生汉语书面语的作文状况有一个总体的把握。因此，本章的研究既有理论意义又有实践价值。

6.1.1 理论意义

（1）对于汉语书面语的本体研究有价值。受过教育的人很重要的一个标志是可以用书面语写一段中心明确、层次清楚的短文。因此篇章层面的研究可以说是书面语研究中非常重要的一部分。对于外国学生作文的研究有助于描写现代汉语书面语的篇章结构，并且因为是 L2 作文，也拓展了我们的研究视野。

（2）对对比修辞学的研究有理论意义：Kaplan 开创的对比修辞研究能在学界引起巨大反响，不是没有原因的。汉语作为世界上使用人数最多的语言，越来越引起世界各国的注意，学习汉语的人数越来越多。摸清不同语言文化背景的外国学生汉语作文的写作状况，将会为对比修辞学领域的研究提供新的研究课题和研究成果。

同时，对中外学生作文篇章结构的对比研究也有意义。从共时层面上来说，汉语作为母语的写作状况与汉语作为第二语言的写作状况一定有差异。究竟存在哪些差异？也许可以通过相同或类似题目作文语料的对比得出结论，这也是 Kaplan 等对比修辞研究领域学者的做法。

6.1.2　实践价值

对于国际汉语教学一线的写作教学实践有意义。目前有关对外汉语写作教学的教材和论著不少（参看辛平，2001；罗青松，2002；张宝林，2009 等），在汉语作为第二语言的写作教学方面也已经积累了较丰富的经验。若能细致了解外国学生书面语写作的具体状况，将会对提升写作教学水平有很大帮助。各教学机构日常写作训练时的语料当然非常鲜活，不过采集起来有一定困难。而且涉及语料的诸多参数不统一，如写作环境、写作题目、写作要求，等等，因此也很难作对比分析。本书利用不断更新的 HSK 动态作文语料库，可以较为便利地考察外国学生作文写作情况。尤其是可以更细致地分析某一方面的状况，如本书所考察的记叙文的篇章结构状况。这将对国际汉语写作教学的一线实践提供借鉴。

6.2　基于数学的计算：可出现的篇章结构状况

在统计叙述类作文篇章结构状况时我们将分两步来走：先进行三元三维分析，即我们把三个关键点称之为三元，将分析维度称之为三维①。在分析维度上只采用有/无、强/弱和优/劣这三种规定性较强的维度，暂时剔除“对/错”这一规定性较弱的分析维度。

6.2.1 运用数学和语言学理论计算分析的基本原理

首先从理论上来阐述外国学生叙述类作文有可能存在的篇章结构状况。这里的理论包括数学理论和语言学理论两种，前者是指不考虑语言学中的语义、语用等因素，只看关键点排列组合的情况；后者是引入语言学中的语义、语用等因素，剔除某些不可能存在的情况之后得出的。

前文提到分析记叙文三大关键点（中心思想、结构要素和结构关系）和四大分析维度（有/无、对/错、优/劣、强/弱），本章剔除“对/错”维度之后的情况如下表：

表6－1 篇章结构的三大关键点与三大分析维度

	有/无	优/劣	强/弱
中心思想	有中心/ 无中心	立意高远/ 立意平平	中心明确/ 中心不明确
结构要素	有要素/ 无要素	要素表达较好/ 要素表达欠佳	要素充足/ 要素不足
结构关系	有结构关系/ 无内在逻辑	结构关系合适/ 结构关系欠妥	结构关系强/ 结构关系弱

本章剔除“对/错”维度的原因有二：其一，“对/错”维度的规定性较弱。我们在具体分析语料时发现，对于三大关键点来说“对/错”是存在的，但主观性较强。如由于价值观念

① 三元是数学概率中的概念，而本书的计算并非概率计算，数学中也没有“三维”的概念。本文借用或杜撰这些概念只是想说明自己的操作方法，使读者能看懂大概思路，请读者原谅！

的不同，很难判断某些外国学生作文中的中心思想是对还是错。文化背景也同样影响了思维模式，有些中国人不常用的结构关系或许会被认为是错的。因此，本书暂时不使用这一分析维度。其二，为了精细考察的需要。若要对各种结构状况进一步考察，找出其中的综合关系，化繁为简是必要的。如能将三元四维分析简化为三元三维分析将大大降低工作量，使主体脉络更加清晰，有利于整体面貌的梳理与概括。

应用数学理论考察叙述类作文的结构状况，本质上是进行一次三元三维计算。若把上述三个关键因素所呈现的不同情况分别用数学符号代入，就可以用数学的方法得出不同的组合，这些组合就是作文的全部篇章结构状况。

需要说明的是，这里的计算是三大关键点在不同维度上的组合计算而非排列计算。排列是讲求顺序的，而组合不讲求顺序。这也从另一个方面印证了本章开头时的说明：我们研究的是篇章结构特征状况而非篇章结构类型状况，因为后者研究的是结构要素的排列，是有严格顺序要求的。

6.2.2 每个关键点在三大分析维度之下出现的状况

本章分别用 A 代表中心思想；用 B 代表结构要素；用 C 代表结构关系。此外，分别用 1 代表有/无；用 2 代表优/劣；用 3 代表强/弱。这样每个关键点就有 5 种情况：

6.2.2.1 中心思想：

A1 = 无中心；

A2 = 有中心且立意高远

A3 = 有中心但立意平平；

A4 = 有中心且较明确；

A5 = 有中心但不明确；

6.2.2.2　结构要素：

B1 = 无要素；

B2 = 有要素且表达较好；

B3 = 有要素但表达欠佳；

B4 = 有要素且充足；

B5 = 有要素但不足；

6.2.2.3　结构关系：

C1 = 无关系；

C2 = 有关系且较合适；

C3 = 有关系但不合适；

C4 = 有关系且比较强；

C5 = 有关系但不太强；

实质上是一个三元三维组合，即：$5^3 = 5 \times 5 \times 5 = 125$ 种。结果具体情况详见下表：

表 6－2　外国学生叙述类作文数学理论上可存在的篇章结构特征（三元三维）

序号	总体组合	中心状况	要素状况	关系状况
1	A1 B1 C1	无中心	无要素	无关系
2	A1 B1 C2	无中心	无要素	有关系且较合适
3	A1 B1 C3	无中心	无要素	有关系但不合适
4	A1 B1 C4	无中心	无要素	有关系且比较强
5	A1 B1 C5	无中心	无要素	有关系但不太强
6	A1 B2 C1	无中心	有要素且表达较好	无关系
7	A1 B2 C2	无中心	有要素且表达较好	有关系且较合适

续表

序号	总体组合	中心状况	要素状况	关系状况
8	A1 B2 C3	无中心	有要素且表达较好	有关系但不合适
9	A1 B2 C4	无中心	有要素且表达较好	有关系且比较强
10	A1 B2 C5	无中心	有要素且表达较好	有关系但不太强
11	A1 B3 C1	无中心	有要素但表达欠佳	无关系
12	A1 B3 C2	无中心	有要素但表达欠佳	有关系且较合适
13	A1 B3 C3	无中心	有要素但表达欠佳	有关系但不合适
14	A1 B3 C4	无中心	有要素但表达欠佳	有关系且比较强
15	A1 B3 C5	无中心	有要素但表达欠佳	有关系但不太强
16	A1 B4 C1	无中心	有要素且充足	无关系
17	A1 B4 C2	无中心	有要素且充足	有关系且较合适
18	A1 B4 C3	无中心	有要素且充足	有关系但不合适
19	A1 B4 C4	无中心	有要素且充足	有关系且比较强
20	A1 B4 C5	无中心	有要素且充足	有关系但不太强
21	A1 B5 C1	无中心	有要素但不足	无关系
22	A1 B5 C2	无中心	有要素但不足	有关系且较合适
23	A1 B5 C3	无中心	有要素但不足	有关系但不合适
24	A1 B5 C4	无中心	有要素但不足	有关系且比较强
25	A1 B5 C5	无中心	有要素但不足	有关系但不太强
26	A2 B1 C1	有中心且立意高远	无要素	无关系
27	A2 B1 C2	有中心且立意高远	无要素	有关系且较合适
28	A2 B1 C3	有中心且立意高远	无要素	有关系但不合适
29	A2 B1 C4	有中心且立意高远	无要素	有关系且比较强
30	A2 B1 C5	有中心且立意高远	无要素	有关系但不太强

续表

序号	总体组合	中心状况	要素状况	关系状况
31	A2 B2 C1	有中心且立意高远	有要素且表达较好	无关系
32	A2 B2 C2	有中心且立意高远	有要素且表达较好	有关系且较合适
33	A2 B2 C3	有中心且立意高远	有要素且表达较好	有关系但不合适
34	A2 B2 C4	有中心且立意高远	有要素且表达较好	有关系且比较强
35	A2 B2 C5	有中心且立意高远	有要素且表达较好	有关系但不太强
36	A2 B3 C1	有中心且立意高远	有要素但表达欠佳	无关系
37	A2 B3 C2	有中心且立意高远	有要素但表达欠佳	有关系且较合适
38	A2 B3 C3	有中心且立意高远	有要素但表达欠佳	有关系但不合适
39	A2 B3 C4	有中心且立意高远	有要素但表达欠佳	有关系且比较强
40	A2 B3 C5	有中心且立意高远	有要素但表达欠佳	有关系但不太强
41	A2 B4 C1	有中心且立意高远	有要素且充足	无关系
42	A2 B4 C2	有中心且立意高远	有要素且充足	有关系且较合适
43	A2 B4 C3	有中心且立意高远	有要素且充足	有关系但不合适
44	A2 B4 C4	有中心且立意高远	有要素且充足	有关系且比较强
45	A2 B4 C5	有中心且立意高远	有要素且充足	有关系但不太强
46	A2 B5 C1	有中心且立意高远	有要素但不足	无关系
47	A2 B5 C2	有中心且立意高远	有要素但不足	有关系且较合适
48	A2 B5 C3	有中心且立意高远	有要素但不足	有关系但不合适
49	A2 B5 C4	有中心且立意高远	有要素但不足	有关系且比较强
50	A2 B5 C5	有中心且立意高远	有要素但不足	有关系但不太强
51	A3 B1 C1	有中心但立意平平	无要素	无关系
52	A3 B1 C2	有中心但立意平平	无要素	有关系且较合适

续表

序号	总体组合	中心状况	要素状况	关系状况
53	A3 B1 C3	有中心但立意平平	无要素	有关系但不合适
54	A3 B1 C4	有中心但立意平平	无要素	有关系且比较强
55	A3 B1 C5	有中心但立意平平	无要素	有关系但不太强
56	A3 B2 C1	有中心但立意平平	有要素且表达较好	无关系
57	A3 B2 C2	有中心但立意平平	有要素且表达较好	有关系且较合适
58	A3 B2 C3	有中心但立意平平	有要素且表达较好	有关系但不合适
59	A3 B2 C4	有中心但立意平平	有要素且表达较好	有关系且比较强
60	A3 B2 C5	有中心但立意平平	有要素且表达较好	有关系但不太强
61	A3 B3 C1	有中心但立意平平	有要素但表达欠佳	无关系
62	A3 B3 C2	有中心但立意平平	有要素但表达欠佳	有关系且较合适
63	A3 B3 C3	有中心但立意平平	有要素但表达欠佳	有关系但不合适
64	A3 B3 C4	有中心但立意平平	有要素但表达欠佳	有关系且比较强
65	A3 B3 C5	有中心但立意平平	有要素但表达欠佳	有关系但不太强
66	A3 B4 C1	有中心但立意平平	有要素且充足	无关系
67	A3 B4 C2	有中心但立意平平	有要素且充足	有关系且较合适
68	A3 B4 C3	有中心但立意平平	有要素且充足	有关系但不合适
69	A3 B4 C4	有中心但立意平平	有要素且充足	有关系且比较强
70	A3 B4 C5	有中心但立意平平	有要素且充足	有关系但不太强
71	A3 B5 C1	有中心但立意平平	有要素但不足	无关系
72	A3 B5 C2	有中心但立意平平	有要素但不足	有关系且较合适
73	A3 B5 C3	有中心但立意平平	有要素但不足	有关系但不合适
74	A3 B5 C4	有中心但立意平平	有要素但不足	有关系且比较强
75	A3 B5 C5	有中心但立意平平	有要素但不足	有关系但不太强

续表

序号	总体组合	中心状况	要素状况	关系状况
76	A4 B1 C1	有中心且较明确	无要素	无关系
77	A4 B1 C2	有中心且较明确	无要素	有关系且较合适
78	A4 B1 C3	有中心且较明确	无要素	有关系但不合适
79	A4 B1 C4	有中心且较明确	无要素	有关系且比较强
80	A4 B1 C5	有中心且较明确	无要素	有关系但不太强
81	A4 B2 C1	有中心且较明确	有要素且表达较好	无关系
82	A4 B2 C2	有中心且较明确	有要素且表达较好	有关系且较合适
83	A4 B2 C3	有中心且较明确	有要素且表达较好	有关系但不合适
84	A4 B2 C4	有中心且较明确	有要素且表达较好	有关系且比较强
85	A4 B2 C5	有中心且较明确	有要素且表达较好	有关系但不太强
86	A4 B3 C1	有中心且较明确	有要素但表达欠佳	无关系
87	A4 B3 C2	有中心且较明确	有要素但表达欠佳	有关系且较合适
88	A4 B3 C3	有中心且较明确	有要素但表达欠佳	有关系但不合适
89	A4 B3 C4	有中心且较明确	有要素但表达欠佳	有关系且比较强
90	A4 B3 C5	有中心且较明确	有要素但表达欠佳	有关系但不太强
91	A4 B4 C1	有中心且较明确	有要素且充足	无关系
92	A4 B4 C2	有中心且较明确	有要素且充足	有关系且较合适
93	A4 B4 C3	有中心且较明确	有要素且充足	有关系但不合适
94	A4 B4 C4	有中心且较明确	有要素且充足	有关系且比较强
95	A4 B4 C5	有中心且较明确	有要素且充足	有关系但不太强
96	A4 B5 C1	有中心且较明确	有要素但不足	无关系
97	A4 B5 C2	有中心且较明确	有要素但不足	有关系且较合适

续表

序号	总体组合	中心状况	要素状况	关系状况
98	A4 B5 C3	有中心且较明确	有要素但不足	有关系但不合适
99	A4 B5 C4	有中心且较明确	有要素但不足	有关系且比较强
100	A4 B5 C5	有中心且较明确	有要素但不足	有关系但不太强
101	A5 B1 C1	有中心但不明确	无要素	无关系
102	A5 B1 C2	有中心但不明确	无要素	有关系且较合适
103	A5 B1 C3	有中心但不明确	无要素	有关系但不合适
104	A5 B1 C4	有中心但不明确	无要素	有关系且比较强
105	A5 B1 C5	有中心但不明确	无要素	有关系但不太强
106	A5 B2 C1	有中心但不明确	有要素且表达较好	无关系
107	A5 B2 C2	有中心但不明确	有要素且表达较好	有关系且较合适
108	A5 B2 C3	有中心但不明确	有要素且表达较好	有关系但不合适
109	A5 B2 C4	有中心但不明确	有要素且表达较好	有关系且比较强
110	A5 B2 C5	有中心但不明确	有要素且表达较好	有关系但不太强
111	A5 B3 C1	有中心但不明确	有要素但表达欠佳	无关系
112	A5 B3 C2	有中心但不明确	有要素但表达欠佳	有关系且较合适
113	A5 B3 C3	有中心但不明确	有要素但表达欠佳	有关系但不合适
114	A5 B3 C4	有中心但不明确	有要素但表达欠佳	有关系且比较强
115	A5 B3 C5	有中心但不明确	有要素但表达欠佳	有关系但不太强
116	A5 B4 C1	有中心但不明确	有要素且充足	无关系
117	A5 B4 C2	有中心但不明确	有要素且充足	有关系且较合适
118	A5 B4 C3	有中心但不明确	有要素且充足	有关系但不合适
119	A5 B4 C4	有中心但不明确	有要素且充足	有关系且比较强
120	A5 B4 C5	有中心但不明确	有要素且充足	有关系但不太强

续表

序号	总体组合	中心状况	要素状况	关系状况
121	A5 B5 C1	有中心但不明确	有要素但不足	无关系
122	A5 B5 C2	有中心但不明确	有要素但不足	有关系且较合适
123	A5 B5 C3	有中心但不明确	有要素但不足	有关系但不合适
124	A5 B5 C4	有中心但不明确	有要素但不足	有关系且比较强
125	A5 B5 C5	有中心但不明确	有要素但不足	有关系但不太强

6.3 基于语言学的计算：能出现的篇章结构状况

上述125种结构状况只是数学组合计算之后得出的客观结果，在语言学理论上并非都可以存在。有一些状况是语言学理论上不允许存在的，应予剔除。

剔除的原则是一切以语料为中心，不主观臆断。需要说明的是：中心思想可以独立存在，即全文只有中心句。如下面四种情况在实际语料中是存在的：全文有中心思想却没有结构要素和结构关系，即作文中只写了中心句，未及再写结构要素，当然谈不上结构关系。见下表：

表6－3　三元三维计算中有中心无要素和结构关系的四种状况

序号	原始序号	总体组合	中心状况	要素状况	关系状况
1	26	A2 B1 C1	有中心但立意高远	无要素	无关系
2	51	A3 B1 C1	有中心且立意平平	无要素	无关系
3	76	A4 B1 C1	有中心且较明确	无要素	无关系
4	101	A5 B1 C1	有中心但不明确	无要素	无关系

中心思想、结构要素和结构关系这三大关键点是紧密相连的，在分析篇章结构的呈现状况时很难割裂分开。结构关系指

中心与要素之间的关系，若这两个关键点中中心思想不存在，则结构关系也不可能存在。

因此文中只有中心没有要素，却存在结构关系的情况实际上是不可能的，因此以下20种状况在语言学理论上不存在，详见下表：

表6－4　三元三维计算中不可能存在的结构状况（20种）

序号	原始序号	总体组合	中心状况	要素状况	关系状况
1	2	A1 B1 C2	无中心	无要素	有关系且较合适
2	3	A1 B1 C3	无中心	无要素	有关系但不合适
3	4	A1 B1 C4	无中心	无要素	有关系且比较强
4	5	A1 B1 C5	无中心	无要素	有关系但不太强
5	27	A2 B1 C2	有中心且立意高远	无要素	有关系且较合适
6	28	A2 B1 C3	有中心且立意高远	无要素	有关系但不合适
7	29	A2 B1 C4	有中心且立意高远	无要素	有关系且比较强
8	30	A2 B1 C5	有中心且立意高远	无要素	有关系但不太强
9	52	A3 B1 C2	有中心但立意平平	无要素	有关系且较合适
10	53	A3 B1 C3	有中心但立意平平	无要素	有关系但不合适
11	54	A3 B1 C4	有中心但立意平平	无要素	有关系且比较强
12	55	A3 B1 C5	有中心但立意平平	无要素	有关系但不太强
13	77	A4 B1 C2	有中心且较明确	无要素	有关系且较合适
14	78	A4 B1 C3	有中心且较明确	无要素	有关系但不合适
15	79	A4 B1 C4	有中心且较明确	无要素	有关系且比较强
16	80	A4 B1 C5	有中心且较明确	无要素	有关系但不太强
17	102	A5 B1 C2	有中心但不明确	无要素	有关系且较合适
18	103	A5 B1 C3	有中心但不明确	无要素	有关系但不合适
19	104	A5 B1 C4	有中心但不明确	无要素	有关系且比较强
20	105	A5 B1 C5	有中心但不明确	无要素	有关系但不太强

结构要素方面的情况比较特殊，很难严格判断因为结构要素而必须取消哪种结构状况，而更深层的原因需要进一步的研

究才能了解。整理之后所留下来的篇章结构状况才是语言学理论上允许存在的，共有105种，参见下表：

表6-5 外国学生叙述类作文语言学理论上可存在的篇章结构特征（三元三维）

序号	原始序号	总体组合	中心状况	要素状况	关系状况
1	1	A1 B1 C1	无中心	无要素	无关系
2	6	A1 B2 C1	无中心	有要素且表达较好	无关系
3	7	A1 B2 C2	无中心	有要素且表达较好	有关系且较合适
4	8	A1 B2 C3	无中心	有要素且表达较好	有关系但不合适
5	9	A1 B2 C4	无中心	有要素且表达较好	有关系且比较强
6	10	A1B2C5	无中心	有要素且表达较好	有关系但不太强
7	11	A1 B3 C1	无中心	有要素但表达欠佳	无关系
8	12	A1 B3 C2	无中心	有要素但表达欠佳	有关系且较合适
9	13	A1 B3 C3	无中心	有要素但表达欠佳	有关系但不合适
10	14	A1 B3 C4	无中心	有要素但表达欠佳	有关系且比较强
11	15	A1 B3 C5	无中心	有要素但表达欠佳	有关系但不太强
12	16	A1 B4 C1	无中心	有要素且充足	无关系
13	17	A1 B4 C2	无中心	有要素且充足	有关系且较合适
14	18	A1 B4 C3	无中心	有要素且充足	有关系但不合适
15	19	A1 B4 C4	无中心	有要素且充足	有关系且比较强
16	20	A1 B4 C5	无中心	有要素且充足	有关系但不太强
17	21	A1 B5 C1	无中心	有要素但不足	无关系
18	22	A1 B5 C2	无中心	有要素但不足	有关系且较合适
19	23	A1 B5 C3	无中心	有要素但不足	有关系但不合适
20	24	A1 B5 C4	无中心	有要素但不足	有关系且比较强
21	25	A1 B5 C5	无中心	有要素但不足	有关系但不太强
22	26	A2 B1 C1	有中心但立意高远	无要素	无关系
23	31	A2 B2 C1	有中心但立意高远	有要素且表达较好	无关系

续表

序号	原始序号	总体组合	中心状况	要素状况	关系状况
24	32	A2 B2 C2	有中心但立意高远	有要素且表达较好	有关系且较合适
25	33	A2 B2 C3	有中心但立意高远	有要素且表达较好	有关系但不合适
26	34	A2 B2 C4	有中心但立意高远	有要素且表达较好	有关系且比较强
27	35	A2 B2 C5	有中心但立意高远	有要素且表达较好	有关系但不太强
28	36	A2 B3 C1	有中心但立意高远	有要素但表达欠佳	无关系
29	37	A2 B3 C2	有中心但立意高远	有要素但表达欠佳	有关系且较合适
30	38	A2 B3 C3	有中心但立意高远	有要素但表达欠佳	有关系但不合适
31	39	A2 B3 C4	有中心但立意高远	有要素但表达欠佳	有关系且比较强
32	40	A2 B3 C5	有中心但立意高远	有要素但表达欠佳	有关系但不太强
33	41	A2 B4 C1	有中心但立意高远	有要素且充足	无关系
34	42	A2 B4 C2	有中心但立意高远	有要素且充足	有关系且较合适
35	43	A2 B4 C3	有中心但立意高远	有要素且充足	有关系但不合适
36	44	A2 B4 C4	有中心但立意高远	有要素且充足	有关系且比较强
37	45	A2 B4 C5	有中心但立意高远	有要素且充足	有关系但不太强
38	46	A2 B5 C1	有中心但立意高远	有要素但不足	无关系
39	47	A2 B5 C2	有中心但立意高远	有要素但不足	有关系且较合适
40	48	A2 B5 C3	有中心但立意高远	有要素但不足	有关系但不合适
41	49	A2 B5 C4	有中心但立意高远	有要素但不足	有关系且比较强
42	50	A2 B5 C5	有中心但立意高远	有要素但不足	有关系但不太强
43	51	A3 B1 C1	有中心且立意平平	无要素	无关系
44	56	A3 B2 C1	有中心且立意平平	有要素且表达较好	无关系
45	57	A3 B2 C2	有中心且立意平平	有要素且表达较好	有关系且较合适
46	58	A3 B2 C3	有中心且立意平平	有要素且表达较好	有关系但不合适
47	59	A3 B2 C4	有中心且立意平平	有要素且表达较好	有关系且比较强
48	60	A3 B2 C5	有中心且立意平平	有要素且表达较好	有关系但不太强
49	61	A3 B3 C1	有中心且立意平平	有要素但表达欠佳	无关系

续表

序号	原始序号	总体组合	中心状况	要素状况	关系状况
50	62	A3 B3 C2	有中心且立意平平	有要素但表达欠佳	有关系且较合适
51	63	A3 B3 C3	有中心且立意平平	有要素但表达欠佳	有关系但不合适
52	64	A3 B3 C4	有中心且立意平平	有要素但表达欠佳	有关系且比较强
53	65	A3 B3 C5	有中心且立意平平	有要素但表达欠佳	有关系但不太强
54	66	A3 B4 C1	有中心且立意平平	有要素且充足	无关系
55	67	A3 B4 C2	有中心且立意平平	有要素且充足	有关系且较合适
56	68	A3 B4 C3	有中心且立意平平	有要素且充足	有关系但不合适
57	69	A3 B4 C4	有中心且立意平平	有要素且充足	有关系且比较强
58	70	A3 B4 C5	有中心且立意平平	有要素且充足	有关系但不太强
59	71	A3 B5 C1	有中心且立意平平	有要素但不足	无关系
60	72	A3 B5 2	有中心且立意平平	有要素但不足	有关系且较合适
61	73	A3 B5 3	有中心且立意平平	有要素但不足	有关系但不合适
62	74	A3 B5 4	有中心且立意平平	有要素但不足	有关系且比较强
63	75	A3 B5 5	有中心且立意平平	有要素但不足	有关系但不太强
64	76	A4 B1 C1	有中心且较明确	无要素	无关系
65	81	A4 B2 C1	有中心且较明确	有要素且表达较好	无关系
66	82	A4 B2 C2	有中心且较明确	有要素且表达较好	有关系且较合适
67	83	A4 B2 C3	有中心且较明确	有要素且表达较好	有关系但不合适
68	84	A4 B2 C4	有中心且较明确	有要素且表达较好	有关系且比较强
69	85	A4 B2 C5	有中心且较明确	有要素且表达较好	有关系但不太强
70	86	A4 B3 C1	有中心且较明确	有要素但表达欠佳	无关系
71	87	A4 B3 C2	有中心且较明确	有要素但表达欠佳	有关系且较合适
72	88	A4 B3 C3	有中心且较明确	有要素但表达欠佳	有关系但不合适
73	89	A4 B3 C4	有中心且较明确	有要素但表达欠佳	有关系且比较强
74	90	A4 B3 C5	有中心且较明确	有要素但表达欠佳	有关系但不太强
75	91	A4 B4 C1	有中心且较明确	有要素且充足	无关系

续表

序号	原始序号	总体组合	中心状况	要素状况	关系状况
76	92	A4 B4 C2	有中心且较明确	有要素且充足	有关系且较合适
77	93	A4 B4 C3	有中心且较明确	有要素且充足	有关系但不合适
78	94	A4 B4 C4	有中心且较明确	有要素且充足	有关系且比较强
79	95	A4 B4 C5	有中心且较明确	有要素且充足	有关系但不太强
80	96	A4B5 C1	有中心且较明确	有要素但不足	无关系
81	97	A4 B5 C2	有中心且较明确	有要素但不足	有关系且较合适
82	98	A4 B5 C3	有中心且较明确	有要素但不足	有关系但不合适
83	99	A4 B5 C4	有中心且较明确	有要素但不足	有关系且比较强
84	100	A4 B5 C5	有中心且较明确	有要素但不足	有关系但不太强
85	101	A5 B1 C1	有中心但不明确	无要素	无关系
86	106	A5 B2 C1	有中心但不明确	有要素且表达较好	无关系
87	107	A5 B2 C2	有中心但不明确	有要素且表达较好	有关系且较合适
88	108	A5 B2 C3	有中心但不明确	有要素且表达较好	有关系但不合适
89	109	A5 B2 C4	有中心但不明确	有要素且表达较好	有关系且比较强
90	110	A5 B2 C5	有中心但不明确	有要素且表达较好	有关系但不太强
91	111	A5 B3 C1	有中心但不明确	有要素但表达欠佳	无关系
92	112	A5 B3 C2	有中心但不明确	有要素但表达欠佳	有关系且较合适
93	113	A5 B3 C3	有中心但不明确	有要素但表达欠佳	有关系但不合适
94	114	A5 B3 C4	有中心但不明确	有要素但表达欠佳	有关系且比较强
95	115	A5 B3 C5	有中心但不明确	有要素但表达欠佳	有关系但不太强
96	116	A5 B4 C1	有中心但不明确	有要素且充足	无关系
97	117	A5 B4 C2	有中心但不明确	有要素且充足	有关系且较合适
98	118	A5 B4 C3	有中心但不明确	有要素且充足	有关系但不合适
99	119	A5 B4 C4	有中心但不明确	有要素且充足	有关系且比较强
100	120	A5 B4 C5	有中心但不明确	有要素且充足	有关系但不太强
101	121	A5 B5 C1	有中心但不明确	有要素但不足	无关系

续表

序号	原始序号	总体组合	中心状况	要素状况	关系状况
102	122	A5 B5 C2	有中心但不明确	有要素但不足	有关系且较合适
103	123	A5 B5 C3	有中心但不明确	有要素但不足	有关系但不合适
104	124	A5 B5 C4	有中心但不明确	有要素但不足	有关系且比较强
105	125	A5 B5 C5	有中心但不明确	有要素但不足	有关系但不太强

显然对作文的评判是个综合衡量的过程，涉及方方面面的因素。上述这105种结构状况只是个粗线条的描述，实际情况要远远复杂得多。

6.4 连续统：汉语中介语语篇的主要篇章结构状况

上述105种篇章结构状况的先后顺序只是按照数学的排列组合方法进行，若考虑到意义因素，就会发现这些篇章结构状况内部是有联系的：从作文本身并没有形成篇章结构特征，到作文篇章结构特征较好是一个渐进的连续统，大致轨迹如下：

全文尚未形成结构特征→已形成结构特征但状况欠佳→已形成结构特征且状况较好

限于篇幅，我们无法将上述105种篇章结构状况一一排列起来（事实上由于具体情况不同，也难于做到这一点），但依然可以从大的脉络中勾勒出这一连续统来。下文举例介绍其中比较典型的三种主要篇章结构状况。

6.4.1 主要状况之一：全文尚未形成篇章结构特征

指构成基本结构特征的三大关键点是不完全的，或全部缺失或部分缺失。具体说来包括以下几种结构状况：

①A1 B1 C1：无中心思想、无结构要素、无结构关系。

1	A1 B1 C1	无中心	无要素	无关系

这是没有完成全文结构特征的极端情况，基本上是白卷。即三大关键点均无，当然不可能形成结构特征。尽管这一结构状况在理论上很罕见，不过在现实考试中还是存在的，在 HSK 动态作文语料库中分数小于 10 分的作文有 11 篇。参看下面两例：

例 38）语料：#199312124635100505

题目：一封求职信；分数：0；国籍：俄罗斯；性别：男

（内容无）

该文一字未写，算是这种状况的典型。

例 39）语料：#199312104616100013

题目：一封求职信；分数：0；国籍：德国；性别：男

（至现在我还没有写过汉文的信）

中国北京朝阳区

三环北路 12 号

快乐家庭旅游公司

李文先生

尊敬的李先生，

该文只写了信的抬头，考生显然未接受过汉语书信写作的训练，连地址都是按西方信件的惯例写的。

②A1 B5 C1：无中心思想、有结构要素但数量不足、无结构关系。

21	A1 B5 C1	无中心	有要素但不足	无关系

也是没有完成全文的情况之一，即只写了一点点，没有形成中心思想，当然篇章结构特征也就无从谈起。

③A5 B1 C1：有中心思想但不明确、无结构要素、无结构关系。

101	A5 B1 C1	有中心但不明确	无要素	无关系

即只写了几句中心句，而且还表达得不是很明确，未及写结构要素，也谈不上有结构关系。显然，这也是没有完成全文的一种情况。

④A1 B4 C1：无中心思想、有结构要素且数量较足、无结构关系。

16	A1 B4 C1	无中心	有要素且充足	无关系

这一状况要比 A1 B1 C1 的结构状况稍好一些，结构要素写得比较充足，但没有中心思想也没有形成结构关系，当然也形不成篇章结构特征。

⑤A5 B5 C1：有中心思想但不太明确、有结构要素但数量不足、无结构关系。

121	A5 B5 C1	有中心但不明确	有要素但不足	无关系

该状况形成了中心思想但不太明确，有结构要素但数量不充足，未能形成明显的结构关系。该情况比前一种状况要好，但还是不能说有篇章结构特征。

⑥A5 B4 C1：有中心思想但不太明确、有结构要素且数量较足、无结构关系。

116	A5 B4 C1	有中心但不明确	有要素且充足	无关系

该状况形成了中心思想但不太明确，有结构要素且数量充足，但未能形成明显的结构关系，比前一种状况稍好一些。

⑦A4 B5 C1：有中心思想且比较明确、有结构要素但数量不足、无结构关系。

96	A4 B5 C1	有中心且较明确	有要素但不足	无关系

该状况形成了明确的中心思想，有结构要素但数量不充足，未能形成明显的结构关系。该状况比前一种状况又要好一些。

⑧A4 B4 C1：有中心思想且比较明确、有结构要素且数量较足、未形成结构关系。

91	A4 B4 C1	有中心且较明确	有要素且充足	无关系

该状况形成了明确的中心思想，有结构要素且数量充足，只是未能形成明显的结构关系。这是最接近形成完整结构特征的状况，看来结构关系是形成篇章结构特征不可或缺的要素。

6.4.2 主要状况之二：已形成结构特征但状况欠佳

指作文已经形成了篇章结构特征，只是相比较而言不是太好。这里的结构特征不佳或是较佳均是相对而言的。包括以下几种结构状况：

⑨A5 B5 C3：有中心思想但不太明确、有结构要素但数量不足、有结构关系但不太合适。

123	A5 B5 C3	有中心但不明确	有要素但不足	有关系但不合适

该状况有中心思想只是不太明确，有结构要素但数量不足，有结构关系但不够合适。总体上来说已经形成了篇章结构特征，但实际上比 A4 B4 C1 好不了太多。

⑩A5 B4 C3：有中心思想但不太明确、有结构要素且数量较足、有结构关系但不太合适。

118	A5 B4 C3	有中心但不明确	有要素且充足	有关系但不合适

该状况比上一状况略好一些，在结构要素的数量上有所增加，显得充足一些。

⑪A4 B5 C3：有中心思想且比较明确、有结构要素但数量不足、有结构关系但不太合适。

98	A4 B5 C3	有中心且较明确	有要素但不足	有关系但不合适

该状况比上一状况又要好一些，主要是中心思想较为明确，尽管在结构要素和结构关系上表现欠佳。

⑫A4 B4 C3：有中心思想且比较明确、有结构要素且数量较足、有结构关系但不太合适。

93	A4 B4 C3	有中心且较明确	有要素且充足	有关系但不合适

该状况比上一状况又进了一步，不但中心思想较为明确，而且结构要素也较为充足，唯一遗憾的是结构关系不太合适。

⑬A5 B5 C2：有中心思想但不太明确、有结构要素但数量不足、有结构关系且比较合适。

122	A5 B5 C2	有中心但不明确	有要素但不足	有关系且较合适

该状况比上一状况又进了一步，中心思想虽不十分明确，结构要素也不十分充足，但结构关系较合适。这种状况是一种总体关系的提升，因此在篇章结构的质量上要好于前几种情况。可见，结构关系在篇章结构特征中的权重要大于前两个关键点。国际汉语教师在训练学生写作时尤其应注意这一点。

⑭A5 B4 C2：有中心思想但不太明确、有结构要素且数量较足、有结构关系且比较合适。

117	A5 B4 C2	有中心但不明确	有要素且充足	有关系但较合适

该状况中结构要素充足，结构关系合适，略显遗憾的是中心思想不够明确。比上一状况又要好一些。

⑮A4 B5 C2：有中心思想且比较明确、有结构要素但数量不足、有结构关系且比较合适。

97	A4 B5 C2	有中心且较明确	有要素但不足	有关系且较合适

该状况又要好过前者，中心思想和结构关系都比较好，唯一美中不足的是结构要素略显不足。该状况已经接近完美篇章结构状况了。

6.4.3 主要状况之三：已形成结构特征且状况较好

这种结构状况是最好的，无论是中心思想，结构要素还是结构关系都比较好，只有一种情况：

⑯A4 B4 C2：有中心思想且比较明确、有结构要素且数量较足、有结构关系且比较合适

92	A4 B4 C2	有中心且较明确	有要素且充足	有关系且较合适

上述 16 种情况构成了一个连续统，详情参见下表：

表 6－6　连续统：外国学生汉语叙述类作文的主要篇章结构图式状况

结构状况	总体组合	中心状况	要素状况	关系状况	结构强弱
尚未形成结构	A1 B1 C1	无中心	无要素	无关系	弱↓强
	A1 B5 C1	无中心	有要素但不足	无关系	
	A5 B1C1	有中心但不明确	无要素	无关系	
	A1 B4 C1	无中心	有要素且充足	无关系	
	A5 B5 C1	有中心但不明确	有要素但不足	无关系	
	A5 B4 C1	有中心但不明确	有要素且充足	无关系	
	A4 B5 C1	有中心且较明确	有要素但不足	无关系	
	A4 B4 C1	有中心且较明确	有要素且充足	无关系	
形成结构结构不佳	A5 B5 C3	有中心但不明确	有要素但不足	有关系但不合适	
	A5 B4 C3	有中心但不明确	有要素且充足	有关系但不合适	
	A4 B5 C3	有中心且较明确	有要素但不足	有关系但不合适	
	A4 B4 C3	有中心且较明确	有要素且充足	有关系但不合适	
	A5 B5 C2	有中心但不明确	有要素但不足	有关系且较合适	
	A5 B4 C2	有中心但不明确	有要素且充足	有关系但较合适	
	A4 B5 C2	有中心且较明确	有要素但不足	有关系且较合适	
形成结构结构较好	A4 B4 C2	有中心且较明确	有要素且充足	有关系且较合适	

勾勒出篇章结构特征状况的连续统是有理论意义和实践价值的：（1）理论意义上，可以从定性研究走向定量研究。（2）实践价值上，可以知道外国学习者记叙文的写作水平目前处于什么阶段，有助于教师进一步点拨训练。

6.5 余论

尚余两个问题需要交代清楚，一是外国学生汉语作文的篇章结构是否存在常模，需要中外学生学习写作时遵循；二是理论研究之外的实证研究如何进行。

6.5.1 外国学生汉语作文的篇章结构是否存在常模

现代汉语叙述类作文篇章结构是否有常模的问题，外国学生学习写作时是否需要遵循?① 这又牵涉到一系列的问题：现代汉语 L1 记叙文作文的常用篇章结构是什么？普通语篇中现代汉语记叙文的篇章结构与古代汉语记叙文的篇章结构是否相同？现代汉语不同语体语篇的结构特征是否相同？外国学生在学习现代汉语记叙文写作时是否应在结构上也遵循中国现代汉语的结构范式?

这些问题都需要做专门的研究，我们初步认为：

（1）作为 L1 的现代汉语作文有常用的篇章结构，该结构是一种还是多种，是什么样的结构，具有什么结构特征都还需要进一步研究。

（2）普通语篇中的古代汉语记叙文与现代汉语记叙文的篇章结构是有变化的，二者的篇章结构具体是什么以及古今有什么异同，也需要进一步研究。

（3）现代汉语不同语体语篇的篇章结构显然是不同的，如新闻语篇和科技语篇的结构差异就很大，且各自的结构规定

① 这个问题是博士后中期检查时张旺熹教授问到的，在此致谢！

性都很强。甚至同样是科技语篇，不同学科领域的论文结构差别也非常大——如语言学论文与心理学论文。

（4）文无定法，外国学生在学习现代汉语记叙文写作时似乎不必在结构上也遵循中国现代汉语普通语篇的结构范式。

最后，现代汉语普通语篇（作文）有常用的篇章结构，但这种结构范式不必作为外国学生学习汉语写作时遵循的常模。

6.5.2 实证研究：汉语中介语语篇现存的结构状况

仅有理论研究是远远不够的，若想揭示出外国学生汉语叙述类作文在实际语料中存在的篇章结构状况必须通过语料库的实际统计。事实会证明所有结构状况在现实语料中出现的频率也是不同的：有些结构状况处于高频状况，有些结构则属于非高频状况。不仅出现频率上有差异，还有一些结构状况在现实语料中几乎是不存在的。

目前，由于 HSK 动态作文语料库篇章层面的标注还有待进一步完善，因此我们还做不到实证分析。不过从理论上描写上述状况，是下一步分析篇章结构绝对特征与相对特征的基础。

6.6 小结

综上所述，基于数学理论和语言学理论的三元三维计算的最终结果是：外国学生现代汉语叙述类作文的篇章结构特征在理论上共有 105 种呈现状况。

第七章

不同母语背景的篇章结构特征分析：母语为英语

本章分析的是母语为英语的外国学生叙述类作文的篇章结构特征，语料分析依次从低分数区（初级水平，<70 分）、中分数区（中级水平，70—84 分）和高分数区（高级水平，>84 分）展开后两章的语料划分标准与此相同。分析结果显示，母语为英语的外国学生：（1）中心思想形成中心句的比例为 83.3%，其中 66.7% 居于篇首。（2）结构要素的出现率为 91.7%，其中必有要素“人物”和“内容”的出现比例均为 91.7%；非必有要素的出现率依次为：方式/效果 > 原因 > 背景。（3）只有 50% 的作文形成了结构关系，其中解证关系为 66.7%，因果关系和总分关系均为 16.7%。

7.1 引言

Kaplan 将学生 L2 作文结构特征的不同归因于学生母语思维模式的不同，属于母语文化背景的迁移。尽管有不少学者反对他的观点，但我们认为注意区别语料作者不同的母语背景是有必要的。不同语言文化背景的学生在接受母语书面语写作训练时会有自己的学术传统和写作传统，这一传统尽管不一定会等同于思维模式，但对作者的第二语言写作会产生一定影响应该是可以肯定的。

应指出的是“母语”与“第一语言”概念不同，母语是民族学概念，指本族语。即便某人一句本族语也不会说，其本族语依然是他/她的母语，而第一语言是指人生下来所习得的第一种语言（参看李宇明，2003）。

本书将分别从英美学生、日本学生和华裔学生中分别抽取样本[①]，分为三类来考察：英语为母语的外国学生作文；日语为母语的外国学生作文；汉语为母语的华裔学生作文。在按母语标准选取语料时将主要考虑母语背景，而不再考虑分数高低，以考察母语本身对作文的篇章结构特征的影响度。因此，在此类语料中作文的分数是高低都有的。

以英语为母语的外国学生叙述类作文所选语料的题目为“记对我影响最大的一个人”。学习者国籍分别为美国、英国、

① 这个层面的样本抽取仍显粗糙：美国与法、德等国虽同属印欧语系，日本和韩国虽同属东方语言，但各国学生作文的篇章结构特征是否一样目前还不得而知。限于时间和精力，目前暂且这样粗分。

加拿大和澳大利亚，① 在语料库中经穷尽性检索，共得语料 13 例。② 从内容上剔除 1 例华裔语料，共得有效语料 12 例。语料选取详细情况见表 7－1：

表 7－1　母语为英语的学习者记叙文作文语料选取情况表

		低分区（<70 分）	中分区（70—84 分）	高分区（>84 分）	合计
国别	美	3	1	1	5
	英	3	0	1	4
	加	1	1	0	2
	澳	0	1	0	1
分数区合计		7	3	2	12
性别	男	7	2	0	9
	女	0	1	2	3
性别合计		7	3	2	12

在分析语料文本时会做标注，具体标注情况如下：

（1）中心思想：中心句加粗，加下划线；

（2）结构要素：在可以表明结构要素的关键句子下加下划线，后面用括号标明。

（3）结构关系：先标注有无，再具体标注是哪种结构关系。

我们在语料后面用表格分别标注出中心思想、结构要素和结构关系的相关情况。

---

① 其中一位美国学生和一位澳大利亚学生作文的内容显示是华裔，将其归入汉语为母语的作文语料中。

② 英语为母语的语料样本量确实太少，不过我们查阅了其他英语国家（包括巴哈马、爱尔兰、巴巴多斯、百慕大、圭亚那、牙买加、新西兰、圣基茨和尼维斯、特立尼达和多巴哥）的同题语料后发现，这已经是 HSK 动态作文语料中的全部。

7.2 语料分析之一：低分数区

低分数区语料共计 7 例，其中美国学习者语料 3 例，英国学习者 3 例，加拿大学习者语料 1 例；全部为男性作文语料。

7.2.1 语料分析

限于篇幅，下面是比较典型的几则语料：

我们从作文篇章结构的总体状况、中心思想、结构要素和结构关系四个方面来分析语料。中分数区和高分数区的语料分析程序与此相同。

例 40）语料：#199412104922100647

题目：记对我影响最大的一个人；分数：60；国籍：美国；性别：男

对我影响最大的一个人肯定是一个中国人，但我说不好是哪一个（中心句/WHO）。来华前 {CJ－zhuy 我} 对华语、华人也没有了很多 {CC 大} 的了解，到目前 {CJ－zhuy 我} 已 [B 己] 花 {CQ 了} 十一年和华人在一起，了解和理解 [BD,] {CJX} 对他 {CQ 们} 的 {CQ 也} 不少，也更了解 {CD 了} 自己 {CQ 了}。

在我刚刚到中国的时候 [BQ,] 不会中文就开始上班 [BQ,] 天天接触中国人，天天学到新鲜的东 [F 東] 西。我记得有一次和一位同事发生了误会。我刚学会一句"狗拿耗子 [Phào] 子，多管闲 [B 先] 事。"我呢 [BQ,] 就想和他开个玩笑而说了出来。他呢 [BQ,] 不 {CC 没} 认为好笑就生气了。他说"你中文能说到这个水平 [BQ,] 怎么不知道自己 {CC2 你} 是骂人的！"

反正我是无意的 [BQ,] 就 {CJX} 通过我的思考觉得小狗干小猫的工作很好笑的。到了一个新的文化环境 [BQ,] 很难通过它的脑子来看各个 [B 各] 事情 [BQ,] 只能一步一步地 {CC 的} 学。

这件事已 [B 一] 有五年 {CQ 了} [BQ,] 通过这五年 [BQ,]

也通过更｛CC 再｝多的情况［BQ,］｛CJ－zhuy 我｝学到更多的“自我了解”［BQ,］使｛CC1 引起｝我更加地｛CC 的｝了解他人。像［B 相］古人说过｛CQ 的｝“路遥知马力［BQ,］日久见人心”。①

	中心思想
有无	对我影响最大的一个人肯定是一个中国人，但我说不好是哪一个(WHO/中心句)。
位置	篇首（第1句）
多少	1（不确定）

	结构要素
有无	有
WHO	对我影响最大的一个人肯定是一个中国人，但我说不好是哪一个(WHO/中心句)。
WHAT	0
WHY	0
HOW	0
EFFECT	0

	结构关系
有无	无（没有结构关系）
中心与要素之间	0

该文能得60分令人略感意外，在篇章结构方面结构要素极少且没有形成明显的结构关系。（1）中心思想方面：全文有一个中心句“对我影响最大的一个人肯定是一个中国人”，并且出现在篇首第一句，但中心思想不是很明确。（2）结构要素方面：只出现了必有结构要素“人物”，不过这个人是不

① 语料标注的表格不再统一编号。

确定的。[1] 除此之外似乎没有再提到别的结构要素，包括必有要素“内容”（所影响的具体方面）。（3）结构关系方面：由结构要素的出现情况可知，全文根本谈不上有什么结构关系。下面再看另外一则更为极端的例子：

例 41）语料：#199510512634100512

题目：记对我影响最大的一个人；分数：65；国籍：英国；性别：男

我是家里［F 裏］的［F 長］子，自小就养成了唯我独尊的性格。［BC,］在家里［F 裡］我说［F 說］的［F 話］就是“［BC「］圣［F 聖］旨”［BC」］；我要的东［F 東］西，没有人可以不给我；［BC,］弟妹的［F 東］西就是我的，我的就是我自己的（BACK-GROUND）。［BC;］这［F 這］种以自我为中心的个性，一直到长［F 長］大，到入学，一直是我受到批抨的主要原因，直到有一天……

在我升中学三年级那一年，班里［F 裏］来了几个插班生。［BC,］其中有一个很清秀的女孩子深深地｛CC 的｝吸引了我。［BC,］那个时候的我刚［F 剛］好是情窦［C］初开的年龄，不知不觉中注意力都集中在她身上，而且对她展开了追求。［BC,］经［F 經］过一断时间的交往，感情日增，聚在一起的时间越来越多。［BC,］过了一年多的时间，也就是我们快毕［F 畢］业前，却［F 卻］发生了一件令我［C］性格大变的事情……

有一天，我们班上出郊外旅行，同学们［B 间］都兴［F 興］高采烈地一路有说［F 説］有笑，大谈［F 談］今天的行程会有甚么｛WWJ｝

	中心思想
有无	无
位置	0
多少	0

① 这在 HSK 动态作文语料库中非常罕见。

	结构要素
有无	有
WHO	0
WHAT	0
WHY	0
HOW	0
EFFECT	0
BACKGROUND	我是家里［F 裹］的［F 長］子，……我的就是我自己的（BACKGROUND）。

	结构关系
有无	无
中心与要素之间	0

该文能得65分令人称奇，除了语言水平较高之外，在篇章结构方面的情况乏善可陈：（1）中心思想方面：全文没有中心句，中心思想似有若无：似乎是想说班上那个清秀的女孩对自己影响最大，但又没有明确说明。（2）结构要素方面：除了介绍了一些自己的背景之外，其他必有要素和非必有要素均无从谈起。全文的相当篇幅在叙述自己与“清秀女生”的交往过程，与作文主题略显游离。（3）结构关系方面：没有中心与要素自然谈不上结构关系。

因此可以负责任地说，该文从内容和结构上来看即便文字基础较好也无法达到及格水准，基本上应属于误判一类。不过，这也从另一个侧面说明，词句层面（遣词造句）与篇章层面（谋篇布局）是完全不同的两个层面：彼此之间的差异可以大到如此程度；二者在作文评分中也可以独立到如此程度。

7.2.2 分析结果

（1）中心思想：6 例语料形成了中心句，占 85.7%，1 例语料有中心思想但未形成明确的中心句，占 14.3%。中心句居于篇首的有 5 例，占 71.4%，均为篇首第一句；居于篇中的语料有 1 例，占 14.3%。

（2）结构要素：100% 都出现了，只是与中高分数区相比，结构要素的呈现频率较低，部分语料中甚至未出现必有要素人物（WHO）和内容（WHAT）。

（3）结构关系：尚未形成明显结构关系的有 5 例，占 71.4%；有结构关系的仅有 2 例，占 28.6%，均为解证关系。

从低分数区的例证中大致可以看出：个别语料的中心思想不太明确甚至没有形成明确的中心句；结构要素不太充足；且基本上均未形成明显的结构关系或者没有结构关系。

7.3 语料分析之二：中分数区

中分数区的语料共有 3 篇，其中美国、加拿大和澳大利亚学习者的作文语料各一；2 篇为男性，1 篇为女性。

7.3.1 语料分析

中分数区现有语料 3 例，下面列举其中的 2 例：

例 42）语料：#199505104919200220

题目：记对我影响最大的一个人；分数：70；国籍：加拿大；性别：女

任何一个人，在生命的旅程中，都会遇到｛CD 过｝许许多多特别的人物。在每个人生命的某一个阶段，都｛CC 或｝会出现一位对当时｛CQ 的｝他影响最深的人。

一九九四年对我来说，是充满挑战的一年。我离开了父母、朋友，离开了熟悉的生活环境，只身到北京念书。在这一年多的留学生活中，我学着独立，交了许多新朋友，身边也多了一位良师益友。

他是我的朋友中［BD,］年纪最大的。我称呼他“猪大哥”，因为他比我年长二十多岁，也正好属｛CC 肖｝猪(WHO)。猪大哥是来念进修生的，他的学问比我好，人生阅历［F 曆］更比我多，人也很随［F 隨］和。学校有许多同学都以为他是当老师的。我常爱去找猪大哥谈天。谈话的内容不分天南地北(HOW)。我惊讶地发觉，在我们中，代沟根本不存在。从这样的谈话中，他教给｛CC 会｝我许多历史、文化的知识。最重要的是，他让我明白到，人的生命是有限，随［F 隨］时要珍惜时间，做一些不会让自己以后后悔的事(WHAT)。跟猪大哥相处了差不多一年，我发现自己散漫的习惯改了不少，待人接物也比以前积极了(EFFECT)。

一年的进修时间快要结束了。我们也快要各自回国了。当然｛CC 需然｝不知道以后有没有机会再见［F 見］面，但是我会永远记着和猪大哥谈天的时光。

	中心思想
有无	(实际上有中心思想，但没有形成明确的中心句。) 在每个人生命的某一个阶段，都｛CC 或｝会出现一位对当时｛CQ 的｝他影响最深的人。
位置	篇中（因没有中心句，不易判断。实际上是在 WHO 出现的）
多少	1
有无	有
WHO	他是我的朋友中［BD,］年纪最大的。我称呼他“猪大哥”，因为他比我年长二十多岁，也正好属｛CC 肖｝猪。
WHAT	他教给｛CC 会｝我许多历史、文化的知识。最重要的是，他让我明白到，人的生命是有限，随［F 隨］时要珍惜时间，做一些不会让自己以后后悔的事。(多个明确)

	结构要素
HOW	我常爱去找猪大哥谈天。谈话的内容不分天南地北。
WHY	0
EFFECT	跟猪大哥相处了差不多一年，我发现自己散漫的习惯改了不少，待人接物也比以前积极了

	结构关系
有无	尚未形成明显的结构关系
中心与要素之间	0

该文尽管文字基础尚可，内容也不错，但因在篇章结构方面的总体情况欠佳，因而未能得高分（70 分）：（1）中心思想方面：有中心思想（对自己影响最大的人是“猪大哥”）但没有形成中心句。（2）结构要素方面：结构要素较充足，出现了“人物”“内容”“方式”和“效果”。（3）结构关系方面：没有形成明显的结构关系。再看下例：

例 43）语料：#199505104801100137

题目：记对我影响最大的一个人；分数：75；国籍：澳大利亚；性别：男

一个人的一生就必然地被很多人影响｛CD 的｝。可是，我认为给了我最大影响的一个人就是我上大学时的一位讲师（中心句/WHO）。那位讲师是个博士；他是一位澳大利亚籍华人。他姓陈（BACKGROUND）。

我选了政治学专业后，陈博士就是我的主要讲师之一。为什么他对我有那么大的影响呢(WHY)？我认为是因为我刚上大学的时候，我的知识｛CD 是｝非常浅薄。而且，我的学习方法并不科学｛CC 客观｝，总是囫囵吞枣｛CQ 地｝｛CJ－sy 解决｝一切摆在我｛CQ 面｝前的资料。

我认为陈博士在吸收［B 受］新知识｛CD 的｝方面给了我很大的影响｛CC 印象｝（WHAT1）。他的教法帮｛CD 了｝我丢掉我的错

{CQ 的} 学习方式(HOW/EFFECT)。他 {CQ 的} 教法 {CD 的} 有什么特点呢？他 {CQ 的} 教法主要的特点就是要坚持保持一种客观的研究、学习方［B 去］法。不管其他 {CD 的} 有名［B 明］{CQ 的} 学者怎么认为，不管被认为 {CC 认识} 是 {CQ 多么} “好”的书上写了什么，若你认为 {CC 认识} 他们的看法不对，他们写的和说的不符合现实，那么你有一定的责任反驳他们。并且，你有一定的责任寻找什么是对的，什么是客观的。

陈博士在这方面给了我很大的影响 {CC 印象}。我现在已经毕业了。我毕业后在中国学习了一年，［BC、］回澳大利亚去工作了一年。后来，今年二月初，我又回 {CD 了} 北京来继续学习。我现在学习的是中文，我下个学期开始研究中国的少数民族。

陈博士给我留 {CC 离} {CQ 下} 的影响 {CC 印象} 在我 {CD 所} 学习的时候 {CD 中} 给我带来了很大的帮助。在日常生活中，他的影响 {CC 印象} 也帮 {CD 了} 我保持一种客观的看法(WHAT2)。就是因为在我生活中，陈博士的影响 {CC 印象} 是极其 {CC 极端} 重要，所以我认为他是对我有 {CD 了} 最大影响的一个人。

	中心思想
有无	一个人的一生就必然地被很多人影响。可是，我认为给了我最大影响的一个人就是我上大学时的一位讲师（WHO/中心句）
位置	篇首（第1句）
多少	1
有无	有
WHO	一个人的一生就必然地被很多人影响。可是，我认为给了我最大影响的一个人就是我上大学时的一位讲师（WHO）。
WHAT	1. 我认为陈博士在吸收［B 受］新知识 {CD 的} 方面给了我很大的影响(WHAT1)。 2. 陈博士给我留 {CC 离} {CQ 下} 的影响在我 {CD 所} 学习的时候 {CD 中} 给我带来了很大的帮助。在日常生活中，他的影响 {CC 印象} 也帮 {CD 了} 我保持一种客观的看法(WHAT2)。

	结构要素
WHY	为什么他对我有那么大的影响呢(WHY)？我认为是因为……
HOW	他的教法帮｛CD 了｝我……(表明是通过教学影响的)。
EFFECT	他的教法帮｛CD 了｝我丢掉我的错｛CQ 的｝学习方式(EFFECT)。
BACKGROUND	那位讲师是个博士；他是一位澳大利亚籍华人。他姓陈(BACKGROUND)。

	结构关系
有无	有
中心与要素之间	解证关系

该文实为一篇佳作，或许是由于词句的问题，分数略微受影响（75 分）。但在篇章结构层面表现较好：（1）中心思想方面：有中心句且出现在篇首第 1 句。（2）结构要素方面：要素的出现很丰富，出现了“人物”“内容”“原因”“方式”“效果”和“背景”。在文字表达方面也很不错。（3）结构关系方面：形成了鲜明严谨的结构关系，要素与中心之间是典型的解证关系。篇末有标志性语句“……所以我认为他是对我有最大影响的一个人”。要素之间是典型的并列关系，如文中先后阐述了对自己影响的两个方面——学业方面和生活方面，中间有明显的过渡句“陈博士给我留下的影响在我学习中给我带来了很大的帮助。在日常生活中，他的影响也帮我保持一种客观的看法”。

7.3.2 分析结果

该部分由于样本量太少，似乎难以概括出明显的规律。不过与低分数区和高分数区相比，中分数区似乎明显处于中间状态：中心思想、结构要素与结构关系的呈现状态不是特别好，明显不够稳定，在综合评定之后取得了中等的分数。

7.4　语料分析之三：高分数区

84 分以上的高分数作文语料只有两例，美国和英国学习者的语料各一，且均为女性。

7.4.1　语料分析

下面列举本书搜集到的这两例高分数语料：

例 44）语料：#199505104922200091

题目：记对我影响最大的一个人；分数：85；国籍：美国；性别：女

除了学校里的老师［BQ,］我在家里还有一个教我怎样做人的好老师，他就是我的父亲（中心句/WHO）。由于母亲工作比较忙［BQ,］没有时间照顾我和弟弟［BQ,］所以我跟父亲在一起的时间要多得多(WHY)。

我父亲年龄比较大［BQ,］所以很喜欢孩子常在身边。我每天放学回到家里［BQ,］都要跟父亲汇［B 会］报这一天的情况。他对我在学校的所作所为特别关心，并不是说学习要有多好［BQ,］而是我应该怎样处理和分析一件事。

从小爸爸就教我：“在你的一生中［BQ,］一定要记住［B 注］［BQ:］给别人的要比拿的｛CD 要｝多，不能做一个自私的人。”(HOW：言传) 这句话我牢［B 劳］记在心(WHAT)。我在学校里是学生会主席，每天有很多事要做。同学们常常问我为什么要为大家做这些事。我心里想［BQ,］就像［B 向］爸爸说的一样［BQ,］要能为别人带来快乐［BQ,］也就是给自己带来快乐。(EFFECT1：在学校)

在学校要这样［BQ,］在家里也一样。我和爸爸是妈妈的出气筒。因为｛CJX｝妈妈工作上的压力［BQ,］每天回家脾气都不太好

[BQ,] 常出在我和爸爸的头上。妈妈讲话有时很没道理 [BQ,] 但爸爸却一句怨言都没有（HOW2：身教）。我问他为什么要这样做？他说："我不会送你妈花或什么的 [BQ,] 但我的耐心和忍耐却是我给她的。不要总是责怪对方 [BQ,] 你要去理解他们。"我每天和爸爸谈话似乎都会学到些什么。现在因为长大了 [BQ,] 跟爸爸讲话时就更像 [B 向] 朋友了，我好像 [B 象] 什么事都能跟他说。他已 [B 以] 成为我最知心的朋友。(EFFECT2：在家里)

我非常感谢我父亲给我的教导。我现在也总算理解 {CQ 了} 他为什么对我那么严厉。他教给我的人生哲理 [BQ,] 我会永远记在心 {CD 目} 中的！

	中心思想
有无	除了学校里的老师 [BQ,] 我在家里还有一个教我怎样做人的好老师，他就是我的父亲(中心句/WHO)。
位置	篇首（第 1 句）
多少	1

	结构要素
有无	有
WHO	除了学校里的老师 [BQ,] 我在家里还有一个教我怎样做人的好老师，他就是我的父亲。
WHAT	1. 从小爸爸就教我："在你的一生中 [BQ,] 一定要记住 [B 注] [BQ:] 给别人的要比拿的 {CD 要} 多，不能做一个自私的人。" 2. "不要总是责怪对方 [BQ,] 你要去理解他们。"
WHY	由于母亲工作比较忙 [BQ,] 没有时间照顾我和弟弟 [BQ,] 所以我跟父亲在一起的时间要多得多。
HOW	1. 言传：从小爸爸就教我："在你的一生中 [BQ,] 一定要记住 [B 注] [BQ:] 给别人的要比拿的 {CD 要} 多，不能做一个自私的人。" 2. 身教：妈妈讲话有时很没道理 [BQ,] 但爸爸却一句怨言都没有。

续表

	结构要素
EFFECT	1. 在学校：我心里想［BQ,］就像［B 向］爸爸说的一样［BQ,］要能为别人带来快乐［BQ,］也就是给自己带来快乐。 2. 在家里：我每天和爸爸谈话似乎都会学到些什么。

	结构关系
有无	有
中心与要素之间	总分关系：第一段总说；第二、三段分说

该文能得高分（85 分）绝非偶然，不但文字基础较好，在篇章结构方面也很完整。三大关键点都很齐备：（1）中心思想方面：有中心句，且出现在篇首第一句。（2）结构要素方面：有较丰富的结构要素，出现了“人物”“内容”“原因”“方式”和“效果”。（3）结构关系方面：有明显且合适的结构关系，中心与要素之间是总分关系；要素与要素之间是并列关系。再看下例：

例 45）语料：#199510512634200530①

题目：记对我影响最大的一个人；分数：90；国籍：英国；性别：女

“［BC「］阿华［F 華］，下来［F 來］吃饭［F 飯］了”［BC」］。这［F 這］是爷［F 爺］爷［F 爺］从［F 從］楼下｛CQ 传来｝的叫声［F 聲］。“［BC「］喔，来［F 來］了!”［BC」］爷［F 爺］爷［F 爺］的那慈祥的声［F 聲］音，使我不论［F 論］多忙也要放在一边｛CD 地｝去见［F 見］他。

爷［F 爺］爷［F 爺］已是八十五岁［F 歲］的老人家了，但身

① 很怀疑该文的作者是华裔，一方面文字基础较好，行文书面语色彩较重；另一方面一些称呼和词语如“阿华”“老人家”和“祝融”等均非外国人所惯用。不过因为没有证据可以确定作者的身份，因此姑且存疑，仍放在母语为英语的语料中。

体［F體］却还［F還］是很硬朗，可说［F説］是“［BC「］老当［F當］益壮［F壯］”［BC」］（BACKGROUND）！他常常教我做人的道理，凡事都要为［F爲］别人想，不要为［F爲］自己的利益，而害到别［F別］人（WHAT1）。还［F還］记［F記］得以前读［F讀］中学［F學］的时［F時］候，他常常在身边鼓励［F勵］我要发［F發］奋［F奮］图［F圖］强，好好念［F唸］书［F書］，争取｛CC追求｝一个［F個］好的成绩［F績］，将［F將］来［F來］才能为［F爲］社会［F會］，为［F爲］国［F國］家出一份力（WHAT2）。而且每次考出第二、三名的时［F時］候，他会［F會］奖［F獎］励［F勵］我，使我再接再厉［F厲］地往上爬。空闲［F閑］时［F時］，他也会［F會］教我如何谈［F談］生意，做买［F買］卖［F賣］，以及对［F對］顾［F顧］客的态［F態］度（WHAT3）。［BC，］说［F説］真的，在爷［F爺］爷［F爺］的指导［F導］下，我学［F學］了很多东［F東］西（WHAT4）。［BC，］他还［F還］教我凡事都要靠自己努力，才能达［F達］到成功。［BC，］因为［F爲］他是从［F從］困难［F難］的环［F環］境中长［F長］大的，他能如此｛CJX｝达［F達］到｛CJX｝现［F現］在的地步，有了自己的木材店，生活过［F過］得舒适｛CC舒畅［F暢］｝，完全是靠自己努力的｛CJ－zxy结果｝（BACKGROUND）。

现在我长［F長］大了，爷［F爺］爷［F爺］也不在了，木材店也被祝融所光顾［F顧］，烧［F燒］的全没了。［BC，］但是他教我的一番话［F話］，我永远［F遠］铭［L］记［F記］在心，因为［F爲］我现［F現］在靠｛CD了｝自己的实［F實］力当［F當］上一位小学［F學］教师［F師］，而且我还［F還］是半工半读［F讀］，上午去大学［F學］，下午去教课［F課］，放学［F學］后［F後］还［C］要｛CC在｝督课［F課］（EFFECT）。［BC，］所以我觉［F覺］得爷［F爺］爷［F爺］教我的所有一切没有白费［F費］。

爷［F爺］爷［F爺］便是对我影响最大的人了（中心句/WHO）。

	中心思想
有无	爷［F 爺］爷［F 爺］便是对我影响最大的人了（中心句/WHO）。
位置	篇末（最后一句）①
多少	1

	结构要素
有无	有
WHO	爷［F 爺］爷［F 爺］便是对我影响最大的人了（中心句/WHO）。
WHAT	1. 分说 1：他常常教我做人的道理，凡事都要为［F 爲］别人想，不要为［F 爲］自己的利益，而害到别［F 別］人（WHAT1）。 2. 分说 2：他常常在身边鼓励［F 勵］我要发［F 發］奋［F 奮］图［F 圖］强，好好念［F 唸］书［F 書］，争取｛CC 追求｝一个［F 個］好的成绩［F 績］，将［F 將］来［F 來］才能为［F 爲］社会［F 會］，为［F 爲］国［F 國］家出一份力。（WHAT2） 3. 分说 3：他也会［F 會］教我如何谈［F 談］生意，做买［F 買］卖［F 賣］，以及对［F 對］顾［F 顧］客的态［F 態］度（WHAT3）。 4. 总括：说［F 説］真的，在爷［F 爺］爷［F 爺］的指导［F 導］下，我学［F 學］了很多东［F 東］西（WHAT4）。
WHY	0
HOW	1. 言传：他常常在身边鼓励［F 勵］我要…… 2. 身教：因为［F 爲］他是从［F 從］困难［F 難］的环［F 環］境中长［F 長］大的，他能如此｛CJX｝达［F 達］到｛CJX｝现［F 現］在的地步，有了自己的木材店，生活过［F 過］得舒适｛CC 舒畅［F 暢］｝，完全是靠自己努力的｛CJ－zxy 结果｝。

① 中心句在篇末，这一位置是目前语料中极为罕见的。

续表

	结构要素
EFFECT	他教我的一番话 [F話]，我永远 [F遠] 铭 [L] 记 [F記] 在心，因为 [F爲] 我现 [F現] 在靠 {CD 了} 自己的实 [F實] 力当 [F當] 上一位小学 [F學] 教师 [F師]，而且我还 [F還] 是半工半读 [F讀]，上午去大学 [F學]，下午去教课 [F課]，放学 [F學] 后 [F後] 还 [C] 要 {CC 在} 督课 [F課] (EFFECT)。
BACKGROUND	因为 [F為] 他是从 [F從] 困难 [F難] 的环 [F環] 境中长 [F長] 大的，他能如此 {CJX} 达 [F達] 到 {CJX} 现 [F現] 在的地步，有了自己的木材店，生活过 [F過] 得舒适 {CC 舒畅 [F暢]}，完全是靠自己努力的 {CJ - zxy 结果}。

	结构关系
有无	有明确的结构关系
中心与要素之间	因果关系

该文在篇章结构方面的总体情况如下：(1) 中心思想方面：有明确的中心思想，位置出现在篇末最后一句。(2) 结构要素方面：较为丰富齐全，出现了“人物”“内容”“方式”“效果”和“背景”。(3) 结构关系方面：要素和中心之间是典型的因果关系，各结构要素是前因，中心句是后果。要素以“内容”为核心，形成典型的分总关系：先分说爷爷对自己影响的三个方面，然后总括一下。

7.4.2 分析结果

该部分语料尽管只有两例，无法充分证明我们所发现的规律，但仍然可以看出高分数语料具有明显的特征：中心思想明确，结构要素较为充足，结构关系很强。

7.5 数据汇总及结论

从现有语料样本来看，本章的样本量似乎还嫌太少，但这已经是穷尽性考察了，语料库中只有这些样本。将上述分析结果放在一起统计分析，可以得出以下结论：

7.5.1 中心思想方面的绝对特征

我们将各个语料样本中的数据统计汇总，详情参见表7－2：

表7－2 母语为英语的学习者记叙文中心思想方面的绝对特征

			中心思想呈现状况	合计	比例
有无	有中心且有中心句		10	10	83.3%
	有中心无中心句		1	1	8.3%
	无中心		1	1	8.3%
位置①	篇首	首句	7	8	66.7%
		非首句	1		
	篇中		2	1	16.7%
	篇末		1	1	8.3%
多少	单个	确定	11	11	91.7%
		不确定	1	1	8.3%
	多个		0	0	0%

由此可见，在以英语为母语的外国学生在叙述类作文中阐述其中心思想时通常具有以下绝对特征：

（1）中心思想的表达通常有中心句（83.3%）：如“回答

① 因有1则语料无中心，因此也无所谓位置，故有位置的语料只有11则。因存在四舍五入的情况。故总和可能不是100%，下同。

这个问题时，我并不需要很长时间去想一想是谁对我有最大的影响，我可以马上回答‘是我母亲’”，“我认为对我影响最大的一个人是我初中历史科的老师”。

完全没有中心句的情况也有，但很罕见（8.3%）。如例41），似乎是说一位清秀女孩对自己的影响最大，但始终未形成明确的中心句。

还有介于有与无之间的情况——即有中心思想但无明确的中心句，这种情况也极少（8.3%）。如例42）开头说“任何一个人，在生命的旅程中，都会遇到许许多多特别的人物。在每个人生命的某一个阶段，都会出现一位对当时他影响最深的人。”这一句很难判断是否是中心句：若说是，没有提到对自己影响最大的人（“猪大哥”）；若说不是，与其他文中的中心句又很类似。

（2）中心句多半出现在篇首（66.7%）：并且绝大多数出现在全文首句，如“对我影响最大的一个人肯定是一个中国人，但我说不好是哪一个”“除了学校里的老师，我在家里还有一个教我怎样做人的好老师，他就是我的父亲”“给我最大的影响的人就是我的爸爸”“回答这个问题时，我并不需要很长时间去想一想是谁对我有最大的影响，我可以马上回答是我母亲”和“我认为对我影响最大的一个人是我初中历史科的老师”。

从现有语料来看，即便不在文中第一句出现，通常也不会超出第一段。而且有的非首句中心句由于标点符号，其实可以看作首句。也有极个别的情况出现在篇中（16.7%）或者篇末（8.3%）。

（3）全文通常只有1个明确的中心思想（91.7%）：从语料来看，对自己影响最大的基本上限于父亲、母亲或者老师、同学、朋友等身边经常出现的人。

没有出现多个中心或许是因为题目被限定为“对自己影响最大的人”。不过从理论上来说是可以有多中心的，比如说在家里对自己影响最大的人是母亲，在学校对自己影响最大的人是某个老师。或者父亲和母亲同时对自己的影响都最大，只不过影响的方面不同。

7.5.2 结构要素方面的绝对特征

我们先把各个语料中有关结构要素的内容集中起来，然后再汇总统计。详情参见表7－3：

表7－3 母语为英语的学习者记叙文结构要素方面的绝对特征

<table>
<tr><th colspan="2"></th><th>结构要素呈现状况</th><th>比例</th><th>总体比例</th></tr>
<tr><td rowspan="2">有无
（总体状况）</td><td>有</td><td>11</td><td>91.7%</td><td>91.7%</td></tr>
<tr><td>无</td><td>1</td><td>8.3%</td><td>8.3%</td></tr>
<tr><td rowspan="3">WHO（必有）</td><td>未出现</td><td>1</td><td>8.3%</td><td>8.3%</td></tr>
<tr><td>有且很明确</td><td>10</td><td>90.9%</td><td rowspan="2">91.7%</td></tr>
<tr><td>有但不明确</td><td>1</td><td>9.1%</td></tr>
<tr><td rowspan="3">WHAT（必有）</td><td>未出现</td><td>1</td><td>8.3%</td><td>8.3%</td></tr>
<tr><td>单个影响</td><td>1</td><td>9.1%</td><td rowspan="2">91.7%</td></tr>
<tr><td>多个影响</td><td>10</td><td>90.9%</td></tr>
<tr><td rowspan="2">HOW
（非必有）</td><td>单种方式</td><td>4</td><td>57.1%</td><td rowspan="2">58.3%</td></tr>
<tr><td>多种方式</td><td>3</td><td>42.9%</td></tr>
<tr><td rowspan="2">WHY
（非必有）</td><td>单个原因</td><td>4</td><td>80%</td><td rowspan="2">41.7%</td></tr>
<tr><td>多个原因</td><td>1</td><td>20%</td></tr>
<tr><td rowspan="2">EFFECT
（非必有）</td><td>单个效果</td><td>4</td><td>57.1%</td><td rowspan="2">58.3%</td></tr>
<tr><td>多个效果</td><td>3</td><td>42.9%</td></tr>
<tr><td rowspan="2">BACKGROUND
（非必有）</td><td>静态背景</td><td>1</td><td>25%</td><td rowspan="2">33.3%</td></tr>
<tr><td>动态经历</td><td>1＋1＋1</td><td>75%</td></tr>
</table>

从上述统计数据可以看出，以英语为母语的外国学生在现代汉语叙述类作文中的结构要素方面有以下绝对特征：

（1）无论分数高低，几乎所有作文中都有结构要素（91.7%）。不过，也的确存在没有结构要素的情况（8.3%），如例41）：因为全文没有中心句，所以我们在标注时也就不敢把其文中的主要人物（“清秀女孩”）认定为“人物”（WHO）。

（2）必有要素“人物”（WHO）和“内容”（WHAT）基本上都出现了（91.7%），极个别的情况下没有出现（8.3%）。其中：

①“人物”当中很明确的占 90.9%，不太明确的占 9.1%。这说明绝大多数影响作者的人是很明确的。[①]

②“内容”当中影响多方面的占 90.9%，单个影响的占 9.1%。也说明影响人对作者产生的影响是多方面的，这一点比较符合人们的经验法则。

（3）非必有要素的出现频率是不一样的：方式（HOW）和效果（EFFECT）出现的频率最高，均为 58.3%；其次是原因（WHY）占 41.7%；背景（BACKGROUND）出现频率最低，占 33.3%。从中可看出非必有要素在母语为英语学生作文中的重要顺序：

HOW /EFFECT > WHY > BACKGROUND

数据表明，前文我们对必有要素和非必有要素的界定是正确的，得到了语料统计数据的支撑。需要进一步说明的是，语料显示结构要素呈现的情况非常复杂，例如：

---

① 其实在理论上还存在单个人与多个人的情况，因为语料中未出现多个人的情况，因此把该类型删除了。

①“人物”（WHO）：如前所述，以英语为母语的作文语料中基本上都只写了一个人，并且这个人是明确的。但从理论上来说可以有一个以上的人，并且这个（些）人都可以是不确定的。如例 40）“对我影响最大的一个人肯定是一个中国人，但我说不好是哪一个”。

②“内容”（WHAT）：影响的方面很可能不是一个方面，可以很具体，也可以说了很多方面但表达得不太具体，这中间的界限是模糊的。

③“方式”（HOW）：除了分为单一或多种之外，还可再细分为单一场合或多个场合。如单一影响方式谈话，可分别出现在两个场合或多个场合。还有一种情况是各方面综合的影响，非常难于归类。

④“原因”（WHY）：除了可分为单一原因和多个原因之外，也存在原因明确或不明确的情况。有些作文中只提到是多个原因才使得某人成了对自己影响最大的人，但并不具体说明。有些作文中谈到了多个方面的原因，但让人搞不清楚是单一原因在多个方面的表现，还是说的就是多个原因。也有综合来谈的情况，并不区分单项原因与多项原因，因此无从判别。

⑤“效果”（EFFECT）：大多数作文都很容易区分是单个影响效果还是多个影响效果，不过个别作文中也存在多个效果搞不太清楚的情况：究竟是在一个方面（WHAT）产生了多个影响还是在多个方面产生了多个影响。

还有一种特殊情况是，在前文提到了两方面的影响但在效果中却只谈到了一个方面的。如例 44）“他的教法帮我丢掉我的错的学习方式。”——其实还有生活方面的影响，效果没有说。

另外，从理论上来说“效果”的“无”和“未出现”是不一样的，文中没有出现不等于“无”——HOW（方式）和WHY（原因）的情形与此类似。无效指尽管某人对自己的影响最大，但该影响并未产生效果——通常在文中是要说明这一点的。而文中没有出现影响效果，很可能是产生了影响效果但没有写。其道理类似于生成语法中的赋值，在EFFECT（HOW/WHY）这一槽道上：赋值为1是有一个影响效果，赋值为2是有2个效果，赋值为0是有影响但没产生效果；根本没有赋值是不知道产没产生效果。

⑥“背景”（BACKGROUND）：我们在标注之初曾将类似语句标注为“EXPERENCE”，后来统一改为“BACKGROUND”，是因为考虑到二者之间很难截然划分：前者是静态的，后者是动态的，常常是动静兼有的。静态的背景包括单纯的年龄、国籍、学历等内容，如例44）“那位讲师是个博士；他是一位澳大利亚籍华人。他姓陈。”动态的背景称经历似乎更合适。

7.5.3 结构关系方面的绝对特征

各个语料中有关结构关系的内容汇总情况详见表7-4：

表7-4 母语为英语的学习者记叙文结构关系方面的绝对特征

		结构关系呈现状况	比例	总体比例
有无	无	2	16.7%	16.7%
	不明显	4	33.3%	33.3%
	有	6	50%	50%

续表

		结构关系呈现状况	比例	总体比例
中心与要素之间	解证	4	66.7%	50%
	总分	1	16.7%	
	因果	1	16.7%	

从上述统计数据可以看出，以英语为母语的外国学生汉语中介语语篇的结构关系方面有以下绝对特征：

（1）在三大关键点中，以英语为母语的外国学生的叙述类作文的结构关系是最弱的，只有50%的作文有明显的结构关系，其余一半之中有33.3%（约三分之一）尚未形成明显的结构关系，有16.7%根本没有结构关系。

（2）中心思想与结构要素之间的结构关系：在解证、总分、因果这三大结构关系中，解证关系所占比例最大，为66.7%；总分关系和因果关系各占16.7%。

7.6 小结

数据表明，以英语为母语的外国学生汉语中介语语篇有比较鲜明的篇章结构特征：

（1）中心思想方面：83.3%的语料形成了中心思想且有明确的中心句，其中66.7%的语料中心句居于篇首。

（2）结构要素：91.7%的语料中出现了结构要素，必有要素人物（WHO）和内容（WHAT）出现的频率均为91.7%，非必有要素出现的频率高低依次为：HOW/EFFECT > WHY > BACKGROUND。

（3）结构关系方面：50%的语料中有明显的结构关系，其中解证关系为66.7%，因果关系和总分关系均为16.7%。

第八章

不同母语背景的篇章结构特征分析：母语为日语

本章分析的是母语为日语的外国学生叙述类作文的篇章结构特征，语料分析依然是分别从低分数区、中分数区和高分数区展开。

分析结果显示，母语为日语的外国学生：（1）中心思想形成中心句的占 92.7%，其中 90.6% 居于篇首。（2）结构要素的出现率为 100%，其中必有要素中“人物”的出现率为 95.8%，“内容”的出现率为 84.4%，非必有要素的出现率依次为：背景 > 效果 > 方式 > 原因。（3）有 68.8% 的作文形成了结构关系，其中 97.0% 是解证关系。

8.1 引言

本章对题目为“记对我影响最大的一个人”的日本学生的作文语料进行了穷尽性检索，共得到有效语料 174 例，根据统计学原理将置信区间设为 95%，误差率≤10%，我们随机选取了 96 篇作文作为研究语料。本章语料选取的详细情况参见下表 8－1：

表 8－1　母语为日语的学习者记叙文作文语料选取情况表

		低分区（<70）	中分区（70—84）	高分区（>84）	合计
国别 日本	分数区 合计	25	46	25	96
性别	男	16	16	1	33
	女	9	30	24	63
性别合计		25	46	25	96

语料选取说明：

（1）选取原则：遵循前文在选取英语为母语的外国学生作文的语料选取时的原则：确定作者的母语为日语，分数取低、中、高三个区域。

（2）选取范围：全部从日本学生所做的题目为“记对我影响最大的一个人”的 HSK 作文中选取。

（3）选取方法：采用随机抽样法，尽可能选取比较典型的语料。如在低分区尽量选取分值在 45—55 分之间的语料；中分区则基本选取了 75—80 分的作文；而高分区绝大部分选取了 90 分以上的语料。

8.2 语料分析之一：低分数区

低分数区语料共计25例，其中男性作文语料16例，女性9例；45分1例，50分5例，55分19例。

8.2.1 语料分析

下面这4例语料均为低分数区语料，分数介于45分至55分之间。我们从作文篇章结构的总体状况、中心思想、结构要素和结构关系状况等四方面来分析，中分数区和高分数区的语料分析程序与此相同。从语料上来看，低分数区的语料具有以下特点：

8.2.1.1 未形成中心句或者中心思想不明确：低分数区不少语料出现没有中心句或者尚未形成中心思想的情况。参见下例：

例46）语料：#199412104525100117

题目：记对我影响最大的一个人；分数：50；国籍：日本；性别：男

我考上大学以后开始学汉语。入学时，我不希望学汉语，因为我考不上我希望｛CC愿望｝的其他专业。第二年级，｛CJ－zhuy我｝有机会参加学生们和一位老师读北京晚报的学习会，叫“晚会”。

那一位老师的名字是XXXX，是我们大学｛CD的｝中文系的教授。他非常爱喝酒，不过，不是一般的“酒鬼”（BACKGROUND）。｛CJ－zhuy他｝一边喝酒［BQ,］一边跟我们学生们谈论各种各样的问题。

老师最喜欢的就是喝酒｛CJX｝着谈论汉语、中国的情况等。

	中心思想
有无	无明确中心句
位置	0
多少	1

	结构要素
有无	有
WHO	第二年级，{CJ－zhuy 我} 有机会参加学生们和一位老师读北京晚报的学习会，叫“晚会”。(没有点明)
WHAT	0
WHY	0
HOW	他一边喝酒，一边跟我们学生们谈论各种各样的问题。
EFFECT	0
BACKGROUND	那一位老师的名字是XXXX，是我们大学 {CD 的} 中文系的教授。他非常爱喝酒，不过，不是一般的“酒鬼”(BACKGROUND)。

	结构关系
有无	尚未形成明显的结构关系
中心与要素之间	0

该文在篇章结构方面的总体情况不太好：(1) 中心思想方面：全文似乎是说自己的教授影响了自己，但又没有明确的中心句。这是语料中为数不多的有中心思想而无中心句的作文。(2) 结构要素方面：有“人物”和“方式”，但文字表述方面都不太好。(3) 结构关系方面：尚未形成明显的结构关系。

再看下例，也未形成明确的中心思想，且人物似乎不止一个：

例 47）语料：#199505104525200006

题目：记对我影响最大的一个人；分数：55；国籍：日本；性别：女

我［C］是很容易受别人影响的人。所［C］以曾经［C］{CD 受过} 影响 {CJ－buy 过} {CJ－by 我} 的人很多，将［C］来也会很{CJ－sy 多} 的。

我有 {CJ＋dy 二个} 两个年纪［B 记］比［C］较大的朋友。两个都是 {CJX} 今年六十三岁吧（BACKGROUND）。我［C］是二十六岁，这［C］样［B 详］的交往汉语里怎么说？我［C］忘［C］记了。

一个叫小寺令子，在［C］语言学校认识的。她很漂亮，修养也高，［BC、］是我老了以后的理想［C］。另外一个是在我打工的时候认识的。她［C］是那真［C］假花（日语叫艺术花）的老板［C］娘的好朋友。这［C］次我［C］想［C］写一下 {CJ＋sy 就是} 她，{CJ－zhuy} 她叫市桥［C］信子。

通［C］……完了！来不及。

	中心思想
有无	（未形成明确的中心句，人物似乎也不止一个）
位置	0
多少	似乎是多个

	结构要素
有无	有
WHO	（未形成明确的中心句，人物似乎也不止一个）
WHAT	0
WHY	0
HOW	0
EFFECT	0
BACKGROUND	我有 {CJ＋dy 二个} 两个年纪［B 记］比［C］较大的朋友。两个都是 {CJX} 今年六十三岁吧（BACKGROUND）。

	结构关系
有无	无
中心与要素之间	0

该文没有完成，不但未形成明确的中心思想，也未有明确的中心句，且影响她的人物（WHO）似乎是多个。

8.2.1.2　结构要素严重不足：低分数区的语料有相当一部分出现结构要素呈现不足，有的甚至连必有要素人物（WHO）也不出现。参见下例：

例48）语料：#199412104525200624

题目：记对我影响最大的一个人；分数：50；国籍：日本；性别：女

我觉得这作文的要求太难了。因为我不能选择对我影响最大的一个人。我已经二九岁的成人{CJs}，怎么能写出{CJX}只一个人。不过我想考虑{CQ别的}办法……[BD。]在我的人生中{CC上}，从最朴[B补]素或者{CQ最}深刻的事情{CD看来}中，选择写出{CC去}来吧！

这{CQ个}暑假{CD时}，我回日本去{CQ了}。因为我在北京留学{CD了}一年了，这期间内发生了很多事，[BC。]所以我已不太相信中国人{CQ了}。从日本回来时，{CD在}飞机场里的入境公安局的{CQ一个}人[BD,]{CD他}给我很多的启发（WHO）[BQ。]而且遇[B遭]见他以后，我对中国人的看法完全{CC完成}改变了。有一位日本的小姑娘[BD,]{CD他}进入入境检查时，他对那位姑娘非常热情。虽然她不会说汉语，可是他拼命地说明（用很多方法）而且非常有礼貌。正在{CC正好}等着{CQ的}外国人都感动了。

中国人也是各式各样的。那时[BD、]我感觉{CC感动}到这点{CC这样}。而且我应该努力学习汉语，为了找到很好的中国朋友交流。

	中心思想
有无	有中心但未形成典型的中心句
位置	篇首（可将第一段看作中心段）
多少	1

	结构要素
有无	有
WHO	从日本回来时，{CD 在} 飞机场里的入境公安局的 {CQ 一个} 人［BD,］{CD 他} 给我很多的启发。(似乎是但不确定)
WHAT	0
WHY	0
HOW	0
EFFECT	因为我在北京留学 {CD 了} 一年了，这期间内发生了很多事，［BC。］所以我已不太相信中国人 {CQ 了}。……而且遇［B 遭］见他以后，我对中国人的看法完全 {CC 完成} 改变了。
BACKGROUND	0

	结构关系
有无	尚未形成明显的结构关系
中心与要素之间	0

该文在篇章结构方面的总体状况不太好：（1）中心思想方面：有中心但未形成典型的中心句。（2）结构要素方面：只有“人物”（WHO，似乎有但还不确定）和“效果”（EFFECT）两个要素，而且表达得不是特别清晰。文中关于“人物”的表述是前后矛盾的，篇首中心句中说不能只写一个人，而后文中则介绍了一位对自己有启发的中国机场工作人员（还不是“影响”）。除此之外，很难明确判断其他结构要素。（3）结构关系方面：尚未形成明显的结构关系。

8.2.1.3　未形成明显的结构关系：比前两项特点更为普

遍的特点是低分数区语料绝大多数未形成明显的结构关系。参见下例：

例 49）语料：#199505104525200205

题目：记对我影响最大的一个人；分数：55；国籍：日本；性别：女

我在大学念书的时候遇到｛CQ 对｝我影响最大的人。他是男的。我们有一天偶然认识的｛CJsd｝（中心句/WHO）。我在大学一年级［B 极］大约习惯了大学生活的时候，有人介绍他。我第一次看他的时候，觉得他是个奇怪的人，但肯定有意思｛CD 的人｝。

他对哪些方面都｛CD 有｝感兴趣。比如说，从政治经济、［BC,］国际关系、［BC,］法律、［BC,］英语到音乐、［BC,］电影、［BC,］钓鱼、［BC,］衣服、［BC,］车子等等（BACKGROUND）。若有人跟他开始谈话的话，不用怕选择话题。因为提一个话题就可以开始聊天。

他对音乐最感兴趣。他跟朋友们做乐队｛CC2 音乐队｝，每｛CQ 年｝秋天在大学举行音乐会的时候，每次｛CJ－zy 都｝参加。

为什么那时候看他，这么兴奋呢？因为那｛CC 这｝时候我非常没有勇气，没考上｛CC 不及格｝自己希望的大学，每天上课也觉得空虚，真的没有事要做｛CD 的｝，但是｛CC 所以｝我认识他以后，跟他在一起聊天就越来越开朗，有精神。我开始想一想｛CJcd｝，虽然我没考上｛CC 不及格｝自己要去的大学，但再一次努力做事的话，肯定会好，会快乐的。

｛CP 他也有缺点。他非常坦率的人｛CJs｝。所以他｛CC 你｝想说什么就说什么。｛CJ－zhuy｝非常不客气的人｛CJs｝。有时候他说的话｛CD 被人｝伤［F 傷］害了｛CQ 别人｝。P｝我也被他伤［F 傷］害了。但我不想跟他分开｛CC 离开｝，因为他有信心所以会 zu 做｛CC 说｝直率［B 摔］的事。

｛CP 他影响［F 嚮］到我的想法，若你有意见就干脆地｛CC 的｝说出来（WHAT）。P｝我也不知不觉地可以说自己｛CQ 在｝想什么，想说什么（EFFECT1）。

他给｛CQ 了｝我勇气（EFFECT2）。对我来说最难忘的人｛CJs｝。

我在大学学会了［BD,］勇气和信心。我在中国心情不好、［BC,］身体不舒服的时候我｛CQ 就｝回忆他的事情。

	中心思想
有无	我在大学念书的时候遇到对我影响最大的人。他是男的。我们有一天偶然认识的（中心句/WHO）。
位置	篇首（第 1 句）
多少	1

	结构要素
有无	有
WHO	我在大学念书的时候遇到对我影响最大的人。他是男的。我们有一天偶然认识的（中心句/WHO）。
WHAT	他影响到我的想法，若你有意见就干脆地说出来。
WHY	0
HOW	0
EFFECT	1. 我也不知不觉地可以说自己想什么，想说什么。（EFFECT1） 2. 他给我勇气（EFFECT2）。
BACKGROUND	他对哪些方面都有感兴趣。比如说……等等（BACKGROUND）。

	结构关系
有无	尚未形成明显的结构关系
中心与要素之间	0

该文在篇章结构方面的总体情况尚可：（1）中心思想方面：有中心句，且出现在篇首第一句。（2）结构要素方面：有“人物”“内容”“效果”和“背景”。但主要是论述影响自己的这个人，而对他是如何影响自己的用墨不多，即在内容的详略安排上似乎不尽合理，这也可能是作文的分数略低的原因之一。

（3）结构关系方面：全文有中心句，结构要素似乎也不少，但尚未形成明显的结构关系，这或许是未能及格的另一原因。

8.2.2 分析结果

数据统计表明，低分数区的篇章结构特征为：

（1）中心思想：19 例语料有中心思想且形成了中心句，占 76%，1 例语料无中心思想，占 4%；5 例语料有中心思想但未形成明确的中心句，占 20%。中心句居于篇首的有 19 例，其中中心句为第一句的有 14 例，占 73.7%。

（2）结构要素：100% 都出现了，但绝大部分语料中的结构要素呈现不足，多半只有人物（WHO）和背景（BACKGROUND），缺乏其他要素。

（3）结构关系：无结构关系的有 13 例，尚未形成明显结构关系的 10 例，二者合起来共计 23 例，占 92%；有结构关系的仅有 2 例，占 8%，均为解证关系。

8.3 语料分析之二：中分数区

中分数区语料共计 46 例，其中男性作文语料 16 例，女性 30 例；70 分 18 例，75 分 19 例，80 分 9 例。

8.3.1 语料分析

8.3.1.1 中心思想：从语料上来看，中分数区的语料在中心句方面并不比高分数区差，有 45 例语料有中心且有明确的中心句，占 97.8%，有 1 例语料有中心但未列成中心句，占 2.2%，中心句居于篇首的有 40 篇，占绝大多数（87.0%）；其中有 32 例居于篇首第一句。此类例证很多，此处恕不举例了。

8.3.1.2　结构要素：中分数区语料的结构要素呈现得较为丰富，但个别非保留要素呈现不足，如有 36 则语料中缺少原因（WHY），占 78.3%。参见下例：

例 50）语料：#199412104525200693

题目：记对我影响最大的一个人；分数：50；国籍：日本；性别：女

我三十多年的生活之中，对我影响｛CQ 很大｝的人很多。其中｛CC 之中｝影响我最大｛CC5 最影响｝的人是我的汉语老师泽田老师（中心句/WHO）。

他今年七十一岁，现在也有二十多个学生，每天｛CD 很｝忙着教汉语（BACKGROUND1）。

我刚［F 剛］开始学习汉语的时候跟他认识，以后我跟他学习汉语（HOW）。他人很好，对谁［F 誰］都热情。汉语教法也不错（BACKGROUND2），我很｛CC 真｝尊敬××老师。

他的经历之中，最让我佩服的是“他五十多岁的时候开［F 開］始学汉语”的事。听老师说，｛CJ－zhuy 他｝先学了五年汉语，然后去台湾留学五年，回来后又学了三年［BQ,］才开了一所汉语学校（BACKGROUND3）。我听了老师的经历［B 力］很感动，因为他到了那么大的年龄［C］才开始搞新的事业｛CC4 新事｝，我感到很不错（WHAT）。他很用功（BACKGROUND4）。

我学习汉语的时候，常常碰到困难，这时我就把泽田老师想起来［BQ,］自己鼓励［B 力］自己（EFFECT）。我希望｛WWJ｝

	中心思想
有无	我三十多年的生活之中，对我影响的人很多。其中影响我最大的人是我的汉语老师泽田老师（中心句/WHO）。
位置	篇首（第一句）
多少	1

	结构要素
有无	有
WHO	我三十多年的生活之中，对我影响｛CQ 很大｝的人很多。其中｛CC 之中｝影响我最大｛CC5 最影响｝的人是我的汉语老师泽田老师(中心句/WHO)。
WHAT	我听了老师的经历［B 力］很感动，因为他到了那么大的年龄［C］才开始搞新的事业｛CC4 新事｝，我感到很不错(WHAT)。
WHY	0
HOW	教课：我刚［F 剛］开始学习汉语的时候跟他认识，以后我跟他学习汉语(HOW)。
EFFECT	我学习汉语的时候，常常碰到困难，这时我就把泽田老师想起来［BQ,］自己鼓励［B 力］自己。
BACKGROUND	1. 他今年七十一岁，现在也有二十多个学生，每天｛CD 很｝忙着教汉语(BACKGROUND1)。 2. 他人很好，对谁［F 誰］都热情。汉语教法也不错(BACKGROUND2)。 3. 听老师说，｛CJ－zhuy 他｝先学了五年汉语，然后去台湾留学五年，回来后又学了三年［BQ,］才开了一所汉语学校(BACKGROUND3)。 4. 他很用功(BACKGROUND4)。

	结构关系
有无	有
中心与要素之间	解证关系（不强）

该文在篇章结构方面的总体情况较差：（1）中心思想方面：有中心句，出现在篇首第一句。（2）结构要素方面：结构要素不太足，只出现了“人物”“效果”和“背景”。“内容”似乎是汉语学习，但语焉不详，表达不够清晰。“背景”介绍得比较详细，描写了好几个方面。没有出现“原因”，未解释为什么泽田老师是对他影响最大的人。（3）结构关系方面：中心与要素之间形成解证关系，但这种关系不太强。

8.3.1.3 结构关系：39 例都形成了结构关系，占 84.8%；有 7 例尚未形成明显的结构关系，占 15.2%。其特点是多数结构关系并不是很强，且绝大多数是解证关系，有 38 例，占 97.4%；因果关系仅有 1 例，占 2.6%。参见下例：

例 51）语料：#199505104525200171

题目：记对我影响最大的一个人；分数：70；国籍：日本；性别：女

对我影响最大的人就是我的丈夫（中心句/WHO）。{CP 我们结婚已经十一年了。我们现［F 現］在住在北京。P}［BC.］我的丈夫在北京日本人学校工作。［BC.］他是老师。［BC.］他的工作很忙，天天七点上班，［BC。］晚上 9 点左右回家。［BC.］回家以后才能吃晚饭。而且回家以后也有工作。［BC.］他是中学二年级的班主任，而且教课。所以天天在家备第二天 {CC3 明天} 的课。［BC.］他是很能吃苦的人(BACKGROUND1)。

我们有四个孩子，老大和老二已经上学了，老大是女孩，十岁了，上 5 年级了。［BC.］老二是男孩八岁了，上三 3 年级了。［BC.］老三和老四他们俩是双胞胎，他们每天去北海幼儿园。［BC.］他们愿意去幼儿园。［BC.］他们很聪明，上幼儿园还不到两年，用汉语会话{CJ－zy 都} 没问题了。

我们 1993 年 4 月份来北京的。［BC.］来北京的那一年一月底，我的丈夫［B 夭］突然告诉我［BD,］四月份我家人都去北京的事。［BC,］在日本情况是 {CC 上}，［BC、］去国外的学校的老师有考试。［BC.］考上的人才能去国外工作。我丈夫［B 夭］很努力学习，［BC、］所以考上了(BACKGROUND2)。考上了以后突然告诉我。［BC.］所以那一天我很吃惊 {CD 了}，因为那个时候，［BC、］我了解 {CJX} 不 {CD 了} 中国的情况而且一句话也不会说。［BC.］1993 年 4 月份来北京以后，我慢慢地开始学汉语了。现在我也很忙。［BC.］因为天天学汉语。对我来说越学越难。开始学汉语还不到两年，而且我的事太多了。［BC.］一会儿去值班 {CJ＋buy 去}，一会儿参加宴会，一会儿看看孩子劝他们做［B 作］作业 {CC 作作} 等等。但是天天学汉语了，所以现在用汉语跟中国人会话没问题了。[BC.] 现在很喜欢学汉语，若没有见到过我的丈夫，我不可能来北京。他带我和孩子们来北京，而且他很认真 {CD 地} 努力 {CD 地} 工作 {CQ 的} 人 {CJs}，所以我也能来北京，能开始学汉语了（EFFECT）。对我来说，学语言很有意思，能了解中国的文化、[BC,] 教育等等，能比较 {CD 起来} 中国和日本的文化。[BC.]

现 [F 現] 在我很感谢我丈夫。

	中心思想
有无	对我影响最大的人就是我的丈夫（中心句/WHO）。
位置	篇首（第一句）
多少	1

	结构要素
有无	有
WHO	对我影响最大的人就是我的丈夫（中心句/WHO）。
WHAT	现在很喜欢学汉语，若没有见到过我的丈夫，我不可能来北京。他带我和孩子们来北京，而且他很认真 {CD 地} 努力 {CD 地} 工作 {CQ 的} 人 {CJs}，所以我也能来北京，能开始学汉语了(WHAT /EFFECT)。
WHY	0
HOW	0
EFFECT	现在很喜欢学汉语，若没有见到过我的丈夫，我不可能来北京。他带我和孩子们来北京，而且他很认真 {CD 地} 努力 {CD 地} 工作 {CQ 的} 人 {CJs}，所以我也能来北京，能开始学汉语了(WHAT /EFFECT)。
BACKGROUND	1. 我的丈夫在北京日本人学校工作。[BC.] 他是老师……他是很能吃苦的人(BACKGROUND1)。 2. 我们 1993 年 4 月份来北京的……我丈夫 [B 天] 很努力学习，[BC、] 所以考上了(BACKGROUND2)。

	结构关系
有无	有
中心与要素之间	解证关系（不典型）

该文在篇章结构方面的总体情况如下：（1）中心思想方面：有中心句，且出现在篇首第一句。（2）结构要素方面：较为充足。除了“原因”和“方式”之外，必有要素和非必有要素均出现了，如“人物”“内容”“效果”和“背景”。不过从结构要素来看略显偏题，全文大部分篇幅在叙述丈夫和自己家的经历，较少谈及丈夫对自己产生的影响。（3）结构关系方面：总体来说形成了解证关系，但因在阐述丈夫对自己的影响时语焉不详，因此结构关系显得有些勉强。

下例是一个结构关系为因果关系的例子，该文是为数不多的中心句在最后，篇末点题的作文：

例 52）语料：#199412104525100652

题目：记对我影响最大的一个人；分数：80；国籍：日本；性别：男

我五岁那一年的冬天，我的父亲生了重病。经过半年的治疗，他脱离了危险。但是不幸的是他失明了（BACKGROUND）。

我上中学的时候，常常不愿听父母的话。有一天我跟父亲吵起来了。我们的意见无法一致，所以争论得没完没了。最后我对他说：“爸爸，你的思想太陈旧｛CC2 旧｝了，而且你看不见，所以你不懂现在的事情。少管我！”父亲听到这句话，沉默了一会儿才说：“你知道盲人的心情吗？不知道的话，用｛CC 把｝毛巾蒙上眼睛。看不见了吧。再把毛巾摘下来｛CC 了｝。现在又看得见了，对不对？看得见的人以为用｛CC 把｝毛巾蒙上双眼时的那种感觉｛CC 感情｝就是盲人的。｛CD 这｝不是的！看得见的人那时看不见东西了，但是心里清楚[BQ:]把毛巾取下之后会和以前一样看得见了。而｛CQ 对｝盲人来说，自己不知道什么时候才能把那毛巾摘下来｛CD 了｝。有可能一直到下辈子｛CQ 都｝看不见。……你说话时，应该考虑对方的心情。”(HOW)

现在我回忆起这件事，真觉得我太不懂事了。对我的人生之路［BD,］｛CJ－zxy 的选择｝我的父亲起了重要的作用（EFFECT）。他教给了我怎么体谅别人，怎么站在对方的立场上替对方考虑问题（WHAT）。我的父亲就是对我影响最大的一个人（中心句/WHO）。

	中心思想
有无	我的父亲就是对我影响最大的一个人（中心句/WHO）。
位置	篇尾（最后一句）
多少	1

	结构要素
有无	有
WHO	我的父亲就是对我影响最大的一个人（中心句/WHO）。
WHAT	他教给了我怎么体谅别人，怎么站在对方的立场上替对方考虑问题（WHAT）。
WHY	0
HOW	父亲听到这句话，沉默了一会儿才说……你说话时，应该考虑对方的心情。”（HOW）
EFFECT	对我的人生之路［BD,］｛CJ－zxy 的选择｝我的父亲起了重要的作用（EFFECT）。
BACKGROUND	我五岁那一年的冬天，我的父亲生了重病。经过半年的治疗，他脱离了危险。但是不幸的是他失明了（BACKGROUND）。

	结构关系
有无	有（尚可）
中心与要素之间	因果关系

8.3.2 分析结果

数据统计表明：

（1）中心思想：所有的语料均有中心思想，其中中心句居于篇首的为40篇，占87.0%；篇中2篇，占4.3%；篇末3篇，占6.5%；还有1篇有中心但未形成明确的中心句，占2.2%。

（2）结构要素：100%都出现了，与低分数区语料相比，中分数区语料的结构要素呈现得较为丰富，但有一个很突出的特点是绝大多数语料中都缺少原因（WHY），有36例，占78.3%。

（3）结构关系：绝大多数都形成了结构关系，有39例，占84.8%；另有7例未形成明显的结构关系，占15.2%。其中解证关系有38例，占97.4%，因果关系有1例，占2.6%。结构关系的总体特点是多数结构关系并不是很强。

8.4 语料分析之三：高分数区

下面的语料均来自日本的高分数区语料，分数介于85—95分之间，共计25篇。其中男性作文语料1例，女性24例；85分13例，90分10例，95分2例。

8.4.1 语料分析

下面分别从中心思想、结构要素和结构关系三方面来分析语料。

8.4.1.1 中心思想：高分数区无一例外都有非常明确的中心句，其中属于篇首的有23例，占92%；居于篇中和篇末的各1例，分别占4%。全文围绕着中心思想展开。突出特点是有20例语料的中心句居于篇首第一句，占80%，相关例子很多，在此恕不举例了。

8.4.1.2　结构要素：与中低分数区相比，高分数区语料不仅呈现的结构要素较多，质量也较高，参见下例：

例53）语料：#199505104525200082

题目：记对我影响最大的一个人；分数：85；国籍：日本；性别：女

对我影响最大的人是我高中｛CC2 高中生｝时的老师（中心句/WHO）。也可说｛CJ－zhuy 他｝是在我的二十年的生活当中，最喜爱最尊重的一个｛CC 位｝人。

在一年级老师的第一次课堂中，老师就对我们说："你们知道[C]自己的目标[F 標]吗？知道自己现在应该｛CJ＋zy 要｝做什么吗？"（BACKGROUND）老师的这两句话，我听了以后吃惊了。因为我自己到了十六岁还[C]没有一个目标，愿[C]望等等。老师还[C]对我们说："一个人的一生中，哪怕是一个人也要留下自己的影响。这[C]种人才会对自己的一生感[C]到有意义。"（HOW）从这[C]时候开始，我明白了我应该怎[C]样做人（EFFECT）。

在高中我参加了学校的排球队。因为训练特别艰苦，教练也是个很严肃[C]的人，所以有时候想退[C]出排球队。可是，这[C]位老师对我说："你可以退[C]队，但是，你不能逃避｛CC 逃[C]跑[C]｝自己。你不能输掉｛CC 赢[C]掉｝自己。"（WHAT）

在高中｛CC2 高中生｝的三年当中，得到了老师的鼓励教[C]训，我现在才有｛CQ 了｝现在的自己，我非常感[C]谢他（WHY）。

	中心思想
有无	对我影响最大的人是我高中｛CC2 高中生｝时的老师（中心句/WHO）。
位置	篇首（第一句）
多少	1

	结构要素
有无	有
WHO	对我影响最大的人是我高中｛CC2 高中生｝时的老师(中心句/WHO)。
WHAT	这［C］位老师对我说："你可以退［C］队，但是，你不能逃避｛CC 逃［C］跑［C］｝自己。你不能输掉｛CC 赢［C］掉｝自己。"(WHAT)
WHY	在高中｛CC2 高中生｝的三年当中，得到了老师的鼓励教［C］训，我现在才有｛CQ 了｝现在的自己，我非常感［C］谢他(WHY)。
HOW	老师还［C］对我们说："一个人的一生中，哪怕是一个人也要留下自己的影响。这［C］种人才会对自己的一生感［C］到有意义。"(HOW)
EFFECT	从这［C］时候开始，我明白了我应该怎［C］样做人(EFFECT)。
BACKGROUND	在一年级老师的第一次课堂中，老师就对我们说："你们知道［C］自己的目标［F 標］吗？知道自己现在应该｛CJ + zy 要｝做什么吗？"(BACKGROUND)

	结构关系
有无	有（较好）
中心与要素之间	解证关系

该文中出现了所有的结构要素，且相比较之下结构要素的表述较好。类似的例子很多，恕不举例了。

8.4.1.3　结构关系：与中、低分数区相比，高分数区在结构关系方面最大的特点是全部都形成了结构关系，且结构关系较强。其中解证关系有 24 例，占 96%；另有 1 例因果关系，占 4%。参见下例：

例 54）语料：#199505104525200166

题目：记对我影响最大的一个人；分数：85；国籍：日本；性别：女

对我影响最大的并不是老师或父母而是我在工作单位的上司。他叫广濑［C］先生（中心句/WHO）。他既是我的长辈又是我的好朋友。［BC.］虽然他已经过了五十岁，［BC、］但我们的关系是忘年之交（BACKGROUND）。

他看起来是个老顽固，其实他谅解青年人。有时他的思想反而比年轻人还进步呢。［BC.］他说过："年轻人结婚之前，应该在一段时间里一起住，一起过日子，才了解到可不可以结婚。"

让［B认］我学汉语的也是他（WHAT）。两年前我才开始学汉语。当时我没有汉语老师。［BC.］下班后只好在家里自己学习。［BC.］所以就是生词学得多而｛CC也｝发音并不准 。第二天在工作上，跟中国顾客试｛CQ了｝试我的汉语。但是谁也没听懂我说的汉语。［BC.］｛CQ在｝这样糟糕的情况下，我觉得不太想学习了。怎么努力也没成。那时广濑［C］先生了解我的心情，｛CC却｝故意地找中国顾客，给我跟中国人练习汉语的机会（HOW）。［BC.］后来我对学汉语的兴趣又恢复起来了（EFFECT）。［BC.］幸亏他的帮助，我的留学终于实现了。

下班后，我们互相打个招呼。为的是一起回家，好像［B象］小学生放学的情况似的。在电车上的四十分钟，我们聊聊｛CJcd｝很多事情。关于当天的工作上的经历，日本年轻人将来应该怎样等等［BQ。］在这宝贵的四十分钟内我学到许多事情。他现在已经退休了，可是他的想法、看法影响了我现在的思想和生活（WHY）。［BC.］他不只是｛CJ－dy我｝的上司，还是在我人生中的好老师之一。

	中心思想
有无	对我影响最大的并不是老师或父母而是我在工作单位的上司。他叫广濑［C］先生(中心句/WHO)。
位置	篇首（第一句）
多少	1

	结构要素
有无	有
WHO	对我影响最大的并不是老师或父母而是我在工作单位的上司。他叫广濑［C］先生(中心句/WHO)。
WHAT	让我学汉语的也是他（WHAT)。
WHY	他现在已经退休了，可是他的想法、看法影响了我现在的思想和生活（WHY)。
HOW	那时广濑［C］先生了解我的心情，{CC 却} 故意地找中国顾客，给我跟中国人练习汉语的机会（HOW)。
EFFECT	后来我对学汉语的兴趣又恢复起来了（EFFECT)。
BACKGROUND	他既是我的长辈又是我的好朋友。[BC.] 虽然他已经过了五十岁，[BC、] 但我们的关系是忘年之交（BACKGROUND)。

	结构关系
有无	有（较好)
中心与要素之间	解证关系

该文的结构关系较强，是解证关系当中比较典型的。下面是一个因果关系的例子：

例 55）语料：#199505104525200121

题目：记对我影响最大的一个人；分数：85；国籍：日本；性别：女

{CP 人在他的一辈子里，能认识到好多人，其中有些人对自己决定怎样走以后的 {CD 一条} 路时，起很重要的作用。我现在在北京工作。生长在日本的一个小村庄的我为什么来中国呢？P} 要提到这个问题，我不能不提到我念初中时认识的一位中国人（中心句/WHO)。[BC.] 介绍他也可以说明我为什么对中国 {CJX} 开始感兴趣。[BC.]

当时我在一本杂志上自己登广告，要招笔友。后来好多人来给我写信，其中有位少年，是比我大两岁，也是同乡的，他就是后来对我的人生带来不小影响的人（BACKGROUND)。他虽然是地道的中国人，但生长在日本，也没去过中国。可是他对自己的祖国总觉［F 覚］得骄傲，在他写的信中总提中国这个国家怎么伟大（WHAT）。我认为日本人一般来说归属国家的概念比较淡薄｛CC 稀薄｝，在学校教育方面也不太重视爱祖国教育。因此当时不太理解他为什么这么热爱中国，同时对中国这个日本的邻邦开始感兴趣。有一次他在信里告诉我：他的同学欺负他，说“你只不过是中国人!”但他还写：日本就是从中国吸收营养而长大的（HOW）。看他的信，我心里觉得惭愧，我想要多了解中国（EFFECT）。

后来我上了大学开始学习中文，｛CD 从｝毕业后一直从事有关中国的工作。［BC.］我估计我的一辈子以后也不会离开中国，也想对中日之间的交往用自己的微力作一点贡献。在我的春春时代认识的这｛CC 一｝位中国人就是对我影响最大的人（中心句/WHO）。

	中心思想
有无	在我的春春时代认识的这｛CC 一｝位中国人就是对我影响最大的人(中心句/WHO)。
位置	篇尾（最后一句）
多少	1

	结构要素
有无	有
WHO	在我的春春时代认识的这｛CC 一｝位中国人就是对我影响最大的人(中心句/WHO)。
WHAT	他对自己的祖国总觉［F 覚］得骄傲，在他写的信中总提中国这个国家怎么伟大（WHAT）。
WHY	0
HOW	有一次他在信里告诉我：他的同学欺负他，说“你只不过是中国人!”但他还写：日本就是从中国吸收营养而长大的(HOW)。
EFFECT	看他的信，我心里觉得惭愧，我想要多了解中国（EFFECT）。

续表

	结构要素
BACKGROUND	当时我在一本杂志上自己登广告，要招笔友。后来好多人来给我写信，其中有位少年，是比我大两岁，也是同乡的，他就是后来对我的人生带来不小影响的人（BACKGROUND）。

	结构关系
有无	有
中心与要素之间	因果关系

该文是为数不多的中心句在篇末的作文，篇末点题。

8.4.2 分析结果

数据统计表明：

（1）中心思想：所有的25篇语料均有中心思想，其中中心句居于篇首的为23篇，占92%；篇中和篇末各1篇，各占4%。

（2）结构要素：100%都出现了，结构要素呈现得很丰富，尤其是中、低分数区语料中较少出现的原因（WHY）大大增加了，有16例，占64%。

（3）结构关系：都形成了结构关系，其中解证关系有24例，占96%；因果关系有1例，占4%。结构关系的总体特点是多数结构关系都比较强。

8.5 数据汇总及结论

下面分别从中心思想、结构要素和结构关系等三方面汇总数据。

8.5.1 中心思想方面的绝对特征

我们先把各个区段语料中有关中心思想的内容集中起来，然后再汇总统计。详情参见下表：

表 8-2 母语为日语的学习者记叙文中心思想方面的绝对特征

<table>
<tr><th colspan="3"></th><th>中心思想呈现状况</th><th>合计</th><th>比例</th></tr>
<tr><td rowspan="3">有无</td><td colspan="2">有中心且有中心句</td><td>19+45+25</td><td>89</td><td>92.7%</td></tr>
<tr><td colspan="2">有中心无中心句</td><td>5+1+0</td><td>6</td><td>6.3%</td></tr>
<tr><td colspan="2">无中心</td><td>1+0+0</td><td>1</td><td>1%</td></tr>
<tr><td rowspan="4">位置</td><td rowspan="2">篇首</td><td>首句</td><td>14+40+23</td><td>77</td><td rowspan="2">90.6%</td></tr>
<tr><td>非首句</td><td>10+0+0</td><td>10</td></tr>
<tr><td colspan="2">篇中</td><td>0+2+1</td><td>3</td><td>3.1%</td></tr>
<tr><td colspan="2">篇末</td><td>0+3+1</td><td>4</td><td>4.2%</td></tr>
<tr><td rowspan="3">多少</td><td rowspan="2">单个</td><td>确定</td><td>19+45+25</td><td>89</td><td>92.7%</td></tr>
<tr><td>不确定</td><td>5+1+0</td><td>6</td><td>6.3%</td></tr>
<tr><td colspan="2">无</td><td>1+0+0</td><td>1</td><td>1%</td></tr>
</table>

由此可见，日语为母语的学习者在叙述类作文中阐述其中心思想时通常具有以下绝对特征：

（1）中心思想的表达：有明确中心句的占92.7%；完全没有中心句的情况占1%；有中心但未形成明确中心句的情况占6.3%。

（2）中心句出现的位置：出现在篇首的情况占90.6%，其中大多数出现在全文首句，占88.5%；其余11.5%也居于篇首但不是篇首第一句。中心句出现在篇中的情况有3篇，占3.1%，出现在篇末的情况有4篇，占4.2%。

（3）中心思想的数量[①]：所有语料凡是有中心思想的都只有1个中心思想（100%）：其中中心思想明确的情况占92.7%；不明确的情况占6.3%。

8.5.2 结构要素方面的绝对特征

汇总各个区段语料中有关结构要素的情况如下表：

表8-3 母语为日语的学习者记叙文结构要素方面的绝对特征

	各部分结构要素呈现数量	合计	比例
有无（总体状况）	96	96	100%
WHO（必有）	21+46+25	92	95.8%
WHAT（必有）	10+46+25	81	84.4%
HOW（非必有）	4+42+24	70	72.9%
WHY（非必有）	4+8+16	28	29.2%
EFFECT（非必有）	9+46+25	80	83.3%
BACKGROUND（非必有）	23+46+25	94	97.9%

从上述统计数据可以看出，日本学习者在现代汉语叙述类作文中的结构要素方面有以下绝对特征：

（1）不论分数高低，所有作文中都有结构要素（100%），不存在完全不出现结构要素的问题。

（2）必有要素中的“人物”（WHO）出现了92例，占95.8%。

（3）必有要素中的“内容”（WHAT）出现了81例，占84.4%。

① 原来参数中设有“多个”，后因语料中自始至终未出现多个中心思想的情况，故而删去。但在行文时依然说明。

（4）非必有要素中的“背景”（BACKGROUND）出现频率最高，占97.9%；“效果”（EFFECT）出现的频率稍次，为83.3%；“方式”（HOW）出现的频率再次，为72.9%；“原因”（WHY）出现的频率最低，占29.2%。可见非必有要素在日本学生作文中的重要顺序为：BACKGROUND > EFFECT > HOW > WHY。

8.5.3 结构关系方面的绝对特征

汇总各个区段语料中有关结构关系的内容，详情参见下表：

表8－4　母语为日语的学习者记叙文结构关系方面的绝对特征

	各部分结构关系呈现状况	合计	比例
有结构关系	2＋39＋25	66	68.8%
解证关系	2＋38＋24	64	97.0%
因果关系	0＋1＋1	2	3.0%

从上述统计数据可以看出，以日语为母语的学习者在现代汉语叙述类作文中的结构关系方面有以下绝对特征：

（1）三大关键点中，与其他母语的外国学生一样，结构关系也是最弱的：有68.8%的作文形成了较明显的结构关系，占总数的将近七成。

（2）具体结构关系：从统计数据来看，中心思想与结构要素之间是解证关系的有64例，占97.0%，因果关系有2例，占3.0%。前文解释过，这可能与作文题目有关，解证关系或许更适合这样的篇章结构。

8.6 小结

数据表明，以日语为母语的外国学生汉语中介语语篇有比较鲜明的篇章结构特征：

（1）中心思想方面的特征：绝大多数语料都有 1 个明确的中心思想并形成了明确的中心句，约占 92.7%；出现在篇首的情况占 90.6%，并且大多数出现在全文首句。

（2）结构要素方面的特征：必有要素中“人物”（WHO）占 95.8%；“内容”（WHAT）占 84.4%；非必有要素中的“背景”（BACKGROUND）占 97.9%；“效果”（EFFECT）占 83.3%；“方式”（HOW）占 72.9%；“原因”（WHY）占 29.2%。非必有要素出现的频率高低依次是：BACKGROUND > EFFECT > HOW > WHY。

（3）结构关系方面的特征：有 68.8% 的作文形成了较明显的结构关系，所形成的结构关系中一大半是解证关系，占 97.0%。

第九章

不同母语背景的篇章结构特征分析：母语为汉语*

本章分析的是母语为汉语的海外华裔学生的篇章结构特征，语料分析依然是分别从低分数区、中分数区和高分数区展开。

分析结果显示，母语为汉语的海外华裔学生：（1）中心思想形成中心句的占97.9%，71.9%居于篇首。（2）结构要素的出现率为100%，必有要素中“人物”的出现率为100%，“内容”的出现率为95.8%，非必有要素的出现率依次为：背景>效果>方式>原因。（3）有89.6%的作文形成了结构关系，其中解证关系占97.7%，因果关系占2.3%。

---

* 汉语是海外华裔学习者的母语，因此这里的汉语中介语指出生在海外的学习者，从其他语言为L1到汉语作为L2之间的状态。

9.1 引言

本章对题目为“记对我影响最大的一个人”的作文中母语为汉语的葡萄牙、新加坡、美国和澳大利亚等四个国家的海外华裔学生作文进行了穷尽性检索，得到有效语料共计 151 例。与上一章相同，本章也将置信区间设为 95%，误差率≤10%，从现有语料中随机选出了 96 篇作为研究语料。语料选取情况详见下表：

表 9－1　母语为汉语的海外华裔记叙文作文语料选取情况表

		低分区（70 分以下）	中分区（71—84 分）	高分区（85 分以上）	合计
国别与地区	新加坡	11	33	42	86
	葡萄牙	1	5	2	8
	澳大利亚	1	1	0	2
分数区合计		13	39	44	96
性别	男	6	13	10	28
	女	7	26	35	68
性别合计		13	39	45	96

语料选取说明：

（1）选取原则：遵循我们前文在选取英语和日语为母语的外国学生作文的语料选取时的原则：确定母语为汉语；分数取低、中、高三个区域。

（2）选取范围：从华裔分布较广的国家的学生作文中选

取，这些国家包括葡萄牙和新加坡等[1]，除此之外还有零星的其他国家的语料，如澳大利亚。

（3）选取方法：采用内容判断法，显然并非所有来自上述国家的学生作文都符合我们的要求，因此需从作文的内容来具体判断和选取。

按照上述原则和方法选出的语料还存在不均衡的问题，因此我们会适当人工干预，增补符合条件但相对不是特别典型的语料。

9.2　语料分析之一：低分数区

低分数区语料共计 13 例，其中新加坡学习者语料 11 例，澳大利亚学习者语料 2 例；男性作文语料 6 例，女性作文语料 7 例；60 分 5 例，65 分 8 例。

9.2.1　语料分析

下面分别从中心思想、结构要素和结构关系等方面对语料展开分析。中分数区和高分数区的语料分析程序与此相同。

9.2.1.1　中心思想：绝大多数语料都形成了中心思想并且有明确的中心句（12 例，占 92.3%），且大部分中心句居于篇首（10 例）。参看下例：

例 56）语料：#199412104801200642

题目：记对我影响最大的一个人；分数：60；国籍：澳大利亚；性别：女

① 因为研究的是面向外国学生的作文语料，因此中国香港、中国台湾和中国澳门地区的学生习作除外。

<u>对我本人来说，我的“爸爸”是对我影响最大的一个人（中心句/WHO）</u>。

他的爱、教法、支持、和生活上｛CQ 的｝种种事情｛CC4 等等｝都影响我的思想<u>(EFFECT1)</u>。

他一生都为我们四个孩子｛CD 来｝活着，努力工作，提供｛CC 建成｝了一个有吃有穿的家<u>(BACKGROUND1)</u>。

从小他支持我们学习，尤其｛CC 由于｝汉语<u>(WHAT1)</u>，他说：“我们是中国人，要会汉语［BQ。］”<u>(HOW1)</u>［BD。］所以请了老师来家里教我［C］们。

在艺术｛CC 文学｝｛CJ - zxy 方面｝［BQ，］他也支持我们<u>(WHAT2)</u>学音乐，｛CQ 让｝我也学弹琴［BQ。］他自己也常常带我去看画展<u>(HOW2)</u>。

我｛CD 的｝爸｛CD 是｝很爱帮人，对社会也做｛CC 作｝了很多好事。他常常帮助人<u>(BACKGROUND2)</u>。

他的一生｛CC2 一生活｝对我｛CJ - sy 产生｝很大的影响<u>(HOW3/EFFECT2)</u>①，到了中国就回到他的祖国｛CC 国家｝，因为爸爸也是从中国去的。他的伟大｛CC2 大｝｛CQ 的｝爱留｛CC 住｝在我心里。

他是我最伟大的爸爸。｛CQ 爸爸｝我爱你啊！

	中心思想
有无	<u>对我本人来说，我的“爸爸”是对我影响最大的一个人（中心句/WHO）</u>。
位置	篇首（第1句）
多少	1

① 会有结构要素纠结的情况，如此处“他的一生｛CC2 一生活｝对我｛CJ - sy 产生｝很大的影响”中的影响方式和影响效果就产生了纠结：既表示影响方式是身教；又表示影响效果很大。

	结构要素
有无	有
WHO	对我本人来说，我的“爸爸”是对我影响最大的一个人(中心句/WHO)。
WHAT	1. 从小他支持我们学习，尤其｛CC 由于｝汉语(WHAT1)； 2. 在艺术｛CC 文学｝｛CJ - zxy 方面｝［BQ，］他也支持我们(WHAT2)。
WHY	0
HOW	1. 言传：他说：“我们是中国人，要会汉语［BQ。］”(HOW) 2. 行动：他自己也常常带我去看画展(HOW2)。 3. 身教：他的一生｛CC2 一生活｝对我｛CJ - sy 产生｝很大的影响(HOW3)。
EFFECT	1. 他的爱、教法、支持、和生活上｛CQ 的｝种种事情｛CC4 等等｝都影响我的思想(EFFECT1)。 2. 他的一生｛CC2 一生活｝对我｛CJ - sy 产生｝很大的影响(EFFECT2)。
BACKGROUND	1. 他一生都为我们四个孩子｛CD 来｝活着，努力工作，提供｛CC 建成｝了一个有吃有穿的家(BACKGROUND1)。 2. 我｛CD 的｝爸｛CD 是｝很爱帮人，对社会也做｛CC 作｝了很多好事。他常常帮助人(BACKGROUND2)。

	结构关系
有无	尚未形成明显的结构关系
中心与要素之间	0
结构要素之间	0

该文在篇章结构方面的总体情况比较复杂：（1）中心思想方面：有中心句且出现在篇首第一句。（2）结构要素方面：较为丰富充足。除了“人物”之外，“内容”“方式”“效果”和“背景”均出现了，且不是一个方面。在文字表述上略显混乱，要素的表述多为多方面，且不太集中。（3）结构关系方面：尚未形成明显的结构关系。

9.2.1.2　结构要素：与英语和日语为母语的学习者相比，海外华裔学习者明显在结构要素的呈现方面要好得多，而且在文字表达方面也比较流畅。参见下例：

例 57）语料：#199500533533100008

题目：记对我影响最大的一个人；分数：60；国籍：新加坡；性别：男

{CJ－zhuy 我}{CD 在}是本［C］地土生华人，自幼受华文教育，华小毕［F 畢］业后，考进［F 進］中学，只修了初一第一期便因家［C］贫而辍学。此后{CC 自后}便开始{CQ 了}我的生活，做一个靠体力劳动而生存的体力劳动者。［BC，］从［F 從］杂货店学徒到几年前，我记［F 記］不起换了多少［C］个不同职业。但{CD 对}我{CJX}影响生活和思想的是在几年前当码［F 碼］头工人共事{CC 同事}的一个坏蛋（中心句/WHO），他不但使我失去{CQ 了}这{CC 该［F 該］}份工作，并［F 並］使我改变了人生思想（WHAT/EFFECT）。

{CP 像我这样一个上了年纪的华人，在五六十年代中，{CJ－zy 几乎同样}受时代的影响，小学时［F 時］我不懂什么叫政治，自踏进中学开始，所接触［F 觸］到的一切，尤［C］其是功课［F 課］我开始悟［C］到人必须{CC2 必}有主义和思想{CJjy}。［BC，］P}中学课课［F 課］本［C］所学的都是［C］五四运［F 運］动［F 動］作家作品选，我开始知道文学家{CC3 文学}有巴金，鲁迅等人和其时［F 時］代背景{CJy}，我渐渐{CC 渐}成了一名{CJ－sy 有}社会主义思想的年轻［F 輕］人，不幸失学后，正是本［C］地反殖等新时代开始，我对新社会{CJ－zy 十分}向［B 响］往，但在做码［F 碼］头工人时［F 時］，那里的所谓［F 謂］社会主义者，对同事等多采用{CC 持用}文武各法［C］吸收同党［B 堂］，但排除异［F 異］己手法［C］过份强烈，［BC.］如捉［C］弄、摆架子{CC 排驾子}{CD 等}、甚至利用流氓用暴力等（BACKGROUND）。［BC.］在他们看来流氓是旧政治制度下的产品{CC 品性}，在新社会里是没不三不四的人的，他们时［F 時］常聚集在{CC3 寄寓}一起商量{CD

而｝利用流氓犯罪｛CC 做犯｝，我因不愿［F 願］同流合污，便被［C］一个叫田亚炳的流氓威胁［F 脅］(HOW)，于是｛CC 这｝我便辞职了。［BC,］现在｛CC2 现｝我和一群政府人员｛CC2 人｝工作，他们对工人［D 狠］很好，过去所听［F 聽］｛CJ－buy 到｝的都是谎［F 謊］话，现在｛CC2 现｝我思想也改变了。［BC,］这［F 這］幸运［F 運］多得即互徒的威胁［F 脅］而辞职｛CJ?｝，过去借政府的新工作求全｛CJ?｝，［BC.］要不然我可能像一般工人那样成了政治牺［F 犧］牲品了。［BC,］那流氓对我［C］的影响是他不知不觉的(HOW)，［BC.］在我是塞翁失马［F 馬］，｛CD 焉知非福｝［BD,］他对我的影响，特别是思想起了大作用(WHAT/EFFECT)。

	中心思想
有无	但｛CD 对｝我｛CJX｝影响生活和思想的是在几年前当码［F 碼］头工人共事｛CC 同事｝的一个坏蛋，他不但使我失去｛CQ 了｝这｛CC 该［F 該］｝份工作，并［F 並］使我改变了人生思想（中心句/WHO）。
位置	篇首（第一段末尾）
多少	1

	结构要素
有无	有
WHO	但｛CD 对｝我｛CJX｝影响生活和思想的是在几年前当码［F 碼］头工人共事｛CC 同事｝的一个坏蛋（中心句/WHO）。
WHAT	1. 对工作的影响：他不但使我失去｛CQ 了｝这｛CC 该［F 該］｝份工作； 2. 对思想的影响：并［F 並］使我改变了人生思想。
WHY	0
HOW	1. 威胁：他们时［F 時］常聚集在｛CC3 寄寓｝一起商量｛CD 而｝利用流氓犯罪｛CC 做犯｝，我因不愿［F 願］同流合污，便被［C］一个叫田亚炳的流氓威胁［F 脅］，于是｛CC 这｝我便辞职了。 2. 无形：那流氓对我［C］的影响是他不知不觉的（HOW）。

续表

	结构要素
EFFECT	1. 失去工作：他不但使我失去｛CQ 了｝这｛CC 该［F 該］｝份工作。 2. 改变思想：并［F 並］使我改变了人生思想。
BACKGROUND	那里的所谓［F 謂］社会主义者，对同事等多采用｛CC 持用｝文武各法［C］吸收同党［B 堂］，但排除异［F 異］己手法［C］过分强烈，［BC. ］如捉［C］弄、摆架子｛CC 排驾子｝｛CD 等｝、甚至利用流氓用暴力等(BACKGROUND)。

	结构关系
有无	尚未形成明显的结构关系
中心与要素之间	0

该文显然是一个颇有阅历、年纪较大的人写的。在篇章结构方面的总体情况尚可：（1）中心思想方面：有明确的中心句，出现在第一段的最后一句，位置亦可算作篇首。该文的中心句思想深度很深①，但作文分数却不高。这说明作文的内容与形式之间的距离是可以很大的。（2）结构要素方面：较为充足，出现了“人物”“内容”“方式”“效果”和“背景”。只有“原因”（WHY）没有明确出现。（3）结构关系方面：尚未形成较明显的结构关系，这或许是该文得分不高的原因之一。

9.2.1.3　结构关系：绝大部分语料尚未形成明显的结构关系（10 例，占 76.9%）。参见下例：

① 这可能是外国学生作文与国内中小学作文最大的差异之处：前者的作者是成年人，作文的遣词造句与谋篇布局可以欠佳，但思想深度可以很深。而后者是非成年人，本身心智尚处于发展之中，尽管可以辞藻华丽，布局合理，但很难有特别深的思想深度。

例58）语料：#199500533533200116

题目：记对我影响最大的一个人；分数：60；国籍：新加坡；性别：女

我从一个全职的职业妇女成为一个家庭主妇，从一个不爱学习的妇女成为今天有勇气考中国汉语水平考试的考生，这个使我人生有这么｛CC2 这｝大转变及｛CJX｝影响｛CJ－by 我人生｝的人就是我的丈夫（中心句/WHO）。

十二年前，我热［F 熱］爱工作，有了两个孩子，还是以职业为重(BACKGROUND1)。［BC.］｛CP 我的丈夫为了照顾两个孩子，放弃日班，上｛CC 做｝夜班，为了早上可以照顾孩子、多和孩子交流，使孩子有天伦［F 倫］之乐。P｝

有一次，我的大女儿生了一场大病(BACKGROUND2)，我的丈夫和我谈了一天一夜(HOW)，有了事业，没有了一个女儿，是否我要看到｛CJ－dy 我｝的家庭(WHAT)，我才知道我犯上的毛病，就在那时候我做了全职的母亲(EFFECT)。

在这十二年，我的孩子在体育｛CC2 体｝和智育｛CC2 智｝方面教育都有，我先生上｛CC 做｝日班，而我照顾家庭和孩子。我们｛CJ＋zy 都｝能互相沟通，夫妻相处得｛CJ－zy 很｝好。但我先生说我退化了。为什么呢？因我不爱学习，怕输、怕孩子知道母亲的弱点｛CC 弱｝。

｛CP 上个月，我先生鼓励［B 历］我去考中国汉语水平考试，第一，我会开始学习汉［F 漢］语，我女儿可以教我汉语拼［C］音，以前我没有学过，就算不及格，给自己一个机会，五年以内要把汉语考好。P｝

｛CP 这次的考试我会不及格，但我心里有个准备［F 備］。五年的计划［F 劃］。P｝

	中心思想
有无	我从一个全职的职业妇女成为一个家庭主妇，从一个不爱学习的妇女成为今天有勇气考中国汉语水平考试的考生，这个使我人生有这么｛CC2 这｝大转变及｛CJX｝影响｛CJ－by 我人生｝的人就是我的丈夫(中心句/WHO)。

续表

	中心思想
位置	篇首（第一句）
多少	1

	结构要素
有无	有
WHO	我从一个全职的职业妇女成为一个家庭主妇，从一个不爱学习的妇女成为今天有勇气考中国汉语水平考试的考生，这个使我人生有这么｛CC2 这｝大转变及｛CJX｝影响｛CJ－by 我人生｝的人就是我的丈夫(中心句/WHO)。
WHAT	我的丈夫和我谈了一天一夜，有了事业，没有了一个女儿，是否我要看到｛CJ－dy 我｝的家庭(WHAT)。
WHY	0
HOW	言传：我的丈夫和我谈了一天一夜（HOW）。
EFFECT	我才知道我犯上的毛病，就在那时候我做了全职的母亲(EFFECT)。
BACKGROUND	1. 十二年前，我热［F 熱］爱工作，有了两个孩子，还是以职业为重（BACKGROUND1）。 2. 有一次，我的大女儿生了一场大病，我的丈夫和我谈了一天一夜(BACKGROUND2)，

	结构关系
有无	尚未形成明显的结构关系
中心与要素之间	0

该文在篇章结构方面的总体情况较差：（1）中心思想方面：形成了中心句，并出现在篇首第一句。（2）结构要素方面：较充足，除了“原因”之外，其余必有要素和非必有要素“人物”“内容”“方式”“效果”和“背景”等均出现了，但文字表达不清晰，较为混乱。（3）结构关系方面：尚未形

成明确的结构关系。

9.2.2 分析结果

数据统计表明：

（1）中心思想：12 例语料形成了中心句，占 92.3%，1 例语料有中心思想但未形成明确的中心句，占 7.7%。中心句居于篇首的有 10 例，占 76.9%；其中中心句为篇首第一句的有 7 例；中心句居于篇中的语料有 3 例，占 23.1%。

（2）结构要素：100% 都出现了，与英语和日语为母语的学习者相比，海外华裔学习者低分数区的语料中结构要素的呈现要丰富得多，文字表达上也较为流畅。

（3）结构关系：尚未形成明显结构关系的有 10 例，占 76.9%；有结构关系的仅有 3 例，占 23.1%，均为解证关系。

9.3 语料分析之二：中分数区

中分数区语料共计 39 例，其中新加坡学习者语料 33 例，葡萄牙学习者语料 5 例，澳大利亚学习者语料 1 例；男性作文语料 13 例，女性 26 例。

9.3.1 语料分析

限于篇幅，下面举例说明中分数区语料的一些特点。

9.3.1.1 中心思想：中分数区与低分数区相比明显有进步，所有语料都形成了中心思想且有明确的中心句。大部分中心句居于篇首（31 例，占 79.5%），且超过一半的中心句为篇首第一句（22 例）；居于篇中的语料有 6 例；居于篇尾的有 2 例。中心句居于篇首的较为常见，下面举例说明中心句居于篇中和篇尾的作文：

例 59）语料：#199500533533200035

题目：记对我影响最大的一个人；分数：75；国籍：新加坡；性别：女

《记对我影响最大的一个人》，这是｛CD 个｝很传统的一个问题。在我生命中这许多的日子里｛CC 来｝，我已［B 己］多少次被人问及这个问题。坦白地说，我每一次给的答案总不同。这当然不是因为我善变，只是我觉得在生命里的各个阶段，总会有不同的人给了你一些新的启示，对人生，对未来等有了新的领悟。

犹记得我曾访问过一位大学讲师，当问及对他影响最大的一个人时，他说是他中学时代的一位语文老师，因为这位老师给了他很大的鼓励，使他能更坚定｛CC 确定｝地往汉语研究这条道路上迈进。我想我何尝不是一样呢｛CC 吗/｛CJZR｝｝？就同这位大学讲师一样，在我所处｛CC 处在｝的这个人生阶段，一个必须对未来有更确定方向的阶段，我那位高中的华文老师也给了我很大的影响（中心句/WHO）。

犹记得高中一年级的我对理想，对未来该走的道路都有太多的茫然。那时的我是个对前途不知所措的小女［C］孩。我不知应该往收入丰厚｛CC 丰富｝的会［B 绘］计师的道路前进抑或是朝着自己喜欢的汉语去。面对着理想与饭碗的取舍，我不知该如何是好（BACKGROUND1）。

可就在我高中二年级那年，我遇见了这位华文老师——吴老师。他虽然语文程度不及我之前的华文老师高，却是在尽心地教导我们。那一年，他一面教书，一面在修硕士学位，再加上他又是系主任，可说是相当得忙，常常是分身乏术（BACKGROUND2）。可是令人感动的是，他总是很有耐心地批改我在课外时间交给他的文章，同时还亲自拨出时间，仔仔细细地告诉｛CD 了｝我我的文章哪一处需要改进（HOW）。他的教学态度及对在我汉语方面的帮助使我更热爱汉语（EFFECT）。

我的理想可说是吴老师帮我确立的。现在的我已［B 己］不在［B 再］文与商之间徘徊。吴老师｛WWJ｝

	中心思想
有无	我那位高中的华文老师也给了我很大的影响(中心句/WHO)。
位置	篇中
多少	1

	结构要素
有无	有（不强）
WHO	我那位高中的华文老师也给了我很大的影响(中心句/WHO)。
WHAT	0
WHY	0
HOW	可是令人感动的是，他总是很有耐心地批改我在课外时间交给他的文章，同时还亲自拨出时间，仔仔细细地告诉｛CD 了｝我我的文章哪一处需要改进（HOW）。
EFFECT	他的教学态度及对在我汉语方面的帮助使我更热爱汉语(EFFECT)。
BACKGROUND	1. 面对着理想与饭碗的取舍，我不知该如何是好（BACKGROUND1）。 2. 虽然语文程度不及我之前的华文老师高，……常常是分身乏术（BACKGROUND2）。

	结构关系
有无	有
中心与要素之间	解证关系

该文的中心句居于语篇中部，但结构关系仍为解证关系。下面是中心句居于篇尾的例子：

例 60）语料：#1995005335331000026

题目：记对我影响最大的一个人；分数：80；国籍：新加坡；性别：男

人生就像［B 象］是一个万花筒，每个人在里面生活，奋斗｛CC 搏斗｝。要有优越的成绩，最重要的，就是要培养良好的品德(WHAT)。

当我年纪还小的时候，我是一个天不怕，地不怕的人。我喜欢无理取闹，作弄别人。我的学业成绩，一塌糊涂；许多人都认为我注定是要当奴隶。即使老师苦口婆心地劝导我，也于事无补（BACKGROUND）。

在我升上中学以后，母亲受戒成为佛教徒。她是一名虔诚的佛教徒。她时常告诉我佛门弟子的故事。她爱讲经典里的故事给我听（HOW1）。其中最生动的，是中国后秦时代，印度高僧佛陀跋陀罗，来中国庐山译佛经；东汉时，中国皇帝派蔡愔到大月氏取佛经，回国时带了印度僧摄摩腾竺法兰，用白马驮［C］佛经，返回｛CC 回返｝洛阳。给我印象最深的，应该是南朝时，天竺高僧菩提达摩从印度来到中国广州，后来又去河南嵩山五乳峰，在少林寺传授禅宗。母亲也时常带我去中国，参观中国佛教名山。

我记得母亲带我去参观了中国的五台山，普陀山，峨眉山和九华山——［BC;］这些都是佛教名山（HOW2）。参观了这几座名山，了解许多｛CQ 了｝有关出家人的思想，生活，还有佛教的教义之后，我的性格，对人生的看法，从此有了很大的改变（EFFECT）。

我记得母亲常提到｛CD 的｝“入正道”，这是佛教用语，即指：正见、正思维、正语、正业、正命、正精进、正念、正定。

如今，我已成为一位佛教徒，像［B 象］母亲一样虔诚，专心。母亲给我的影响很大，我尊敬我的母亲（中心句/WHO）。

	中心思想
有无	母亲给我的影响很大，我尊敬我的母亲（中心句/WHO）。
位置	篇尾（罕见）
多少	1

	结构要素
有无	有
WHO	母亲给我的影响很大，我尊敬我的母亲（中心句/WHO）。

续表

	结构要素
WHAT	要有优越的成绩，最重要的，就是要培养良好的品德（WHAT，不明确）。
WHY	0
HOW	1. 她爱讲经典里的故事给我听（HOW1）。 2. 我记得母亲带我去参观了中国的五台山，普陀山，峨眉山和九华山——［BC;］这些都是佛教名山（HOW2）。
EFFECT	参观了这几座名山，了解许多｛CQ 了｝有关出家人的思想，生活，还有佛教的教义之后，我的性格，对人生的看法，从此有了很大的改变（EFFECT）。
BACKGROUND	当我年纪还小的时候……也于事无补（BACKGROUND）。

	结构关系
有无	有（尚可）
中心与要素之间	解证关系

该文是非常罕见的中心句在篇末的作文，篇末点题。

9.3.1.2　结构要素：与低分数区语料相比，结构要素出现得多多了；与英语和日语为母语的学习者相比，海外华裔学习者中分数区的语料中结构要素的呈现称得上比较丰富，除了原因（WHY）和方式（HOW）之外，其余要素基本上都出现了。下面是一则较为典型的例子：

例 61）语料：#1995005335332000123

题目：记对我影响最大的一个人；分数：75；国籍：新加坡；性别：女

我想，对我生命有最大冲击的人应该［F 該］首推鲁［F 魯］迅先生（中心句/WHO）。

他是中国近代的大文豪。他的作品以讥［C］讽［F 諷］当时的军阀为主。他被评［F 評］为语［F 語］文大家，他善于［F 於］运用简练［B 炼］而尖酸的词［F 詞］语［F 語］［BD,］刻画人物的丑

[F 醜] 陋，把当时的伪君子和时事毫不留情地 {CC 的} 加以抨击 {CJba} (BACKGROUND1)。

鲁 [F 魯] 迅原名周树人，他因崇拜母亲而把姓 {CC1 字名} 用她的鲁 [F 魯] 姓 {CJba}。他原本留学日本学医。在一次的电影中看到当日本人欺负 [F 負] 中国人的时候，在场的中国人不但不心痛，反而在旁帮腔叫好。{CJ－zhuy 这} 使他觉 [F 覺] 得要医治中国人，应该 [F 該] 是医治他们的心理，而不是身体。因此，他毅然弃医从政，以便救国救民 (BACKGROUND2)。

我很钦 [F 欽] 佩他的舍 [Y 捨] 己为国精神 (WHAT)。我认 [F 認] 为，他不只是位文学家，还是政治家！他的作品如 [BQ《] 呐喊 [BQ》]、[BQ《] 阿 Q 正传 [BQ》]，[BQ《] 孔已己 [BQ》] 等，都是精选作品，都被列为经典 {CC 国库}。他的精神，给新一代的知识 [C] 分 [B 份] 带来了无 [F 無] 限的力量，反封建 [F 健]、革新与 [B 於] 民主的浪潮由此诞 [F 誕] 生。他们勇往直前，不畏强暴 (EFFECT)。

最欣赏 [C] 他的那句话 [F 話]：“[BC「] 路是人走出来的。” [BC」]

	中心思想
有无	我想，对我生命有最大冲击的人应该 [F 該] 首推鲁 [F 魯] 迅先生(中心句/WHO)。
位置	篇首（第一句）
多少	1

	结构要素
有无	有
WHO	我想，对我生命有最大冲击的人应该 [F 該] 首推鲁 [F 魯] 迅先生(中心句/WHO)。
WHAT	我很钦 [F 欽] 佩他的舍 [Y 捨] 己为国精神 (WHAT)。
WHY	0
HOW	0

续表

	结构要素
EFFECT	他的精神，给新一代的知识［C］分［B 份］带来了无［F 無］限的力量，反封建［F 健］、革新与［B 於］民主的浪潮由此诞［F 誕］生。他们勇往直前，不畏强暴（EFFECT，不典型）。
BACKGROUND	1. 他是中国近代的大文豪。……把当时的伪君子和时事毫不留情地加以抨击（BACKGROUND1）。 2. 鲁［F 魯］迅原名周树人……他毅然弃医从政，以便救国救民（BACKGROUND2）。

	结构关系
有无	有（不强）
中心与要素之间	解证关系

该文中没有出现原因（WHY）和方式（HOW），在中分数区语料中具有代表性。

9.3.1.3　结构关系：都形成了明显的结构关系，其特点是绝大部分为解证关系（有 38 例），但结构关系不强。参见下例：

例 62）语料：#199500533533200003

题目：记对我影响最大的一个人；分数：80；国籍：新加坡；性别：女

在我三十二年的岁月里，父亲可说［C］是对我影响最大的一个人（中心句/WHO）。

父亲今年已经七十四岁了（BACKGROUND1）。他老人家最喜欢以语重心长的语气告诉晚辈（HOW）：

“做人最重要的是脚踏实地，做事得按部就班来做，千万不可存有不劳而获的观念。做不了赫赫有名的大人物不打紧，做事对人要对得起［C］天地良心。”（WHAT1）

我自问是一个脾气很坏的｛CJ + dy 一个｝人，常为了芝麻蒜皮的小事和别人吵得很凶（BACKGROUND2）。父亲总是这样开解我：

“凡事以和为贵，犯不着伤了和气嘛，所谓忍一时风平浪静［F 静］，退一步海阔天空。以后，可能还得和对方见面打交道呢！不要老是怪罪于别人，你［Y 妳］也得好好地｛CC 的｝自我反省呀！”（WHAT2）

高中刚毕业时，因找不到合意的工作｛CJ＋zxy 时｝，我老是心事重重，自卑感又重，觉得自己因为没［C］上过大学而不被［C］重视。因此，老是有“生不如死”的想法。父亲知道了之后，说道｛CC2 道｝：

“人生的道路本来就是那么地｛CC 的｝艰辛和困苦的。每个人非得经过严格的考验方才了解苦尽甘来的意义。所谓吃得苦中苦，方为人上人就是一句很好的名言。偶而，你［Y 妳］｛CJ＋zy 很｝可以通过毛遂自荐［C］的方式向你［Y 妳］喜欢的公司推荐［C］自己［C］呀！人家不聘用你［Y 妳］也不要紧嘛，就当成是经一事，长一智好了，何必｛CC 所必｝想着自寻短见呢？”（WHAT3）

所以，我得永远感谢我那亲爱的父亲。

	中心思想
有无	在我三十二年的岁月里，父亲可说［C］是对我影响最大的一个人（中心句/WHO）。
位置	篇首（典型，第一句）
多少	1

	结构要素
有无	有
WHO	在我三十二年的岁月里，父亲可说［C］是对我影响最大的一个人（中心句/WHO）。
WHAT	1. “做人最重要的是脚踏实地……做事对人要对得起［C］天地良心。”（WHAT1） 2. “凡事以和为贵……你［Y 妳］也得好好地｛CC 的｝自我反省呀！”（WHAT2） 3. “人生的道路本来就是那么地｛CC 的｝艰辛和困苦的……你［Y 妳］｛CJ＋zy 很｝可以通过毛遂自荐［C］的方式向你［Y 妳］喜欢的公司推荐［C］自己［C］呀！人家不聘用你［Y 妳］也不要紧嘛，就当成是经一事，长一智好了，何必｛CC 所必｝想着自寻短见呢？”（WHAT3）

续表

	结构要素
WHY	0
HOW	他老人家最喜欢以语重心长的语气告诉晚辈（HOW）。
EFFECT	0
BACKGROUND	1. 父亲今年已经七十四岁了（BACKGROUND1）。 2. 我自问是一个脾气很坏的｛CJ + dy 一个｝人，常为了芝麻蒜皮的小事和别人吵得很凶（BACKGROUND2）。

	结构关系
有无	有（不强）
中心与要素之间	解证关系

9.3.2 分析结果

数据统计表明：

（1）中心思想：100%都形成了中心思想且有明确的中心句；中心句居于篇首的有31例，占79.5%；其中中心句为第一句的有22例，占71%；居于篇中的语料有6例，占15.4%；居于篇末的有2例，占5.3%。

（2）结构要素：100%都出现了，与低分数区中英语和日语为母语的学习者相比，海外华裔学习者中分数区的语料中结构要素的呈现称得上比较丰富，除了原因（WHY）和方式（HOW）出现的较少之外，其余要素基本上都出现了。

（3）结构关系：100%都形成了明显的结构关系；绝大部分为解证关系，有38例，占97.4%；因果关系1例，占2.6%。

9.4 语料分析之三：高分数区

高分数区语料共计44例，其中新加坡学习者语料42例，葡萄牙学习者语料2例；男性作文语料10例，女性35例。

9.4.1 语料分析

9.4.1.1 中心思想：绝大多数语料都形成了中心思想且有明确的中心句（43例），占97.7%；中心句居于篇首的有37例，占86.3%，其中中心句为第一句的有25例；中心句居于篇中有5例，占11.4%；中心句居于篇尾的有2例，占4.5%。居于篇首的中心句例证很多，恕不举例了，下面列举两个中心句居于篇中和篇末的例子：

例63）语料：#199500533533200075

题目：记对我影响最大的一个人；分数：90；国籍：新加坡；性别：女

久不见我的人都说："听说现在的你［Y妳］已不是过去那个娇滴滴的小姐了。"

我的回答总是一句："环境造英雄嘛。"

的［B地］确｛CD的｝，过去的我是｛CD个｝父母的掌上明珠，众人眼中的千金小姐（BACKGROUND），形容得难听一点儿［BQ,］生活过得有点｛CC2具有点｝像"饭来张口，衣来伸手"｛CD的｝那一类的，可如今的我，却像是历经沧［B仓］桑的妇人——因为我不再是那么地｛CC的｝依赖｛CJ－by别人｝而是勇敢地｛CC的｝在荆棘丛中站了起来（EFFECT）。

是谁改变了我影响了我呢？她——我的"恶"婆婆｛CC家婆｝（中心句/WHO）。自从我成了她的媳妇后，生活上的舒适程度可说是一落千丈［BQ。］从不做家务的我，面对着这位"恶"婆婆｛CC家婆｝不得不委屈自己，拿起扫帚，拿起锅铲｛CC 镬铲｝，哼也不敢哼一声（WHAT）。这还不打紧，她还因我先生请了个陪月妇侍候我而大动干戈，连警察叔叔也请上门来了（HOW）。这一下，吓得我在孩子弥月当天，一声［C］不响地就搬走了。还好我的先生与我同一阵线［BQ。］后来，我们只租了一间房间来住，虽然活动范［F 範］围［L］小多了［BQ,］但却挺开心的。自己［C］独立的日子开始时对我来说是一种考验［BQ,］尤其又多了一个小宝宝［BQ。］以前什么都不必担心的我，现在除了工作还要为小宝宝的一切问［C］题头疼。可是我还是没哼一声，和我先生一齐拼。哪［B 那］知很快地｛CC 的｝第二个宝宝出世了。这回可糟了，四个人——一个家庭［BQ,］可没人愿意把房间租给我们了。就因为这样［BQ,］又使我更勇敢起来了［BQ,］到处碰钉子｛CC3 碰钉｝、［BC,］碰壁地｛CC 的｝去问“有没有房子或房间出租啊!”可皇天不负有心人［BQ,］终于让我问到了。房子是有了，但又愁没人看两个年幼的孩子，结果又硬着头［C］皮，在租来房子的一带逐家叩门询问，但最后也总算［Y 沶］安顿了。

虽然我的“恶”婆婆｛CC 家婆｝给［C］我的生活中｛CC 上｝留｛CC 创｝下了很多不愉快的回忆［BQ,］但无可否认的，她也影响了我的一生，改变了我的性格［BQ,］我还是会感激她，孝敬她的［BQ。］

	中心思想
有无	是谁改变了我影响了我呢？她——我的“恶”婆婆｛CC 家婆｝（中心句/WHO）。
位置	篇中
多少	1

	结构要素
有无	有
WHO	是谁改变了我影响了我呢？她——我的“恶”婆婆｛CC 家婆｝（中心句/WHO）。

续表

	结构要素
WHAT	从不做家务的我，面对着这位“恶”婆婆｛CC 家婆｝不得不委屈自己，拿起扫帚，拿起锅铲｛CC 镬铲｝，哼也不敢哼一声（WHAT）。
WHY	0
HOW	她还因我先生请了个陪月妇侍候我而大动干戈，连警察叔叔也请上门来了（HOW）。
EFFECT	可如今的我，却像是历经沧［B 仓］桑的妇人——因为我不再是那么地｛CC 的｝依赖｛CJ－by 别人｝而是勇敢地｛CC 的｝在荆棘丛中站了起来（EFFECT）。
BACKGROUND	过去的我是｛CD 个｝父母的掌上明珠，众人眼中的千金小姐（BACKGROUND）。

	结构关系
有无	有
中心与要素之间	解证关系

该文是为数不多的中心句在篇中的作文。下例是为数不多的中心句居于篇尾的例子，篇末点题：

例 64）语料：#199500533533200043

题目：记对我影响最大的一个人；分数：90；国籍：新加坡；性别：女

我对中华文学有一种近乎深入的爱好。说是爱好，但是并不是只是“五分钟”的热度，而是永恒的，坚持的（BACKGROUND）。

从小，我是生长在一个以农为业的乡村地带｛CJs｝，所以就读的母校也就坐落在这个充满“菜香”与“花香”的环境中。但是，我的父母并不从事农业｛CJ－by 劳动｝，而是在外｛CC 出外｝工作。就这样，我一放学［C］就喜欢待在图书馆里。一来可闻到四周的花菜的香味，二来我又可有更多的机会阅读一些课外读物。那时，我的｛CJX｝班老师——王静雯老师，因为师资缺乏，她往往要兼教上下班的学［C］生，所以，在午餐后，她也常到学校的图书馆来。她对我常待在图书馆看书而不｛CC1 没有｝回家起了疑心，便好奇地问我｛CC 问好｝："春花同学，你放了学，为何不回家呢?"当我发现是王老师｛CQ 时｝，心里也吓了一跳，但自问自己没做错事，所以就心平气和地把原因告诉了王老师，王老师听了很高兴，不但没｛CC 不｝再说什么，而且还从书架上拿来了好几本名著给我，然后对我说："春花同学，这几本都是名人著作，你借回去看，对你往后的华文水准将有极大的辅助的（WHAT）"。就这样，在王老师的帮助和鼓励下（HOW），我的华文水平也因此进步｛CC 进展｝许多，甚至，我的华文｛CD 成绩｝也得到相当不错的成绩（EFFECT）。也因为这样，到现在，我爱好阅读，也爱好写文章。对于一些名著也了解｛CC 认识｝不少。我能这样｛CQ 的｝水平｛CJy｝，虽不｛CJX｝说上是很好，但是最起码我会继续保有这个爱好，如果不是王老师，我想在新加坡要有一定的华文水平，可真不容易。王老师，在此我要谢谢你，你是影响我对华文爱好最深的人（中心句/WHO）。

	中心思想
有无	王老师，在此我要谢谢你，你是影响我对华文爱好最深的人（中心句/WHO）。
位置	篇尾
多少	1

	结构要素
有无	有
WHO	王老师，在此我要谢谢你，你是影响我对华文爱好最深的人（中心句/WHO）。
WHAT	（王老师）对我说："春花同学，这几本都是名人著作，你借回去看，对你往后的华文水准将有极大的辅助的（WHAT）"。
WHY	0
HOW	就这样，在王老师的帮助和鼓励下（HOW）。
EFFECT	我的华文水平也因此进步｛CC 进展｝许多，甚至，我的华文｛CD 成绩｝也得到相当不错的成绩（EFFECT）。
BACKGROUND	我对中华文学有一种近乎深入的爱好。说是爱好，但是并不是只是"五分钟"的热度，而是永恒的，坚持的（BACKGROUND）。

	结构关系
有无	有
中心与要素之间	因果关系

9.4.1.2 结构要素：所有语料的结构要素都出现了，结构要素的呈现可以说很丰富。唯一的特点是，在高分区中原因（WHY）的出现频率与其他要素相比明显较低。参看下例：

例65）语料：#199500533533200084

题目：记对我影响最大的一个人；分数：95；国籍：新加坡；性别：女

今天是母亲［F親］逝世两周年的忌［C］日。想起母亲［F親］，我眼眶的泪［F淚］忍不住又溢出［C］来了。我爱她甚于［F於］自己（中心句/WHO）。

母亲［F親］虽［F雖］然是个目不识丁的劳动［F動］妇［F婦］女，但她那富正义［F義］感、爱憎分明、乐［F樂］于［F於］助人的性格，一直是我学习的目标｛CC榜样｝。(WHAT1)

小时［F時］候，我生长［F長］在澳门。那是一个被誉［F譽］为［F為］“东［F東］方蒙地卡罗”的小城市，赌［F賭］馆［F館］林立；除了游［F遊］客进赌［F賭］场豪赌［F賭］外，本地很多赌［F賭］徒也是趋之若鹜；因赌［F賭］输［F輸］而自杀［F殺］，卖儿［F兒］卖女的悲剧，屡［F屢］见［F見］不鲜［C］。所［C］以，母亲［F親］经常教导我们不能赌［F賭］博（WHAT2）。

记得有一天，母亲［F親］的工友——琴姑带着她一对儿［F兒］女来到我家，她哭着恳求我的母亲［F親］替她照顾［F顧］两个孩子。因为［F為］她害怕在她进医院治疗肺［C］病的时候，她那好赌成性的丈夫，会乘机把孩子卖掉，而她的肺［C］病也是因她丈夫好赌而气出［C］来的。

母亲［F親］看她可怜，毫不犹豫｛CC犹［F猶］疑｝地｛CC的｝答［Y荅］应了。谁料，半个月后，琴姑在医院撒手尘［F塵］寰，而她的丈夫真的跑来要把孩子领回去｛CC回来｝。我母亲［F親］知道他用心不良，［BC.］坚决拒绝，还苦口婆心地［F的］规［F

规] 劝琴姑的丈夫戒赌。并 [F 並] 答 [Y 荅] 应帮助 {CC 帮忙} 他照顾 [F 顧] 孩子……几经努力，母亲 [F 親] 终于 [F 於] 把琴姑的丈夫引回正途。(BACKGROUND1/HOW)

我为 [F 為] 母亲 [F 親] 的成功而自豪，暗暗立下决心，要以母亲 [F 親] 为 [F 為] 榜样。(EFFECT)

现在，我是一个母亲 [F 親]，也是一个职业妇 [F 婦] 女。虽 [F 雖] 然工作与家务 [F 務] 相当 [F 當] 多，但我仍然抽出 [C] 时间 {CC 时期} 去做义 [F 義] 工，把母亲 [F 親] 助人为 [F 為] 乐 [F 樂] 的精神，延 [C] 续下去 (BACKGROUND2)。这是我对亡母最好的一份奉献。

	中心思想
有无	我爱她甚于 [F 於] 自己(中心句/WHO)。
位置	篇首（不典型不明确）
多少	1

	结构要素
有无	有
WHO	我爱她甚于 [F 於] 自己(中心句/WHO)。
WHAT	1. 她那富正义 [F 義] 感、爱憎分明、乐 [F 樂] 于 [F 於] 助人的性格，一直是我学习的目标 {CC 榜样} (WHAT1)。 2. 母亲 [F 親] 经常教导我们不能赌 [F 賭] 博(WHAT2)。
WHY	0
HOW	几经努力，母亲 [F 親] 终于 [F 於] 把琴姑的丈夫引回正途(HOW)。
EFFECT	我为 [F 為] 母亲 [F 親] 的成功而自豪，暗暗立下决心，要以母亲 [F 親] 为 [F 為] 榜样(EFFECT)。
BACKGROUND	1. 几经努力，母亲 [F 親] 终于 [F 於] 把琴姑的丈夫引回正途(BACKGROUND1)。 2. 我仍然抽出 [C] 时间 {CC 时期} 去做义 [F 義] 工，把母亲 [F 親] 助人为 [F 為] 乐 [F 樂] 的精神，延 [C] 续下去(BACKGROUND2)。

	结构关系
有无	有
中心与要素之间	解证关系

该文文笔流畅，文字功底较好，结构要素呈现较为充足，在表达上也比较好，除了“原因”之外，其他必有要素和非必有要素均出现了。

9.4.1.3　结构关系：所有作文都形成了明显的结构关系，绝大部分为解证关系（有43例），只有一例是因果关系。解证关系的例证很多，在此恕不赘述了。下例是唯一一个因果关系的例子：

例66）语料：#199500533533200043

题目：记对我影响最大的一个人；分数：90；国籍：新加坡；性别：女

我对中华文学有一种近乎深入的爱好。说是爱好，但是并不是只是“五分钟”的热度，而是永恒的，坚持的（BACKGROUND）。

从小，我是生长在一个以农为业的乡村地带｛CJs｝，所以就读的母校也就坐落在这个充满“菜香”与“花香”的环境中。但是，我的父母并不从事农业｛CJ－by 劳动｝，而是在外｛CC 出外｝工作。就这样，我一放学［C］就喜欢待在图书馆里。一来可闻到四周的花菜的香味，二来我又可有更多的机会阅读一些课外读物。那时，我的｛CJX｝班老师——王静雯老师，因为师资缺乏，她往往要兼教上下班的学［C］生，所以，在午餐后，她也常到学校的图书馆来。她对我常待在图书馆看书而不｛CC1 没有｝回家起了疑心，便好奇地问我｛CC 问好｝：“春花同学，你放了学，为何不回家呢？”当我发现是王老师｛CQ 时｝，心里也吓了一跳，但自问自己没做错事，所以就心平气和地把原因告诉了王老师，王老师听了很高兴，不但没｛CC 不｝再说什么，而且还从书架上拿来了好几本名著给我，然后对我说：“春花同学，这几本都是名人著作，你借回去看，对你往后的华文水准将有极大的辅助的（WHAT）”。就这样，在王老师的帮助和鼓励下（HOW），我的华文水平也因此进步｛CC 进展｝许多，甚至，我的华文｛CD 成绩｝也得到相当不错的成绩（EFFECT）。也因为这样，到现在，我爱好阅读，也爱好写文章。对于一些名著也了解｛CC 认识｝不少。我能这样｛CQ 的｝水平｛CJy｝，虽不｛CJX｝说上是很好，但是最起码我会继续保有这个爱好，如果不是王老师，我想在新加坡要有一定的华文水平，可真不容易。王老师，在此我要谢谢你，你是影响我对华文爱好最深的人（中心句/WHO）。

	中心思想
有无	王老师，在此我要谢谢你，你是影响我对华文爱好最深的人（中心句/WHO）。
位置	篇尾
多少	1

	结构要素
有无	有
WHO	王老师，在此我要谢谢你，你是影响我对华文爱好最深的人（中心句/WHO）。
WHAT	（王老师）对我说：“春花同学，这几本都是名人著作，你借回去看，对你往后的华文水准将有极大的辅助的（WHAT）”。
WHY	0
HOW	就这样，在王老师的帮助和鼓励下（HOW）。
EFFECT	我的华文水平也因此进步｛CC 进展｝许多，甚至，我的华文｛CD 成绩｝也得到相当不错的成绩（EFFECT）。
BACKGROUND	我对中华文学有一种近乎深入的爱好。说是爱好，但是并不是只是“五分钟”的热度，而是永恒的，坚持的（BACKGROUND）。

	结构关系
有无	有
中心与要素之间	因果关系

9.4.2 分析结果

数据统计表明：

（1）中心思想：97.7%的语料都形成了中心思想且有明确的中心句（43例）。中心句居于篇首的有37例，占86.3%，其中篇首第一句的有25例；居于篇中的语料有5例，占11.4%；居于篇末的有2例，占4.5%。

（2）结构要素：100%都出现了，结构要素的呈现很丰富，只是原因（WHY）的出现频率与其他要素相比较低，其余要素基本上都出现了。

（3）结构关系：100%都形成了明显的结构关系；绝大部分为解证关系，有43例，占97.7%；因果关系1例，占2.3%。

9.5 数据汇总及结论

我们将上述语料进行归类分析，从中心思想、结构要素和结构关系等三个方面来考察母语为汉语的华裔学生作文的篇章结构特征。

9.5.1 中心思想方面的绝对特征

我们先把各个语料中有关中心思想的内容集中起来，然后再汇总统计，详情参见下表[①]：

① 由于存在四舍五入的情况，因此数据的总和有时可能不是100%。

表 9–2　母语为汉语的海外华裔学习者记叙文中心思想方面的绝对特征

			中心思想呈现状况	合计	比例
有无	有中心且有中心句		12 +39 +43	94	97.9%
	有中心无中心句		1 +0 +1	2	2.1%
	无中心		0 +0 +0	0	0%
位置	篇首	首句	7 +21 +25	53	71.9%
		非首句	3 +10 +5	16	
	篇中		3 +6 +5	14	14.6%
	篇末		0 +2 +2	4	4.2%
多少	单个		96	96	100%

由此可见，华裔学习者在叙述类作文中阐述其中心思想时通常具有以下绝对特征：

（1）中心思想的表达：有明确中心句的占 97.9%；有中心但未形成明确中心句的情况占 2.1%；完全没有中心句的情况为 0。

（2）中心句出现的位置：出现在篇首的情况占 71.9%：并且绝大多数出现在全文首句，占 55.2%；出现在篇中的情况占 14.6%；出现在篇末的情况占 4.2%。

（3）中心思想的数量：所有语料凡是有中心思想的都只有 1 个明确的中心思想（100%）。

9.5.2　结构要素方面的绝对特征

下面集中汇总统计各个语料中有关结构要素的内容，参见下表：

表 9－3 母语为汉语的海外华裔学习者记叙文结构要素方面的绝对特征

	各部分结构要素呈现数量	合计	比例
有无（总体状况）	96	96	100%
WHO（必有）	13＋39＋44	96	100%
WHAT（必有）	11＋37＋44	92	95.8%
HOW（非必有）	8＋36＋44	88	91.7%
WHY（非必有）	7＋2＋6	15	15.6%
EFFECT（非必有）	11＋36＋44	91	94.8%
BACKGROUND（非必有）	10＋38＋44	92	95.8%

从上述统计数据可以看出，以华裔学习者在现代汉语叙述类作文中的结构要素方面有以下绝对特征：

（1）无论分数高低，所有作文中都有结构要素（100%）。

（2）必有要素中的出现频率较高：人物（WHO）全部都出现了（100%）；内容（WHAT）绝大多数都出现了（95.8%）。

（3）非必有要素根据出现频率高低，依次顺序为：背景（BACKGROUND）出现频率为 95.8%；效果（EFFECT）出现的频率为 94.8%；方式（HOW）出现的频率为 91.7%；原因（WHY）出现的频率最低，占 15.6%。从中可看出非必有要素在华裔学生作文中的重要顺序：BACKGROUND > EFFECT > HOW > WHY。

9.5.3 结构关系方面的绝对特征

汇总各个语料中有关结构关系的内容，详情参见下表：

表 9-4 母语为汉语的海外华裔学习者记叙文结构关系方面的绝对特征

	各部分结构关系呈现状况	合计	比例
有结构关系	3+39+44	86	89.6%
解证关系	3+38+43	84	97.7%
因果关系	0+1+1	2	2.3%

从上述统计数据可以看出，以汉语为母语的学习者在现代汉语叙述类作文中的结构关系方面有以下绝对特征：

（1）在三大关键点中，结构关系是最弱的，89.6%的作文形成了较明显的结构关系，其余11.4%尚未形成明显的结构关系。

（2）具体结构关系：从统计数据来看，解证关系出现频率较高，有84例，占97.7%；因果关系仅有2例，占2.3%。

9.6 小结

数据表明，以汉语为母语的海外华裔学习者汉语作文语篇有鲜明的篇章结构特征：

（1）中心思想方面的特征：97.9%的作文形成了明确的中心句；中心句位于篇首的占71.9%，居于篇中的占14.6%，居于篇末的占4.2%；所有语料都有1个明确的中心思想。

（2）结构要素方面的特征：所有作文中都有结构要素（100%）。必有要素中“人物”（WHO）全部都出现了（100%），“内容”（WHAT）绝大多数都出现了（95.8%）。非必有要素出现的频率高低依次为：BACKGROUND >

EFFECT > HOW > WHY。

（3）结构关系方面的特征：89.6%的作文形成了较明显的结构关系，其中解证关系占97.7%，因果关系占2.3%。

第十章

不同水平现代汉语中介语语篇的结构特征分析

前文是从不同母语角度所进行的分析，本章将从初级、中级和高级等三个不同水平的角度考察汉语中介语语篇的结构特征。如果说前者的考察是一种横向的具体分析，那么本章则是一种纵向的切片分析——将从不同汉语水平的角度来描写外国学生叙述类作文的篇章结构特征*。本章仍将低于 70 分的作文语料定义为初级水平；70—84 分的作文语料定义为中级水平；大于 84 分的作文语料定义为高级水平，与前文的分数区域划分水平一致。

* 在本章以汉语水平为分析维度的语料分析中，将不再考虑母语的因素。

10.1　初级水平中介语语篇的结构特征

本章考察的是初级水平（低分数区域）外国学习者汉语中介语语篇的篇章结构特征，语料均取自前文英语（7 例）、日语（25 例）和汉语（13 例）为母语的学习者的作文语料，国籍分别为美国、日本、澳大利亚、新加坡和葡萄牙等国，共计 45 例，详见下表：

表 10 –1　初级水平（低分数区）语料标注情况一览表

		低分区（<70）
母语	英语	7
	日语	25
	汉语	13
分数区合计		45
性别	男	29
	女	16
性别合计		45

10.1.1　中心思想方面的特征

10.1.1.1　数据汇总：我们将不同母语背景学习者的语料数据汇总如下，详情参见下表：

表 10 –2　初级水平（低分数区）记叙文中心思想方面的绝对特征

		中心思想呈现状况	合计	比例
有无	有中心且有中心句	6 +19 +12	37	82.2%
	无中心或无中心句	1 +6 +1	8	17.8%

续表

			中心思想呈现状况	合计	比例
位置	篇首	首句	5 +14 +7	26	86.7%
		非首句	0 +10 +3	13	
	篇中		1 +0 +3	4	8.9%
	篇末		0 +0 +0	0	0%
多少	单个确定		5 +19 +12	36	80%
	多个或不确定		2 +6 +1	9	20%

简要说明：为便于统计，此处将中心思想划分为“有中心且有中心句”和“无中心或（有中心思想但）无中心句”两种情况；将中心句的多少划分为“单个确定”和“多个（中心）或不确定”两种情况，下文的情况与此相同。

10.1.1.2 数据分析：由此可见，初级汉语水平学习者其汉语中介语语篇的中心思想具有以下绝对特征①：

（1）中心思想的表达：有明确中心句的占 82.2%；无中心或未形成明确中心句的情况占 17.8%。这说明尽管汉语水平较低，但还是有八成的作文形成了明确的中心句。

（2）中心句出现的位置：出现在篇首的情况占 86.7%，其中绝大多数出现在全文首句，占 66.7%，非篇首第一句的比例为 33.3%。中心句出现在篇中的情况占 8.9%，没有出现在篇末的情况。

（3）中心思想的数量：拥有单个明确中心句的占 80%；有多中心或无中心句的占 20%。

① 因为四舍五入的原因，很多时候数据合计常常不能做到100%，下同。

10.1.2 结构要素方面的特征

10.1.2.1 数据汇总：我们将不同母语背景学习者的语料数据汇总如下：

表 10－3 初级水平（低分数区）记叙文结构要素方面的绝对特征

		结构要素呈现状况	合计	比例
有无（总体状况）	有	45	45	100%
	无	0	0	0%
WHO（必有）	有且很明确	6＋21＋13	40	88.9%
	没有或不明确	1＋4＋0	5	11.1%
WHAT（必有）	有且很明确	5＋10＋11	26	57.8%
	没有或不明确	2＋15＋2	19	42.2%
HOW（非必有）	有	2＋4＋8	14	31.1%
	无	5＋21＋5	31	68.9%
WHY（非必有）	有	2＋4＋7	13	28.9%
	无	5＋21＋6	32	71.1%
EFFECT（非必有）	有	2＋9＋11	22	48.9%
	无	5＋16＋2	23	51.1%
BACKGROUND（非必有）	有	7＋23＋10	40	88.9%
	无	0＋2＋3	5	11.1%

简要说明：为便于统计，此处将结构要素的总体状况分为“有”和“无”两种情况；将必有要素人物（WHO）和内容（WHAT）划分为“有且很明确”和“没有或不明确”两种情况；将其余非必有要素均分为“有”和“无”两种情况，下文的情况与此相同。

10.1.2.2 数据分析：从上述统计数据可以看出，初级汉语水平学习者其汉语中介语语篇的结构要素具有以下绝对特征：

（1）无论分数高低，所有作文都有结构要素（100%），没有完全不出现结构要素的情况。

（2）必有要素中的“人物”（WHO）出现了88.9%，没有或不明确的占11.1%。这说明低分数区中心思想出现的频率并不算很低，看来中心思想明确与否与分数高低关系不大。

（3）必有要素中的“内容”（WHAT）出现了57.8%，约一半强；没有或不明确的占42.2%。这说明低水平作文对影响内容的陈述不足，约四成多的学习者没有明确表明自己哪方面受到了影响。

（4）非必有要素的出现频率是不一样的：“背景”（BACKGROUND）出现频率最高，占88.9%；“效果”（EFFECT）出现的频率稍次，为48.9%；“方式”（HOW）出现的频率再次，为31.1%；“原因”（WHY）出现的频率最低，占28.9%。从中可看出非必有要素在低分数区域学生作文中的重要程序为：BACKGROUND > EFFECT > HOW > WHY。

10.1.3 结构关系方面的特征

10.1.3.1 数据汇总：我们首先将不同母语背景学习者的语料数据汇总如下，详情参见下表：

表10－4 初级水平（低分数区）记叙文结构关系方面的绝对特征

		结构关系呈现状况	总计	比例
有无	有	2＋2＋3	7	15.6%
	无	5＋23＋10	38	84.4%

续表

		结构关系呈现状况	总计	比例
中心与要素之间	解证	2+2+3	7	100%
	因果	0+0+0	0	0%
	总分	0+0+0	0	0%

简要说明：为便于统计，此处将结构关系的总体状况分为“有”和“无”两种情况；将中心与要素之间的具体关系分为“解证关系”“因果关系”和“总分关系”三种情况，下文的情况与此相同。

10.1.3.2　数据分析：从上述统计数据可以看出，初级汉语水平学习者其汉语中介语语篇的结构关系具有以下绝对特征：

（1）在三大关键点中，结构关系或许是最弱的：只有15.6%的作文形成了较明显的结构关系，约一成半；大多数低分数作文都尚未形成明显的结构关系，占84.4%。

（2）具体结构关系：从统计数据来看，所出现的中心思想与结构要素之间的结构关系全部是解证关系，不过也只有7例。

10.1.4　小结

数据统计分析表明，初级汉语水平汉语中介语篇的结构特征如下：

（1）中心思想方面：有中心思想的语料占82.2%；中心句出现在篇首的情况占86.7%；拥有单个明确中心句的占80%。

（2）结构要素方面：100%作文中都有结构要素，必有要素中的“人物”（WHO）出现了88.9%；“内容”（WHAT）出现了57.8%；非必有要素按频率多少出现的顺序依次为：BACKGROUND > EFFECT > HOW > WHY。

（3）结构关系方面：84.4%未形成较明显的结构关系；只有15.6%的作文形成了较明显的结构关系，所出现的结构关系全部是解证关系。

10.2 中级水平中介语语篇的结构特征

本节考察的是中分数区域学习者汉语叙述类作文的篇章结构特征。中分数区域指分数界于70分与84分之间的分数范围，语料来自美国、日本、澳大利亚、新加坡和葡萄牙等国学生的作文，共计88例。语料选取情况如下表：

表10－5 中级水平（中分数区）语料标注情况一览表

		中分区（70－84）
母语	英语	3
	日语	46
	汉语	39
分数区合计		88
性别	男	30
	女	58
性别合计		88

10.2.1 中心思想方面的特征

10.2.1.1 数据汇总：我们先将不同母语背景学习者的语

料数据汇总如下，详见下表：

表 10－6　中级水平（中分数区）记叙文中心思想方面的绝对特征

<table>
<tr><th colspan="3"></th><th>中心思想
呈现状况</th><th>合计</th><th>比例</th></tr>
<tr><td rowspan="2">有无</td><td colspan="2">有中心且有中心句</td><td>3＋45＋39</td><td>87</td><td>98.9%</td></tr>
<tr><td colspan="2">无中心或无中心句</td><td>0＋1＋0</td><td>1</td><td>1.1%</td></tr>
<tr><td rowspan="4">位置</td><td rowspan="2">篇首</td><td>首句</td><td>1＋40＋21</td><td>62</td><td rowspan="2">83.0%</td></tr>
<tr><td>非首句</td><td>1＋0＋10</td><td>11</td></tr>
<tr><td colspan="2">篇中</td><td>1＋2＋6</td><td>9</td><td>10.2%</td></tr>
<tr><td colspan="2">篇末</td><td>0＋3＋2</td><td>5</td><td>5.7%</td></tr>
<tr><td rowspan="2">多少</td><td colspan="2">单个确定</td><td>3＋46＋39</td><td>88</td><td>100%</td></tr>
<tr><td colspan="2">多个或不确定</td><td>0＋0＋0</td><td>0</td><td>0%</td></tr>
</table>

10.2.1.2　数据分析：由此可见，中级汉语水平学习者其汉语中介语语篇中心思想的绝对特征如下：

（1）中心思想的表达：100%形成了中心思想且有明确的中心句；这说明中心思想表达的好坏与分数高低之间成正比关系。

（2）中心句出现的位置：83%的中心句出现在篇首，其中首句占78.5%；其余的占21.5%。中心句出现在篇中的情况占10.2%，出现在篇末的情况占5.7%。

（3）中心思想的数量：所有语料凡是有中心思想的都只有1个明确的中心思想，为100%。

10.2.2　结构要素方面的特征

10.2.2.1　数据汇总：我们首先将不同母语背景学习者的语料数据汇总如下，详见下表：

表 10－7　中级水平（中分数区）记叙文结构要素方面的绝对特征

		结构要素呈现状况	合计	比例
有无（总体状况）	有	3＋46＋39	88	100%
	无	0＋0＋0	0	0%
WHO（必有）	有且很明确	3＋46＋39	88	100%
	没有或不明确	0＋0＋0	0	1. 1%
WHAT（必有）	有且很明确	3＋46＋37	86	97. 7%
	没有或不明确	0＋0＋2	2	2. 3%
HOW（非必有）	有	3＋42＋36	81	92%
	无	0＋4＋3	7	8%
WHY（非必有）	有	2＋8＋6	16	18. 2%
	无	1＋38＋33	72	81. 8%
EFFECT（非必有）	有	3＋46＋36	85	96. 6%
	无	0＋0＋3	3	3. 4%
BACKGROUND（非必有）	有	3＋46＋38	87	98. 9%
	无	0＋0＋1	1	1. 1%

10. 2. 2. 2　数据分析：从上述统计数据可以看出，中级水平现代汉语叙述类作文中结构要素的绝对特征如下：

（1）总体出现情况：100%的作文中都有结构要素，至少也有“人物”和“背景”。

（2）必有要素中的“人物”（WHO）出现的占100%；“内容”（WHAT）出现的频率为97. 7%。

（3）非必有要素中“背景”（BACKGROUND）出现的频率最高，为100%；“效果”（EFFECT）出现频率稍次，为96. 6%；“方式”（HOW）出现的频率再次，为92%；“原因”（WHY）出现的频率最低，为18. 2%。从中可看出非必有要素在中分数区域学生作文中的重要顺序为：BACKGROUND > EFFECT > HOW > WHY。

10.2.3 结构关系方面的特征

10.2.3.1 数据汇总：我们首先将不同母语背景学习者的语料数据汇总如下，详见下表：

表 10－8 中级水平（中分数区）记叙文结构关系方面的绝对特征

		结构关系呈现状况	总计	比例
有无	有	2+39+39	80	90.9%
	无	1+7+0	8	9.1%
中心与要素之间	解证	2+38+38	78	97.5%
	因果	0+1+1	2	2.5%
	总分	0+0+0	0	0%

10.2.3.2 数据分析：从上述统计数据可以看出，中级汉语水平学习者其汉语中介语语篇的结构关系绝对特征如下：

（1）结构关系总体情况：有 90.9% 的作文形成了较明显的结构关系，说明中级水平的结构关系比例比初级水平高多了。

（2）具体结构关系：从统计数据来看，在所有结构关系中解证关系占 97.5%，因果关系占 2.5%。

10.2.4 小结

数据统计分析表明，中级汉语水平汉语中介语篇的结构特征如下：

（1）中心思想方面：98.9% 形成了中心思想且有明确的

中心句；89.8%的中心句出现在篇首，出现在篇中的情况占10.2%，出现在篇末的情况占5.7%；所有语料凡是有中心思想的都只有1个明确的中心思想。

（2）100%的作文中都有结构要素；必有要素中的“人物”（WHO）出现的占100%；“内容”（WHAT）出现的频率为97.7%；非必有要素按频率出现的顺序为：BACKGROUND > EFFECT > HOW > WHY。

（3）结构关系方面：有90.9%的作文形成了较明显的结构关系，其中解证关系占97.5%，因果关系占2.5%。

10.3　高级水平中介语语篇的结构特征

本节考察的是高分数区域学习者汉语叙述类作文的篇章结构特征。高分数区域指分数高于84分的语料，语料来自美国、英国、日本、澳大利亚、新加坡和葡萄牙等国学生的作文，共计71例。语料选取情况如下表：

表10－9　高级水平（高分数区）语料标注情况一览表

		高分区（>84）
母语	英语	2
	日语	25
	汉语	44
分数区合计		71
性别	男	10
	女	61
性别合计		71

10.3.1　中心思想方面的特征

10.3.1.1　数据汇总：我们先将不同母语背景学习者的语料数据汇总如下，详情参见表 10－10：

表 10－10　高级水平（高分数区）记叙文中心思想方面的绝对特征

<table>
<tr><td colspan="3"></td><td>中心思想
呈现状况</td><td>合计</td><td>比例</td></tr>
<tr><td rowspan="2">有无</td><td colspan="2">有中心且有中心句</td><td>2＋25＋43</td><td>70</td><td>98.6%</td></tr>
<tr><td colspan="2">无中心或无中心句</td><td>0＋0＋1</td><td>1</td><td>1.4%</td></tr>
<tr><td rowspan="4">位置</td><td rowspan="2">篇首</td><td>首句</td><td>1＋23＋25</td><td>49</td><td rowspan="2">76.1%</td></tr>
<tr><td>非首句</td><td>0＋0＋5</td><td>5</td></tr>
<tr><td colspan="2">篇中</td><td>0＋1＋5</td><td>6</td><td>8.5%</td></tr>
<tr><td colspan="2">篇末</td><td>1＋1＋2</td><td>4</td><td>5.6%</td></tr>
<tr><td rowspan="2">多少</td><td colspan="2">单个确定</td><td>2＋25＋44</td><td>71</td><td>100%</td></tr>
<tr><td colspan="2">多个或不确定</td><td>0＋0＋0</td><td>0</td><td>0%</td></tr>
</table>

10.3.1.2　数据分析：统计数据表明，高级汉语水平学习者其汉语中介语语篇的中心思想的绝对特征如下：

（1）中心思想的表达：有明确中心句的占 98.6%；有中心但未形成明确中心句的情况占 1.4%。

（2）中心句出现的位置：出现在篇首的情况占 76.1%，并且绝大部分出现在全文首句，占 90.7%；其余 9.3% 也居于篇首但不是篇首第一句。中心句出现在篇中的情况占 8.5%，出现在篇末的情况占 5.6%。

（3）中心思想的数量：所有语料都只有 1 个明确的中心思想（100%），并且全部都是确定的（100%）。

10.3.2 结构要素方面的特征

10.3.2.1 数据汇总：我们先将不同母语背景学习者的语料数据汇总如下，参见表10－11：

表10－11 高级水平（高分数区）记叙文结构要素方面的绝对特征

		结构关系呈现状况	总计	比例
有无（总体状况）	有	2＋25＋44	71	100%
	无	0＋0＋0	0	0%
WHO（必有）	有且很明确	2＋25＋44	71	100%
	没有或不明确	0＋0＋0	0	0%
WHAT（必有）	有且很明确	2＋25＋44	71	100%
	没有或不明确	0＋0＋0	0	0%
HOW（非必有）	有	2＋24＋44	70	98.6%
	无	0＋1＋0	0	0%
WHY（非必有）	有	2＋16＋6	24	33.8%
	无	0＋9＋38	47	66.2%
EFFECT（非必有）	有	2＋25＋44	71	100%
	无	0＋0＋0	0	0%
BACKGROUND（非必有）	有	2＋25＋44	71	100%
	无	0＋0＋0	0	0%

10.3.2.2 数据分析：从上述统计数据可以看出，高级汉语水平学习者其汉语中介语语篇结构要素的绝对特征如下：

（1）总体出现情况：全部作文中都有结构要素（100%），没有不出现结构要素的情况。

（2）必有要素中的“人物”（WHO）100%全部出现，并且都很明确；“内容”（WHAT）也是100%出现。非必有要素中“背景”（BACKGROUND）和“效果”（EFFECT）的出现率均为 100%；“方式”（HOW）出现的频率稍次，均为 98.6%；“原因”（WHY）出现的频率最低，占 33.8%。

（3）非必有要素按频率出现的顺序为：BACKGROUND/EFFECT > HOW > WHY。

10.3.3 结构关系方面的特征

10.3.3.1 数据汇总：我们先将不同母语背景学习者的语料数据汇总如下，详情参见表 10－12：

表 10－12 高级水平（高分数区）记叙文结构关系方面的绝对特征

		结构关系呈现状况	总计	比例
有无	有	2＋25＋44	71	100%
	无	0＋0＋0	0	0%
中心与要素之间	解证	0＋24＋43	67	94.4%
	因果	1＋1＋1	3	4.2%
	总分	1＋0＋0	1	1.4%

10.3.3.2 数据分析：从上述统计数据可以看出，高级汉语水平学习者其汉语中介语语篇的结构关系的绝对特征如下：

（1）总体状况：全部语料 100% 都形成了明显的结构关系，且所有结构关系都较合适。

（2）具体结构关系：解证关系仍然占据绝对比例（94.4%）；因果关系为 4.2%，总分关系为 1.4%。这说明解证关系对这个作文题目比较适合。

10.3.4 小结

数据统计分析表明，高级汉语水平汉语中介语篇的结构特征如下：

（1）中心思想方面：有明确中心句的占 98.6%；出现在篇首的情况占 76.1%，出现在篇中的情况占 8.5%，出现在篇末的情况占 5.6%；所有语料中都只有 1 个明确的中心思想（100%）。

（2）结构要素方面：全部作文中都有结构要素（100%），“人物”（WHO）、“内容”（WHAT）、“背景”（BACKGROUND）和“效果”（EFFECT）的出现率均为 100%；非必有要素按频率出现的顺序为：BACKGROUND/EFFECT > HOW > WHY。

（3）结构关系方面：全部语料 100% 都形成了明显的结构关系，其中解证关系占 94.4%；因果关系为 4.2%，总分关系为 1.4%。

第十一章

全书总结与下一步要做的工作

本章主要分三部分来谈：第一部分总结前期预研基础；第二部分总结主体部分主要观点，第三部分谈下一步要做的工作。

在前期研究部分，主要阐释篇章结构的三大关键点与三大分析维度；以及篇章结构特征的理论呈现状况。原主体部分主要指示不同母语背景和不同汉语水平视角下的篇章结构性特征。最后简要介绍下一步要做的工作。

11.1 现代汉语篇章结构特征的前期研究

本节主要总结为篇章结构特征研究所做的前期预研工作：包括现代汉语书面语篇篇章结构的三大关键点、三大分析维度以及理论上可呈现的篇章结构特征状况。

11.1.1 篇章结构的关键点与分析维度

若要描写语篇的篇章结构特征，就须寻找支撑篇章结构的关键点，通过描写关键点的状况来界定篇章结构的特征。语料分析得出了现代汉语普通语篇的三大关键点是：中心思想、结构要素和结构关系。

在分析这三大关键点的时候还须通过不同的维度进行考察，但不同关键点在分析考察时分析维度不尽相同。我们最后分析抽取出了三大关键点都具有的三项分析维度：有/无、强/弱和优/劣[①]。有了这三大关键点和三大分析维度，语料分析的准确性和科学性都会大大提高。

11.1.2 篇章结构特征的理论呈现状况

通过数学理论来推导理论上可能出现的篇章结构特征状况技术上是行得通的。本书分别将三大关键点作为计算时的“三元”，将分析维度作为计算时的“维度”，选择三维来进行穷尽性计算：可得出 $5^3=5\times5\times5=125$ 种篇章结构特征状况，

---

① 对中国学生而言还有“对/错”这一维度，对外国学生就不考察了，因此只有三维。

剔除语言学理论上不允许存在的20种情况，共计105种篇章结构特征状况。

11.2 现代汉语中介语语篇的结构特征

包括不同母语视角下的外国学生汉语叙述类作文的篇章结构特征研究和不同水平视角下的外国学生汉语叙述类作文的篇章结构特征研究。

11.2.1 不同母语背景视角下的篇章结构特征研究

11.2.1.1 母语为英语的外国学生汉语叙述类作文的篇章结构特征：数据表明，其篇章结构特征是：

（1）中心思想方面：83.3%的语料形成了中心思想且有明确的中心句，66.9%的中心句居于篇首。

（2）结构要素：91.7%的语料中出现了结构要素，必有要素人物（WHO）和内容（WHAT）出现的频率均为91.7%，非必有要素出现的频率高低依次为：HOW/EFFECT > WHY > BACKGROUND。

（3）结构关系方面：50%的语料中有明显的结构关系，其中解证关系为66.7%，因果关系和总分关系均为16.7%。

11.2.1.2 母语为日语的外国学生汉语叙述类作文的篇章结构特征：数据表明，其篇章结构特征是：

（1）中心思想方面的特征：绝大多数语料都有1个明确的中心思想并形成了明确的中心句，约占92.7%；出现在篇首的情况占90.6%，并且大多数出现在全文首句。

（2）结构要素方面的特征：必有要素中“人物”（WHO）占

95.8%；“内容”（WHAT）占84.4%；非必有要素中的“背景”（BACKGROUND）占97.9%；“效果”（EFFECT）占83.3%；“方式”（HOW）占72.9%；“原因”（WHY）占29.2%。非必有要素出现的频率高低依次也是：BACKGROUND > EFFECT > HOW > WHY。

（3）结构关系方面的特征：有68.8%的作文形成了较明显的结构关系，所形成的结构关系中一大半是解证关系，占97.0%。

11.2.1.3 母语为汉语的海外华裔学习者汉语叙述类作文的篇章结构特征：数据表明，其篇章结构特征是：

（1）中心思想方面的特征：97.9%的作文形成了明确的中心句；中心句位于篇首的占71.9%，居于篇中的占14.6%，居于篇末的占4.2%；所有语料都有1个明确的中心思想。

（2）结构要素方面的特征：所有作文中都有结构要素（100%）。必有要素中“人物”（WHO）全部出现了（100%），“内容”（WHAT）绝大多数出现了（95.8%）。非必有要素出现的频率高低依次为：BACKGROUND > EFFECT > HOW > WHY。

（3）结构关系方面的特征：89.6%的作文形成了较明显的结构关系，其中解证关系占97.7%，因果关系占2.3%。

11.2.1.4 小结：不同母语背景学习者汉语中介语语篇的篇章结构特征是：

（1）中心思想：在形成明确的中心思想方面，东方国家的学习者（华裔97.9%，日语92.7%）要明显高于英语国家的学习者（83.3%）。

（2）结构要素：必有要素（WHO和WHAT）的出现频率

三者相差不大；但在非必有要素的出现频率中，东方国家的学习者明显更注重背景（BACKGROUND）而英语国家更注重效果（EFFECT）和方式（HOW），二者的出现频率、顺序恰恰相反：华、日均为 BACKGROUND > EFFECT > HOW > WHY；英语为 HOW/EFFECT > WHY > BACKGROUND。

（3）结构关系：东方国家考生的作文比英语国家更重视结构关系（华裔 89.6%，日本 68.8%；英语 50%）。所不同的是英语国家学生作文的线性结构关系中演绎型（解证关系 66.7%）与归纳型（总分关系 16.7%）的比例约为 4∶1；而东方国家学生作文的线性结构关系中演绎型占了绝对上风，如华裔学生作文的解证关系高达 97.7%①。这些数据都说明 Kaplan（1966）的理论假设是值得商榷的。

11.2.2 不同汉语水平视角下的篇章结构特征研究

11.2.2.1 初级水平外国学生叙述类作文的篇章结构特征：数据表明，其篇章结构特征如下：

（1）中心思想方面：有中心思想的语料占 82.2%；中心句出现在篇首的情况占 89.2%；拥有单个明确中心句的占 77.8%。

（2）结构要素方面：100%作文中都有结构要素，必有要素中的“人物”（WHO）出现了 88.9%；“内容”（WHAT）出现了 57.8%；非必有要素按频率高低出现的顺序为：BACKGROUND > EFFECT > HOW > WHY。

① 值得注意的是，日本学生作文中结构关系的总体情况介于海外华裔学生和英语国家学生之间（如其解证关系亦为 97.0%），有必要进一步深入研究。

（3）结构关系方面：15.6%的作文形成了较明显的结构关系；所出现的关系全部是解证关系。

11.2.2.2 中级水平外国学生汉语叙述类作文的篇章结构特征：数据表明，其篇章结构特征如下：

（1）中心思想方面：98.9%形成了中心思想且有明确的中心句；89.8%的中心句出现在篇首，出现在篇中的情况占10.2%，出现在篇末的情况占5.7%；所有语料凡是有中心思想的都只有1个明确的中心思想。

（2）100%的作文中都有结构要素；必有要素中的“人物”（WHO）出现的频率为100%；“内容”（WHAT）出现的频率为97.7%；非必有要素按频率高低出现的顺序为：BACKGROUND > EFFECT > HOW > WHY。

（3）结构关系方面：有90.9%的作文形成了较明显的结构关系，其中解证关系占97.5%，因果关系占2.5%。

11.2.2.3 高级水平外国学生汉语叙述类作文的篇章结构特征：数据表明，其篇章结构特征如下：

（1）中心思想方面：有明确中心句的占98.6%；出现在篇首的情况占76.1%，出现在篇中的情况占8.5%，出现在篇末的情况占5.6%；所有语料中都只有1个明确的中心思想（100%）。

（2）结构要素方面：全部作文中都有结构要素（100%），“人物”（WHO）、“内容”（WHAT）、“背景”（BACKGROUND）和“效果”（EFFECT）的出现率均为100%；非必有要素按频率高低出现的顺序为：BACKGROUND/EFFECT > HOW > WHY。

（3）结构关系方面：全部语料100%都形成了明显的结构关系，其中解证关系占94.4%，因果关系为4.2%，总分关系为 1.4%。

11.2.2.4　小结：不同水平学习者汉语中介语语篇的结构特征是：

（1）中心思想：形成明确中心思想和中心句比例最高的是中级水平作文（98.9%），其次是高级水平（98.6%），最后是初级水平（82.2%）。中心句出现在篇首的情况为：中级水平（89.8%）>初级水平（89.2%）>高级水平（76.1%）。[①]

（2）结构要素：水平越高则必有要素出现的频率就越高：如高级水平（WHO，100%；WHAT，100%）>中级水平（WHO，100%；WHAT，97.7%）>初级水平（WHO，88.9%；WHAT，57.8%）。

（3）结构关系：水平越高结构关系形成的频率就越高：高级水平（100%）>中级水平（90.9%）>初级水平（15.6%）。其中解证关系要远远高于其他关系，水平越高解证关系出现的频率越高：高级水平（94.4%）>中级水平（88.6%）>初级水平（15.6%）。

11.3　下一步要做的工作

限于时间和精力，本书无法解决所遇到的全部问题，下一步要做的工作主要包括：其他母语外国学生现代汉语中介语语篇的结构特征研究，外国学生与国内中学生现代汉语叙述类作文篇章结构特征之间的比较，以及外国学生其他类别现代汉语中介语语篇的篇章结构特征研究等。

---

① 出现这一情况的原因，尚需进一步深入研究。

11.3.1 其他母语学习者汉语中介语语篇的结构特征研究

包括韩语、俄语、阿拉伯语及斯瓦希里语在内的其他母语学习者的汉语中介语语篇也是我们关注的对象。目前，母语为韩语的韩国学生的数量一直保持前列；母语或第一语言为俄语的学生逐年增加；而以阿拉伯语或斯瓦希里语为母语的外国学生也不在少数。因此，有必要对以上这些语言为母语的外国学生的作文展开深入研究，以便从理论上补充篇章语法的相关内容，同时也在实践上为教学提供借鉴。

11.3.2 中外学生汉语作文语篇的结构特征对比研究

指外国学生与国内中学生的现代汉语作文的篇章结构特征之间的比较。限于时间精力，我们暂时还无法对外国学生和国内中学生的作文语料进行对比研究。实际上这一对比是非常有意义的，我们初步拟从以下几方面展开研究，并有了初步的理论设想：

11.3.2.1 中心思想方面的对比。可从深度、广度和全面度等三方面进行对比：

（1）深度：外国学生作文的思想深度要远远超过国内中学生。例如，一个新加坡华裔考生在作文中[①]提到“对我生活和思想影响最大的是在几年前当码头工人共事时的一个坏蛋，他不但使我失去了这份工作，并使我改变了人生思想”。从内

① 语料参数为：199500533533100008；新加坡；男，作文：60；总分：212。

容看，该考生年事已高，描写的是很久之前的经历。且不说中心思想论述的是一个极大的负面影响，单从思想深度上来看就远非国内中学生可比。

（2）广度：外国学生作文所涉及的面较广。由于外国考生基本上是成年人，他们的生活内容范围较广。例如，一位日本考生写道："对我影响最大的一个人是我的儿子。"而且非常详细地说明儿子的降临是如何影响到他们夫妻的关系、他与父母的关系，娓娓道来，令人信服——这一中心思想并不深奥，但这种生活广度显然是国内中学生所无法企及的，他们没有这样的生活阅历。

（3）全面度：与深度和广度紧密相连，外国学生的作文分析问题显得较为全面。在我们所分析过的作文语料中充分体现了这一点，仅中心思想方面就令人大开眼界：有描写积极影响的，阐述负面影响的也不乏其人；有写一个人对自己产生影响的，也有提到多人对自己有影响的；等等。

究其原因很可能是参加 HSK 考试的外国学生多为成人，从发展心理学上来说心智明显较国内中学生成熟得多，人生阅历也较丰富。尽管语言能力有限，但仍能展现出较深邃的思想深度和较宽广的写作思路。

11.3.2.2　结构要素方面的对比。与国内中学生相比，外国学生在作文中所展示的结构要素比较多。显然是因为他们经历的社会生活较深广，因此能够在作文中涉及更多的结构要素。

11.3.2.3　结构关系方面的对比。结构关系的形成也与彼此的年龄、心智成熟程度有关，目前结果还不得而知。

上述这些比较目前还缺乏相关的语料统计数据，尤其是国内中学生同题作文的语料还比较缺乏，也缺乏前期的预研成果。不少结论目前还只是出于理论假设阶段，缺乏实证研究的支撑。以后如有时间和精力，我们当可深入展开下一步的相关研究。

11.3.3 外国学习者其他汉语中介语语篇的结构特征研究

本书研究的主要是外国学生现代汉语叙述类作文，除此之外还有其他类别的中介语语篇也可以进一步研究，如现代汉语议论类作文或说明类作文的篇章结构特征研究，等等。

11.4 结语

最后谈一下本书的研究意义，我们研究外国学生汉语中介语的篇章结构特征是有意义的，不仅有理论意义，而且有实践价值。

从理论上来说，本研究在理论上有助于汉语书面语篇的研究。当前国际语言学界研究的对象大多是印欧语言（特别是英语），汉语言，尤其是汉语书面语的理论构建未能得到应有关注，开展汉语书面语的习得与认知研究有助于揭示语言的普遍规律。近20年来，汉语作为第二语言的研究发展迅速，但在书面语方面的研究仍需加强。在汉语书面语现有的研究中，相对于语音韵律、词法句法等方面，语篇层面的研究又是较薄弱的，本书将加强汉语书面语篇章层面的研究。在现代语言学理论视角下，利用新的语言学研究方法（语料库语言学、数理统计学等）更为细致地描写现代汉语书面语的篇章结构特征。

我们的研究从理论上修正了 Kaplan（1966）年提出的对比修辞理论的两个基本假设：其一，以汉语和日语为母语的东方语系学习者的 L2 作文并非螺旋型结构，其篇章结构特征也呈现线性结构；其二，学习者的母语或 L1 思维对 L2 作文篇章结构的影响并不明显。

从实践上来说，本书的研究有助于国际汉语一线教学实践，对面向留学生的汉语学习和汉语教学有很明显的实践意义。传统的书面语研究多是面向中国人的母语教育，不是以外国学生的汉语学习与教学为目的的。本研究的成果将有助于汉语作为第二语言/外语的留学生书面语语篇的学习，也有助于一线国际汉语教师书面语篇的教学与测试。

我们的研究表明，不同母语的外国学习者在汉语中介语篇章结构特征方面是有差异的。在以英美学习者、日本学习者和海外华裔学习者（包括但不仅限于这些）的汉语篇章写作教学中，要因材施教，有针对性地展开汉语书面语的写作教学。

参考文献

中文文献

1. Richard M. Coe、胡曙中 1989《英汉对比修辞研究初探》，《外国语》第 2 期。
2. 陈平 2017《话语的结构与意义及话语分析的应用》，《当代修辞学》第 2 期。
3. 陈亚丽 1995《文章学新探》，北京：科学技术文献出版社。
4. 陈瑜 2012《对比修辞研究对英语新闻评论写作的教学启示：一个文献综述的视角》，《西安外国语大学学报》第 1 期。
5. 程琪龙 1994《系统功能语法导论》，汕头：汕头大学出版社。
6. 崔希亮 1994《现代汉语语法研究的立场和方法透视》，《语言教学与研究》第 2 期。
7. 崔希亮 1996《现代汉语称谓系统与对外汉语教学》，《语言教学与研究》第 2 期。

8. 崔希亮 2002《认知语言学：研究范围和研究方法》，《语言教学与研究》第 5 期。
9. 崔希亮 2009《说“开心”与“关心”》，《中国语文》第 5 期。
10. 崔希亮、张宝林 2011《全球汉语学习者语料库建设方案》，《语言文字应用》第 2 期。
11. 戴丽鹃 2012《对比修辞：英汉商务信函的语言特点分析》，《黔南民族师范学院学报》第 3 期。
12. 丁婷 2017《对比修辞框架内的英汉语篇迁移研究》，《南京理工大学学报（社会科学版）》第 2 期。
13. 丁言仁、胡瑞云 1997《谈对比修辞理论对英汉写作的作用》，《山东外语教学》第 2 期。
14. 方梅 2005《篇章语法与汉语篇章语法研究》，《中国社会科学》第 6 期。
15. 方梅 2007《语体动因对句法的塑造》，《修辞学习》第 6 期。
16. 方丽青 2006《ESL 学生 L1 和 L2 记叙文修辞特征对比研究》，《外语与外语教学》第 6 期。
17. 方丽青、姜渭清 2008《英汉记叙文修辞特征对比研究》，《浙江学刊》第 4 期。
18. 风笑天 1989a《当前问卷设计中常见错误浅析》（上），《社会学与社会调查》第 4 期。
19. 风笑天 1989b《当前问卷设计中常见错误浅析》（中），《社会学与社会调查》第 6 期。
20. 风笑天 1990《当前问卷设计中常见错误浅析》（下），《社会学与社会调查》第 1 期。
21. 郝长留 1983《语段知识》，北京：北京出版社。
22. 何静秋 2012《中美法庭论辩诉求策略的对比修辞研究》，

《广西民族大学学报（哲学社会科学版）》第5期。
23. 胡壮麟 1994《语篇的衔接与连贯》，上海：上海教育出版社。
24. 胡壮麟、朱永生、张德禄 1989《系统功能语法概论》，长沙：湖南教育出版社。
25. 黄丽琼、何中市 2006《基于统计语义和结构特征的自动文摘》，《广西师范大学学报（自然科学版）》第4期。
26. 黄南松 2001《现代汉语的指称形式及其在篇章中的运用》，《世界汉语教学》第2期。
27. 金春岚 2013《“起承转合”与西方语篇模式理论》，《当代修辞学》第2期。
28. 鞠玉梅 2016《跨文化修辞学视阈下的二语写作研究：理论模式与研究路径》，《外语界》第5期。
29. 李宇明 2003《论母语》，《世界汉语教学》第1期。
30. 李宇明 2009《海外华语教学漫议》，《华文教学与研究》第4期。
31. 李兆新 2017《写作学视阈中的 < 文心雕龙 > 研究概述》，《语文学刊》第3期。
32. 梁文婷、何中市、龙华 2009《改进传统文本结构关系图的文本结构分析》，《微计算机信息》第3期。
33. 梁月俏 2006《中西方报纸新闻写作修辞对比》，广西大学硕士论文。
34. 廖秋忠 1988《篇章中的论证结构》，《语言教学与研究》第1期。
35. 廖秋忠 1991《篇章与语用和句法研究》，《语言教学与研究》第3期。

36. 林大津 1991a《美国对比修辞学的诞生与发展》，《修辞学习》第 1 期。
37. 林大津 1991b《试论对比修辞学的产生过程及其发展》，《福建师范大学学报（哲学社会科学版）》第 1 期。
38. 林大津 1994a《国外英汉对比修辞研究及其启示》，《外语教学与研究》第 3 期。
39. 林大津 1994b《再论对比修辞学的产生过程及其发展》，《福建师范大学学报（哲学社会科学版）》第 2 期。
40. 刘颖 2004《中国与英国大学生论说文语篇的对比修辞研究》，《山东外语教学》第 1 期。
41. 刘红红、安海忠、高湘昀 2011《基于文本复杂网络的内容结构特征分析》，《情报分析与研究》第 1 期。
42. 刘金明 2006《国外对比修辞学的发展与研究新方向》，《四川外国语学院学报》第 5 期。
43. 刘军万、刘飞飞 2004《基于潜在语义索引的文本结构分析方法的研究》，《情报方法》第 4 期。
44. 刘俊玲 2005《留学生作文中的篇章偏误类型》，《语言文字应用》第 3 期。
45. 刘立新 2014《对比修辞视阈下汉语篇章模式研究》，《当代外语研究》第 4 期。
46. 刘立新、杨玉晨 2014《“起承转合”之起承转合：对比修辞视阈下汉语篇章模式研究》，《当代外语研究》第 4 期。
47. 刘元满 2007《留学生一般性文章格式偏误表现与分析》，《汉语学习》第 5 期。
48. 柳淑芬 2005《对比修辞：英汉书评比较》，《广东教育学院学报》第 1 期。

49. 娄开阳 2008a《试论新闻语篇的结构要素系统》，《信阳师范学院学报（哲学社会科学版）》第3期。
50. 娄开阳 2008b《现代汉语新闻语篇的结构研究》，北京：世界图书出版公司。
51. 娄开阳 2009a《试论新闻语篇的五种结构关系》，《信阳师范学院学报（哲学社会科学版）》第2期。
52. 娄开阳 2009b《基于规则的研究：新闻语篇结构类型穷尽性探析》，《学术交流》第8期。
53. 陆俭明 2007《要重视汉语书面语教学》，《世界汉语教学》第3期。
54. 陆俭明 2009《以创新理念推进中国语文教育——变应试教育为素质教育》，《语文建设》11期。
55. 陆俭明 2011a《在探索中前进：21世纪现代汉语本体研究和应用研究》，北京：北京师范大学出版社。
56. 陆俭明 2011b《汉语语法语义研究新探索》，北京：商务印书馆。
57. 马广惠 2001《中美大学生英语语篇对比修辞分析》，《解放军外国语学院学报》第6期。
58. 马广惠 2003《国外对比修辞研究36年评述》，《山东外语教学》第3期。
59. 穆从军 2007《对比修辞研究发展四十年综述》，《修辞学习》第5期。
60. 穆从军 2016《修辞结构理论视角下英汉学术论文摘要的修辞关系对比研究》，《现代外语》第1期。
61. 潘新和 1997《还〈文心雕龙〉“写作学”专著之真面——走出龙学研究的“文学理论”误区》，《福建师范大学学报（哲学社会科学版）》第 2 期。
62. 齐放、张军 2015《对比修辞学视角下的二语写作语篇组织实证研究 40 年》,《中国外语》第 6 期。
63. 齐放、张军 2018《从对比修辞到跨文化修辞——对 Ulla Connor 跨文化对比修辞语篇教学与研究的评述和建构》,《中国外语教育》第 1 期。
64. 史金生、娜仁图雅、宋轩 2018《规定性语体的主位推进研究——兼谈主位推进模式与篇章类型及主题的关系》,《语言文字应用》第 1 期。
65. 田小琳主编 1986《句群和句群教学论文集》，北京：新蕾出版社。
66. 王福祥 1994《话语语言学概论》，北京：外语教学与研究出版社。
67. 王红欣 2017《基于对比修辞理论的大学英语写作教学研究》,《现代教育科学》第 7 期。
68. 王孟国 2010《“显－隐”的经纬：高行健长篇小说文本结构研究》，《福建师范大学学报（哲学社会科学版）》第 3 期。
69. 王万洪 2018《论〈文心雕龙〉的写作理论体系》，《语文学刊》第 5 期。
70. 王燕萍 2011《对比修辞理论的新视角——跨文化修辞研究》,《西安电子科技大学学报（社会科学版）》第 5 期。
71. 王燕萍、夏珍 2005《英汉对比修辞学实证研究：论证语篇修辞结构之对比》，《河南大学学报（社会科学版）》第 5 期。
72. 吴为章 1988《句群与表达》，北京：中国物资出版社。

73. 吴为章、田小琳 2000《汉语句群》，北京：商务印书馆。
74. 夏莉 2007《英汉论辩语篇宏观结构及信息展开模式对比修辞研究》，《郑州大学学报（哲学社会科学版）》第 1 期。
75. 辛平 2001《对 11 篇留学生汉语作文中偏误的统计分析及对汉语写作课教学的思考》，《汉语学习》第 4 期。
76. 徐赳赳 1990《话语分析——一门新的交叉学科》，《国外语言学》第 2 期。
77. 徐赳赳 1991《90 年代话语分析展望——〈TEXT〉杂志 1990 年 1—2 期合订本介绍》，《外语教学与研究》第 4 期。
78. 徐赳赳 1995《话语分析二十年》，《外语教学与研究》第 1 期。
79. 徐赳赳 1996《篇章中的段落分析》，《中国语文》第 2 期。
80. 徐赳赳 1997《话语分析在中国》，《外语教学与研究》第 4 期。
81. 徐赳赳 2003《现代汉语篇章回指研究》，北京：中国社会科学出版社。
82. 徐赳赳 2006《中国语言学年鉴（2004 – 2008）》（“语用学与篇章语言学”部分），北京：商务印书馆。
83. 徐赳赳 2010《现代汉语篇章语言学》，北京：商务印书馆。
84. 徐赳赳、Jonathan J. Webster 1999《复句研究和修辞结构理论》，《外语教学与研究》第 4 期。
85. 徐盛桓 1982《主位和述位》，《外语教学与研究》第 1 期。
86. 许力生、李广才 2002《汉英论说文语篇的修辞模式对比》，《浙江大学学报》第 5 期。
87. 许余龙 2002《对比语言学》，上海：上海外语教育出版社。
88. 杨玲 2002《对比修辞学：历史与研究趋势》，《解放军外国语学院学报》第 1 期。
89. 杨玲 2012《对比修辞研究在英语写作教学中的作用和局限》,《安庆师范学院学报（社会科学版)》第 5 期。
90. 杨玲 2013《英语写作教学中影响读者评价因素的跨文化研究》,《外语教学》第 2 期。
91. 杨玲、柯扬茜 2004《英汉篇章修辞对比研究中的方法问题》,《安徽农业大学学报》第 4 期。
92. 杨玉晨 2014《语篇关系和语篇模式——英文写作的语言文化对比研究》，东北师范大学博士学位论文。
93. 虞秋玲 2001《英汉对比修辞研究与英语作文教学》,《福建外语》第 2 期。
94. 俞士汶主编 2004《计算语言学概论》，北京：商务印书馆。
95. 云红、原雪 2008《国外对比修辞学四十年及发展趋势》,《西安外国语大学学报》第 3 期。
96. 张宝林 2005《汉语水平考试中的语段测试》,《汉语学习》第 4 期。
97. 张宝林 2008《对 HSK 高等主观性考试的再认识》,《汉语研究与应用》第六辑，北京：中国社会科学出版社，2008 年 11 月。
98. 张宝林 2009《“汉语写作入门”教学模式刍议》,《语言教学与研究》第 3 期。
99. 张伯江 2007《语体差异和语法规律》, 《修辞学习》第 2 期。
100. 张伯江、方梅 1996《汉语功能语法研究》，南昌：江西教育出版社。
101. 张寿康 1983《文章学概论》，济南：山东教育出版社。

102. 张寿康 1985《文章学导论》，武汉：湖北教育出版社。
103. 张延君 2003《对比修辞研究的新视角》，《山东外语教学》第 4 期。
104. 张延君 2005《对比修辞理论及其在学术写作中的应用》，《东岳论丛》第 4 期。
105. 郑贵友 2002《汉语篇章语言学》，北京：外文出版社。
106. 郑文贞 1984《段落的组织》，福州：福建人民出版社。
107. 朱永生 1995《主位推进模式与语篇分析》，《外语教学与研究》第 3 期。
108. 朱永生 2003《话语分析五十年：回顾与展望》，《外国语》第 3 期。

外文文献

1. Brown, G. &Yule. G. (1983): *Discourse Analysis*, Cambridge University Press.
2. Colby, B. N. (1973) *A partial grammar of Eskimo folktales*. American Anthropologist, 75, 645 –662.
3. Connor, U. (1996) *Contrastive Rhetoric: Cross – cultural aspects of second – language writing*[M]. Cambridge University Press.
4. Danes, F. (1970) *Onlinguistic analysisoftextstrueture*, in *Folia Linguistics* Vl. 72 –78.
5. Halliday , M. A. K. (1985) *An Introduction to Function Grammar*. London : EdwardArnold.
6. Halliday , M. A. K. , &Hasan. R. (1976) *Cohesion in English* [M]. London: Longman.
7. Harris, Z. (1952) *Discourse analysis, Language*, 28, 1 –30.

8. Hinds, J. (1983) *Contrastive Rhetoric: Japanese and English.* Text 2, 183 – 195.

9. Hinds, J. (1990) Inductive, Deductive, Quasi – Inductive: *Expository Writing in Japanese, Korean, Chinese, and Thai*[A]. In Coherence in Writing: Research and Pedagogical Perspectives[C]. Edited by U. Connor and A. M. Johns Alexandria, VA: TESOL. 7 – 110.

10. Hinkel. (2002) *Second Language Writers′ Text : Linguistic and Rhetorical Features.* Mahwah, NJ, Lawrence Erlbaum Associates.

11. Johnson, N. S. , &Mandler, J. M. (1980) *A tale of two structure underlying and surface in stories.* Poetics, 9, 51 – 86.

12. Kaplan, R. B. (1966) *Cultural thought patterns in intercultural education* [J]. Language Learning, 16, 1 – 20.

13. Kaplan, R. B. (1988) *Contrastive rhetoric and second language learning: Notes toward a theory of contrastive rhetoric*[A]. In Purves, A. C. (ed.). Writing across Languages and Cultures: Issues in Contrastive Analysis[C]. Newbury Park: Sage Publications, 275 – 304.

14. Kaplan, R. B. (1997) *Contrastive rhetoric*[A]. In Miller, T. (ed.). Functional Approaches to Written Text: Classroom Applications[C]. Washington, D. C. : English Language Programs United States Information Agency, 18 – 32.

15. Kaplan, R. B. (2000) *Contrastive rhetoric and discourse analysis: Who writes what to whom? When? In what circumstances?* [A]. In Sarangi, S. &Coulthard, M. (eds.). Discourse and So-

cial Life[C]. New York: Longman, 82 – 101.

16. Kaplan, R. B. (2001) *Forward: What in the world is contrastive Rhetoric?*[A]. In Panetta, C. G. (ed.). Contrastive Rhetoric Revisited and Redefined[C]. New Jersey: Lawrence Erlbaum Associates, Publishers, ⅶ – ⅩⅩ.

17. Kintsch, W. (1988) *The role of knowledge in discourse comprehension: A construction – integration model*, Psychological Review, 95.

18. Li C N, Thomson S A. (1979) *Third – Person Pronouns and Zero – Anaphora in Chinese Discourse in Discourse and Syntax* [J]. Syntax and Semantics Ann Arbor, Mich., 12, 311 – 335.

19. Mann, et. al. (1992) William Mann, ChristianMatthiessen, and Sandra Thompson., *Rhetorical structure theory and Text Analysis*. In W. C. Mann&S. A. Thompson(eds.) Discourse Description: Diverse Linguistic Analysis of a Fund – Raising Text. Amsterdam and Philadelphia: John Benjamins.

20. MansarateQuinto, Edward Jay (2015) *Physical and Topical Structures of Manpower Discourse: A Contrastive RhetoricAnalysis in Southeast Asia*, Gema Online Journal of Language Studies, 1, 91 – 110.

21. Matalene, C. (1985) *Contrastive Rhetoric: An American Writing Teacher in China* [J]. College English, 8, 798 – 808.

22. Mckay, S. L. (1993) *Examining L2 Composition Ideology: A Look at Literacy* [J]. Journal of Second Language Writing, 1, 65 – 81.

23. Mingu, Na (2015) *Study of Rhetorical Modes of Paragraphs from*

the Perspective of Contrastive Rhetoric, Korean Journal of Rhetoric, 23, 117 – 138.

24. Minsky, M. (1975) *A framework for representing knowledge.* In P. H. Winston(Ed.), The psychology of computer vision. New York: McGraw – Hill, 11 – 277. 25. Mohan, B. A. &W. A – Y Lo. (1985) *Academic Writing and Chinese Students: Transfer and Developmental Factors.* TESOLQuaterly, 3, 515 – 534.
26. Ping Chen(1999) *Modern Chinese: History and Sociolinguistics* [M], London: Combridge University Press.
27. Propp, V. (1968) *Morphology of the folktale.* Austin: University of Texas Press.
28. Quirk, R. et al(1985) *A Comprehensive Grammar of the English Language*, Longman.
29. Rumelhart, D. E. (1984) *A reply to Black and Wilensky.* Congnitive Science, 4, 313 – 316.
30. Rumelhart, D. E.: (1977) *Understanding and summarizing brief stories.* In D. LaBerge, &S. J. Samuels(Eds.). *Basic processes in resding: Perception and comprehension.* Hillsdale. NJ: Erlbaum, 265 – 304.
31. Schank, R. & Burstein, M. (1985) *Artificial Intelligence: Modeling Memory for Language Understading*, in van Dijk (ed.) *Handbook of Discourse Analysis*[C]. Vol. 1.
32. Schank, R. C., &Abelson, R. (1977) *Script, plans, goals and understanding: An inquiry into human knowledge structure.* Hillsdale, NJ: Erlbaum.
33. Stein, N. L., Glenn, C. G. (1979) *An analysis of story comprehen-*

sion in elementary school children. InR. Freedle(Ed.) New directions in discourse processing. Hillsdale. NJ: Erlbaum, 2, 53 – 120.

34. Taft, Marcus; Kacanas, Denisse; Huen, Winnie (2011) *empirical demonstration of contrastive rhetoric: Preference for rhetorical structure depends on one's first language*, Intercultural pragmatics, 8, 503 – 516.

35. Thorndyke, P. W. (1977) *Conitive structure in comprehension and memory of narrative discourse.* Cognitive Psychology, 9, 77 – 110.

36. Van Dijk(1972) . *Some aspects of Text Grammars*, The Hague: Mouton.

37. Van Dijk(1977) . *Text and Context.* London: Longman.

38. Van Dijk(1980). *Macrostructures*, LawrenceErl – baum Associates.

附录 1

外国学生现代汉语书面语使用情况调查问卷（教师用）

说明　感谢您的热心帮助！请在选项上打勾即可，若选项中没有您的答案，可写在后面的横线上。

"外国学生现代汉语书面语使用情况调查"课题组

2010－08－20

1. 您的回答是基于国内教学经验还是海外教学经验？

　A. 国内　B. 海外

2. 您教的是哪个国家的学生？

　A. 欧美　B. 日韩　C. 中亚　D. 非洲

　E：＿＿＿＿＿＿

3. 您教的是哪个水平的学生？

　A. 初级　B. 中级　C. 高级　D：＿＿＿＿＿＿＿＿

4. 您使用的是什么教材（有多种可多写）？

　A. ＿＿＿＿＿＿＿＿　B. ＿＿＿＿＿＿＿＿

5. 您在哪个阶段开始有意识地进行书面语方面的训练？

　A. 初级　B. 中级　C. 高级　D. 从低到高贯穿始终

6. 您在进行书面语教学时比较注意哪些方面？

A. 韵律语感　B. 书面语用词　C. 衔接与连贯

D. 篇章结构

7. 您认为学生若在中国学习，在学习中将较多地用到哪些现代汉语书面语语篇类型？（如请假条、调班申请等）

A. ________　B. ________　C. ________

D. ________　E. ________

8. 您认为学生若在中国生活，在生活中将较多地用到哪些书面语语篇类型？（如新闻）

A. ________　B. ________　C. ________

D. ________　E. ________

9. 您认为学生若在中国工作，在日常工作中将较多用到哪些书面语语篇类型？（如求职申请、工作总结等）

A. ________　B. ________　C. ________

D. ________　E. ________

10. 您觉得书面语语篇层面教学最重要的内容是什么？

附录 2

外国学生现代汉语书面语使用情况调查问卷（学生用）

说明 感谢您的热心帮助！若完整回答本问卷，将获赠珍贵汉语教学资料（电子版）一部。

“外国学生现代汉语书面语使用情况调查”课题组

2010－08－20

1. 教过您汉语的老师是：

   A. 中国老师　　B. 出生在本国的华裔老师

   C. 本国的老师　　D. ________

2. 您觉得您的汉语水平是：

   A. 中级　B. 高级　C. ________

3. 您使用过的、给您留下印象最深的教材是：（可以写多种）

   A. ________ B. ________

4. 您觉得从哪个阶段老师开始有意识地进行书面语方面的训练？

   A. 初级　B. 中级　C. 高级　D. 从低到高贯穿始终

5. 老师在进行书面语教学时比较强调哪些方面？

A. 韵律语感　B. 书面语用词　C. 衔接与连贯

D. 篇章结构

6. 您认为在中国学习，将较多地用到哪些现代汉语书面语语篇类型？（如请假条、调班申请等）

A. ________　B. ________　C. ________

D. ________　E. ________

7. 您认为在中国生活，将较多地用到哪些书面语语篇类型？（如新闻）

A. ________　B. ________　C. ________

D. ________　E. ________

8. 您认为在中国工作，将较多用到哪些书面语语篇类型？（如求职申请、工作总结等）

A. ________　B. ________　C. ________

D. ________　E. ________

9. 您觉得在书面语学习中最困难的是哪些方面？

10. 您对下面的回答主要是因为在中国学汉语的经历还是在本国学汉语的经历？

A. 在中国的经历

B. 在本国的经历（国家）：________

C. 两者都有

11. 请留下您的邮件地址，将获赠珍贵礼物一份：________________。

附录 3

外国留学生常用现代汉语书面语篇类型调查报告

一、调查缘由

本文主要想调查外国学生常用的汉语书面语语篇类型。事实上，由于教学环境的不同，在中国国内学习汉语的外国学生和在海外学习汉语的外国学生所使用的现代汉语书面语语篇类型并不相同。限于条件，我们这里调查的主要是国内留学生在生活、学习和工作中需要用到的书面语语篇类型。

当然，即使只研究国内留学生的常用书面语篇类型，也是一个相当大的题目，无法进行穷尽性研究。我们需要搞清楚的是留学生在目前和未来生活、学习和工作中最常用到哪些现代汉语书面语语篇类型？

这关涉到留学生“学什么”，亦即教师“教什么”的问题，大概包括三部分：日常生活需要、日常学习需要和未来工作需要。其中，现时的生活常用书面语语类是所有留学生都需要的；而专业学习或未来工作中需要掌握的常用书面语语类则是根据个人选择不同而各异。

1.1　日常生活中需要用到的语类

指留学生在华生活时在衣、食、住、行等方面需要用到的常用语篇类型。如调班申请、请假条、报纸、广电和网络中的新闻报道，以及海报、寻物启事等等。

1.2　当前学习中需要用到的语类

指留学生在日常学习和专业学习中常用的语篇类型。日常学习主要指在中国进行的语言进修学习，这种学习类型中需要用到例如调班申请、学生手册、课堂笔记、请假条等书面语篇。专业学习指本科或研究生阶段所应掌握的书面语篇，如所有专业都需要了解的学年小论文、毕业论文等；商贸汉语专业中涉及的商务信函、备忘录、计划书、商务合同等；旅游汉语专业中涉及的景点介绍、导游词等；以及国际汉语教学专业中须掌握的教学大纲和教案等。

1.3　未来工作中需要用到的语类

指留学生未来在中国工作时会用到的书面语篇。如求职信、辞职信、个人简历、公司简介、通知和会议纪要等日常应用文，等等。

来华留学生常用的书面语语篇类型究竟有哪些，这个要等到调查结束之后得出统计数据才能知道，详见下文数据分析。显然，通过问卷对教师或学生展开调查，搜集数据，进而得出我们想要的结论是非常必要的。

二、调查对象

我们发放问卷进行调查的对象是：在国内或海外工作的国际汉语教学一线教师和在华留学生。

2.1　网上问卷调查

我们请专业人员在“调查派（在线调查系统）”网站上设立了调查问卷表，分别对学生和老师进行了网络调查。

学生问卷网址为：

http：//www. diaochapai. com/survey514337；

教师问卷网址为：

http：//www. diaochapai. com/survey514339。

不过最后发现，调查结果不太令人满意。由于人们不太了解“调查派”这一网站，几乎没有符合条件的调查对象光顾我们的在线调查网页，尤其是留学生。因此，最后决定依然采用传统的线下发放问卷的方式进行调查。

2.2　线下问卷调查之一以外国留学生为调查对象线下

在线下直接发放问卷进行调查，最初的想法当然也是希望能同时调查外国学生和一线国际汉语教师。而且从理论上来说，既然是调查外国学生自己常用的现代汉语书面语语篇类型，调查留学生或海外学生本人似乎应该更可靠。但调查实践显示，以外国学生为对象的调查存在科学性和操作性等方面的问题。

我们针对外国留学生设计了调查问卷，见附件2。在试调查时共收回有效问卷17份。从已有的返回问卷我们发现存在以下问题：

1）调查层次、学习动机不易分清：实际上不同层次的学生、不同学习动机的学生或者不同学习态度的学生在中国所面临的常用的书面语语类都不同。尽管我们在问卷中当然也可以列出例如“你的汉语水平如何”一项，但实际上学生自己所认为的他的汉语水平并非其真正的水平，这里面误差很大。因此，我们在调查时不太容易判断学生的真实水平。而对学习态度或学习动机等问题也很难有准确的判断，外国学生自己宣称的结果多大程度上可以为我们所采信，很不容易判断。

2）问卷所能涉及的调查范围十分有限：我们很希望被调查者自己告知在中国生活、学习或工作中需要用到哪些常用的书面语篇。但从试调查的反馈情况来看，外国学生能回答的问题范围主要集中在学习阶段。而且由于各自所居住的城市不同，生活习惯各异、兴趣爱好有差别等因素，有关生活方面常用书面语篇的回答反馈很不集中。至于工作领域的情况则基本上得不到数据——很显然，被调查者基本是在校学生，他们也回答不上来这方面的问题。

3）所得数据未必十分可靠：由于留学生对中国的情况了解并不全面，要么在填写问卷时不知道自己该填些什么，要么根据自己国家的情况想当然地回答问题。何况各个大学之间的情况差异也很大①，因此即便收集到了一些数据，其可靠性有多大，也很令人怀疑。

除了调查结果的科学性得不到应有的保证，操作上也存在诸多困难。例如理论上应该选取不同地区、不同大学、不同汉语水平（初级、中级、高级）、不同学习类型（长期、短期、速成等）、不同专业（汉语、经贸、法律等）、不同学历层次（本科、硕士、博士、已在职工作人员）的外国学生来调查，但限于经费等种种条件，我们目前暂时还无法针对外国学生展开全面调查。

---

① 例如，有些学校要求学生请假要有正规的请假条，而有些学校则未有此硬性要求。

2.3　线下问卷调查之二以一线国际汉语教师为调查对象。相比较之下，深入调查一线国际汉语教师是比较可靠的。我们针对一线教师设计了调查问卷，参看附录 1。以一线教师为调查对象有如下优点：

1）与我们的研究目的较为贴近：本文的研究目的之一就是为了满足一线国际汉语教学的需要。教师们本身在填写问卷的时候自然而然就会从教学的角度出发。我们最后一个问题是请老师们对书面语语篇教学提出建议，这一点只有一线教师能提出具体详尽的教学意见。

2）对外国学生的情况把握得比较准确：老师们对自己学生的汉语水平、学习动机、学习态度、学习类型等诸多方面当然都很了解，因此能够比较准确地回答我们的问题。

3）对留学生在中国的情况比较了解：老师们对中国的情况很了解，知道外国学生在中国生活、学习或者工作会用到哪些常用的书面语语篇类型。如前所述，这一点反而是学生本人不十分清楚的。

4）所得获得的数据比较可靠：基于前述三方面，我们所获得的数据也相对比较真实可靠，可以满足我们研究的需求。

三、问卷设计

3.1　问卷设计时的考虑

我们在设计问卷的时候大致考虑了以下一些问题：

1）询问被调查对象所作的回答是基于国内教学经验还是基于海外教学经验?

由于汉语教学在海内外的教学性质不同，外国学生在生活、学习、工作中所遇到的情况也不一样。尽管我们这次的调查对象主要是国内的对外汉语教师，但设定了这一问题，可以把国内外的情况统一起来，有助于我们下一步深入研究比较国内书面汉语教学和海外书面汉语教学的异同。

2）询问被调查对象所教的是哪个国家的学生？如欧美、日韩、中亚、非洲或其他国家和地区。

如前所述，不同国家的学生由于与汉语的关系不同，在书面汉语的学习方面差异也很大。日本、韩国以及越南的学生由于历史上与中国和汉字都有很深的渊源，在书面语篇学习中有独特的特点，不能与欧美等国的学生混为一谈。因此有必要询问被调查教师的学生主要来自哪些国家和地区。

3）询问被调查对象所教的是哪个水平的学生？如初级、中级或高级。

对于不同水平的学生来说，所使用的常用书面汉语语篇不同，因此有必要知道被调查对象是基于哪个汉语水平的学生回答的。同时，由于一线教师一般都有自己的长期主打教学方向，有的侧重于初中级，有的侧重于高级，了解了所教学生的汉语水平对于我们征求书面汉语教学建议很有帮助。

4）询问被调查对象使用的是什么教材（可写多种）？

因为国内与海外的情况不同，国内外外国学生所常用的书面汉语语篇差异是比较大的。这也突出反映在所使用的教材上。此外，即使同在国内，不同学校使用的教材差别也很大。调查教材使用状况对于我们全面了解情况是很有帮助的。需要说明的是，限于条件我们调查的主要是高校教材使用情况，即成人所使用教材的情况。目前少儿汉语异军突起，近年来出版了不少少儿汉语教材，成为国际汉语教学中的一个热点。我们希望有机会详细调查海内外少儿汉语教材的使用情况及书面汉语的教学情况。

5）询问被调查对象在哪个阶段开始有意识地进行书面语方面的训练？如从初级、中级、高级抑或从低到高贯穿始终。

该问题询问的是现代汉语书面语的教学情况。目前的教学均很注重口语教学，不少教材在初级阶段的课文呈现形式几乎只出现对话体的口语，几乎没有成段书面语表达的课文。随着汉语教学研究的不断深入，人们意识到让学生掌握汉语书面语才是最终目的。因此，我们想了解，目前汉语教学一线对汉语书面语的教学是从哪个阶段开始的，这对我们的研究很有帮助。

6）询问被调查对象在进行书面语教学时比较注意哪些方面？如注意韵律语感、书面语用词、衔接与连贯还是篇章结构。

汉语书面语教学应该注意哪些方面？目前我们也不清楚，需要进一步的深入研究才知道。当前研究的热点集中在上述四个方面，我们想知道一线汉语教师在教学中注重或者说比较认可哪些方面（可多选）。一线教师处于教学实践前沿，他们的感觉通常比较准确，其意见不宜忽略，了解他们的建议对于我们后续的研究具有指引或者说指导作用。

7）询问被调查对象认为学生若在中国学习，在日常学习中将较多地用到哪些现代汉语书面语语篇类型？如请假条、调班申请等。

既然是来华的外国留学生，那么其首要任务就是学习，因此了解其学习生活中常用的现代汉语书面语篇类型是非常有必要的。除此之外，并不是所有的外国学生都需要在生活中需要使用汉语书面语语篇。如北京望京地区的韩国人社区，基本上使用韩语，未掌握汉语书面语也不影响其日常生活。或者是与家人一起来华，平常生活中的交流基本上还是使用母语而很少采用汉语。如来华经商的外国人或者驻华使领馆外事人员的子女，他们在学校里有机会用到书面汉语，但回到家里几乎全是用母语交流。

8）询问被调查对象认为学生若在中国生活，在日常生活中将较多地用到哪些书面语语篇类型？如新闻、报刊、菜单、协议、广告、标语以及旅游材料等。

尽管有一部分外国学生在日常生活中或许不用或很少用汉语书面语，但大部分外国学生还是需要用到这些的。即便是短期来华旅游也需要掌握一些基本的书面汉语，如在华衣食住行等诸多方面所涉及的：入境通关时需要填写的入境文件，到银行换钱时所需要填写的有关表格；外出旅游时需要看懂的旅游材料或保险协议，等等。

9. 询问被调查对象认为学生若在中国工作，在日常工作中将较多用到哪些书面语语篇类型？如，求职信、辞职书、工作总结、会议纪要，等等。

该问题最好能询问在华工作的留学生，遗憾的是目前我们还没有这个调查条件。调查结果也显示，不少一线教师（尤其是高年级教师）由于参与指导学生就业，对已在华工作的学生的情况还是有所了解的。

10）询问被调查对象觉得书面语语篇层面教学最重要的内容是什么？

这是一个开放式的问题，主要是询问一线教师对汉语书面语篇层面的教学有什么意见和建议。询问这个问题很有意义：书面语教学和语篇教学在国际汉语教学中都是薄弱环节，近几年才逐渐引起人们的关注。一定会有不少老师在现实一线教学中有自己的心得体会，即便只是只言片语也会对我们的研究有启发。

3.2　几点思考：

在发放问卷以及统计问卷的过程中，我们发现了不少问题，后来阅读了相关专业书籍（风笑天，1989a. 1989b. 1990）并咨询了统计学方面的专家，发现今后若有机会做进一步深入调查可以从以下几个方面进行改进：

1）问题数量可稍做增加：当前的问卷只有 10 个问题，对于被调查者来说回答起来当然比较简便，但对于一次难得的调查机会而言，这个问题数量就显得有些少了，应该再增加一些问题，对我们的研究来说也可以进一步询问范围更广、也更深入的问题。

2）答案方式可作调整：由于我们前期的预研成果不够，因此在答案呈现方式上很多选择了填表式（如第 2、3、4、7、8、9、10 等题都采用了这种方式）。这种答案呈现方式有其长处，就是可以给被调查者加大的空间，避免调查者的主观臆测。但弊端也很明显，就是在统计时显得较为散乱，答案不太集中。有时是被调查者的原因，或许没有领悟调查者问题的真正含义；但多数情况下是问卷设计者的问题，使得被调查者不太清楚对方需要哪些内容。

四、调查意义

本调查不仅对了解现代汉语书面常用语篇类型有意义，同时对我们了解其他相关问题也有帮助：

1）可了解相关教材使用情况：目前对外汉语教材很多，

各个学校（尤其是海外教学单位）自编的教材也很多。我们希望通过这次调查大致了解一下当前的教材使用情况，尤其是自编教材在整个教材使用中所占的比例。

2）可了解一线教师对整个书面语教学的意见：本文主要研究面向外国学生的现代汉语书面语的篇章结构特征，只是书面汉语教学中的一小部分。通过调查，我们可以知道国内外书面汉语教学的情况以及开始的阶段、教学中的侧重点，等等。

五、调查情况介绍

5.1 问卷调查场合

一共收回有效问卷 184 份，问卷调查分别是在以下几个场合进行的：

表 1 问卷调查场合（包括一线教师和外国留学生）

序号		受访人数（人）	备注
1	第八届国际汉语教学学术研讨会（昆明，2010. 07. 25—26）	37	被调查者是来自国内高校和美国高校的汉语教师。
2	汉办汉语作为第二语言教学法研习班（2010. 07. 13—08. 04）	76	被调查者是国内 63 所拥有汉语国际教育硕士点高校的研究生授课教师。
3	汉办孔子学院岗中教师培训班（2010 年暑期）	12	被调查者是来自国外孔子学院的岗中受训教师，基本上都有海内外汉语教学经验。
4	美国哈佛大学北京书院（HBA，2010 年暑期）	22	被调查者是 HBA 项目的二年级和四年级教师，大部分是国内研究生。

续表

序号		受访人数（人）	备注
5	北京大学朱陆会议（2010.08.17—18）	40	被调查者是参加北大朱陆会议的世界各地学者，部分是旁听者。
6	其他	14	其他零星调查。
合计		201	实际回收有效问卷184份。

5.2 被调查对象

在所调查的184位一线教师中，包括130位国内对外汉语教师；31位在国外工作（主要是美国）的汉语教师；还有23位从国内高校外派到世界各地孔子学院的教师。需要说明的是，通过个别访谈我们了解到：尽管在国外工作的汉语教师很可能也有曾在国内工作的经验，不过他们对问卷的回答主要是基于几年来在海外的教学实践；而孔子学院的教师虽然也是身在海外工作，但对问题的回答却是兼顾海内外教学实践尤其是国内教学经验回答的。[①] 详情参见表C－2。

表C－2　被调查对象一览表（只有一线教师）

序号	受访对象	受访人数（人）	备注
1	国内教师	130	被调查者是来自国内高校的对外汉语教师。
2	海外教师	31	被调查者是来自和美国高校的教师和部分中小学教师。
3	孔院教师	23	被调查者是来自国外孔子学院的岗中受训教师。
	合计	184	

① 这是我们通过个别访谈了解到的，究竟总体情况是否是这样目前尚不得而知，尤其是孔院教师。

六、各项数据分析

1）您的回答是基于国内教学经验还是海外教学经验？

A. 国内　　B. 海外

受访者中国内教师有 130 人，海外教师有 32 人，孔院教师 21 人，未填写的有 1 人，共计 184 人。被调查者身份详情如下表所示：

表 C－3　被调查者的身份分布

	受访人数（人）	备注
国内教师	130	1. “海内外经验”这部分比例应该更高一些，因有的岗中培训教师以为只可选一项，所以只选了海外经验； 2. “未填写”的原因可能是时间仓促没来得及填写，有的是确实还没有实际教学经验（研究生）。
海外教师	32	
孔院教师	21	
未填写	1	
合计	184	

各部分比例如下图所示：

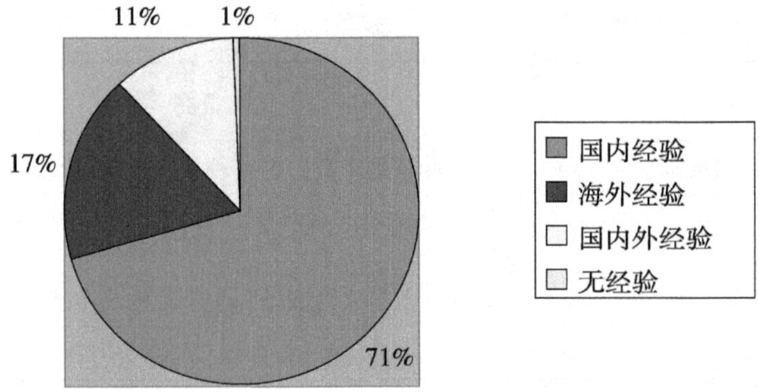

从总体上来看，国内教师占 71%，约 2/3 强；有海外经验的教师（包括海外教师和孔院教师）占 28%，不足三分之

一。因此，数据中所反映的主要还是国内对外汉语教学的情况。

2）您教的是哪个国家的学生？①

A. 欧美　B. 日韩　C. 中亚　D. 非洲　E：________

在所搜集到的数据中，除了欧美、日韩、中亚和非洲的学生之外，还有东南亚等国家的学生，此外北亚、大洋洲、阿拉伯国家的学生我们列为“其他”。数据显示，所受访教师中教过欧美学生的有 142 人，日本、韩国学生 128 人，中亚学生为 70 人，非洲学生 34 人，东南亚学生为 11 人，教过其他国家学生的为 1 人。详情参见下表：

表 C－4　被调查者所教学生的国籍分布

	欧美	日韩	中亚	非洲	东南亚	其他	备注②
国内教师	91	87	46	33	11	1	可多选
海外教师	24	22	14	1	0	0	
孔院教师	17	19	10	0	0	0	
合计	132	128	70	34	11	1	

各国学生所占比例如下图：

① 这个问题是有歧义的：一个是您现在教的是哪国学生；一个意思是您教过哪个国家的学生？受访教师根据自己的理解来回答，问题在于问卷设计者考虑不周。

② 此为多选题，若填“混合”或“都有”，就各项都算一票；俄罗斯、蒙古归入中亚选项；大洋洲包括澳大利亚和新西兰。

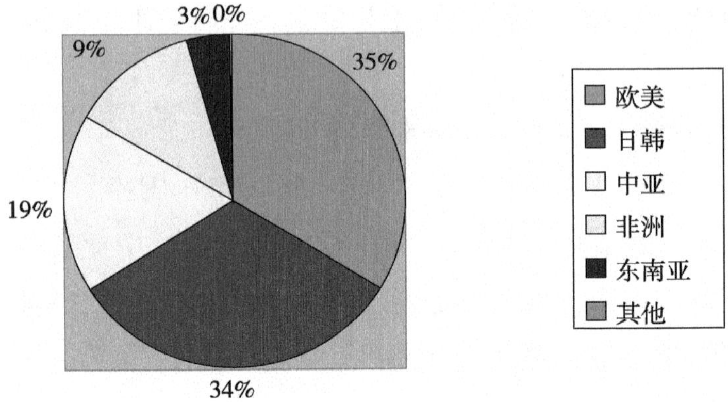

从数据中来看，欧美国家学生最多，占35%；日韩学生其次，占34%；中亚学生再次，占19%；非洲学生占9%，东南亚及其他国家的学生占3%。仅就国内留学生的情况来分析，上述数据至少反映出三点：

（1）欧美学生的人数略多于日韩学生，二者基本持平：我们以为日本、韩国学生在文化及汉语汉字等方面与中国有着割不断的联系，日、韩学生学汉语的热情也高于欧美学生（这都是事实），学习人数应该居于首位才对，但从实际数据上来看并非如此。

（2）中亚学生所占的比例超乎我们的预期：中亚国家学生人数增长如此之快也超乎大家的想象，其学生比例已经大大超过非洲和东南亚地区的学生。即便扣除统计过程中的技术误差，这一数据也足以引起研究者的重视。

（3）非洲学生的比例要远远高过东南亚的学生：东南亚地区目前被认为是汉语传播速度最快、汉语推广形势最好的地区，最典型的如泰国，但实际学生人数仅为非洲学生的1/3。事实说明，尽管东南亚地区汉语传播态势可喜，但因为我国与非洲传统的友好关系，目前东南亚学生的人数还远远赶不上非洲，更无法与中亚诸国相比。

上述这三点似乎多少都有些出乎我们的预料，而且这些数据背后都是有原因的。尽管不是官方穷尽性的全面统计，不过由于调查是随机的，扣除误差因素之后仍能大致反映出当前的态势。其中的原因值得进一步挖掘探讨，相信对汉语国际传播研究有一定的意义。①

这一数据对本文研究的意义在于，首先要关注欧美学生和日韩学生，这两种类型的学生人数要远远高于其他国家和地区。

3）您教的是哪个水平的学生？

A. 初级　B. 中级　C. 高级　D：________

调查数据显示，教初级水平学生的一线教师最多，有 116 人；其次是教中级水平的教师，有 110 人；教高级水平的教师最少，有 64 人。除此之外还有 5 位教师不在此列，原因可能是教的不是语言进修生，难于归类。详细数据参见下表：

表 5　被调查者所教学生的水平分布

	初级	中级	高级	其他	备注
国内教师	76	70	40	4	其他包括：研究生、本科、预科短期等。
海外教师	23	21	14	1	
孔院教师	17	19	10	0	
合计	116	110	64	5	

上述数据可用饼形图表示为：

① 学生分布呈现当前状况背后一定是有原因的，只是我们没有进一步调查，不敢臆测。例如，经济原因导致的日、韩学生人数锐减；地缘政治原因导致与中国关系友好的中亚国家的学生骤增；等等。

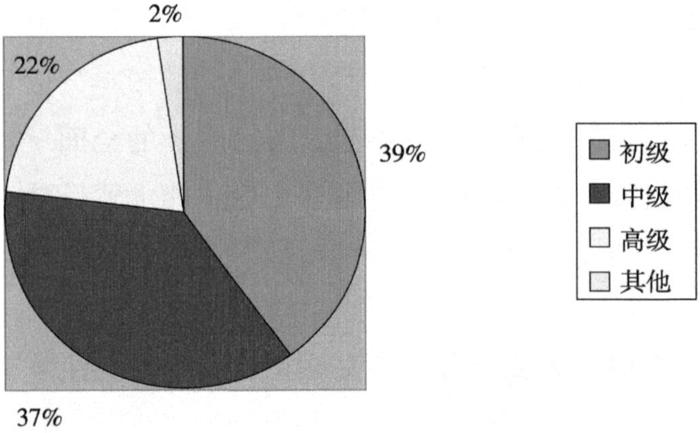

受访教师教授的学生水平大致分布如下：教授初级汉语水平学生的占39%；教授中级水平学生的占37%，教授高级汉语水平学生的占22%，其余占2%。也就是说超过2/3的教师教授的是初、中级的学生，只有不到1/3的老师教授的是高级班。这说明初、中级学生在整个汉语教学领域占大多数，这应该符合我们的感性认识。确实越往高水平走，学习的人数越少。对现代汉语书面语教学而言，是否应该考虑从初、中级阶段就开始抓起，或者在初、中级阶段中就应该深入书面语教学的因素？这一问题值得进一步探讨[①]。

4）您使用的是什么教材（可写多种）？

下面分别介绍国内、海外以及海内外汉语教材使用总体排名情况。

国内使用的教材有：《汉语301句》《初级汉语口语》《博雅汉语》《汉语教程》《桥梁》《发展汉语》《体验汉语》《新实用汉语课本》哈佛教材（高等教育出版社出版）、《长城汉

① 这是另外一个需要专门研究的课题，不仅需要有理论分析，而且需要有实际的教学实践经验支撑。

语》（多媒体教材）、《速成汉语听力》北京语言大学出版社教材、《风光汉语》《初级汉语教程》《成功之路》《很好》《汉语十日通》《功夫》《高级汉语口语》北京大学出版社教材、《汉语口语速成》《中级汉语口语》《中级汉语教程》《现代汉语教程》《说汉语谈文化》《汉语综合教程》《汉语水平考试（HSK）》《中文听说读写》《经理人汉语》本土教材、《当代中文》和自编教材等。

这里面也出现了哈佛大学系列教材（冯胜利主编）和《中文听说读写》（刘月华、姚道中、毕念平等编）等由海外汉语教师编写的教材，主要原因有两个：

一是哈佛大学编写的系列教材是由原哈佛大学中文部主任冯胜利教授主编的一套共四本教材，由高等教育出版社出版的。这四本教材分别是：《入乡随俗》（初中级）、《知人论世》（中级）、《说古道今》（中高级）和《文以载道》（高级）。因为是在国内出版社出版的，国内高校可以很容易买到，因此也有国内高校使用。

二是《中文听说读写》系列教材是美国影响最大的汉语教材之一，在国内外反响都很大。国内也有出版社引进了这种教学理念，如外语教学与研究出版社出版发行了由毕念平老师示范的《初级汉语课堂教学演示》光盘。因此，有国内高校引进使用这套教材不难理解。具体统计数据参见下表：

表 C－6　国内教材使用情况（自高至低排名）

序号	书名	数量	备注
1	《博雅汉语》	21	1.《博雅汉语》《汉语教程》《发展汉语》和《新实用汉语课本》等均为多套，被调查者使用的是哪一套多未注明。2. 使用者多并不等于使用数量也多。3. 哈佛教材出现在国内教材使用状况表中是因为哈佛大学暑期中文项目（哈佛大学北京书院，HBA）设在国内，并在国内出版。4.《中文听说读写》是海外教材，也出现在了国内教材榜上，说明个别国内高校引入了海外教材。
2	《汉语教程》	19	
3	《发展汉语》	15	
4	《汉语 301 句》	11	
5	北语教材	10	
6	哈佛教材	8	
7	自编教材	7	
8	《初级汉语口语》	4	
9	《桥梁》	4	
10	《新实用汉语课本》	4	
11	《成功之路》	4	
12	《汉语口语速成》	4	
13	《初级汉语教程》	3	
14	北大教材	3	
15	《汉语综合教程》	3	
16	《体验汉语》	2	
17	《速成汉语听力》	2	
18	《风光汉语》	2	
19	《很好》	2	
20	《汉语十日通》	2	
21	《高级汉语口语》	2	
22	《中级汉语教程》	2	
23	《经理人汉语》	2	
24	《中级汉语口语》	1	
25	《现代汉语教程》	1	
26	《中文听说读写》	1	

从统计数据看，可反映出如下几点：

①国内教材的使用并不集中，没有一统天下占绝对比例的教材。使用相对比较集中的几本（套）教材是《博雅汉语》《汉语教程》《发展汉语》和《汉语301句》。

②上述几套流行教材也反映了另一个事实，即使用量较大的是北京语言大学出版社出版的教材和北京大学出版社出版的教材①。

③系列教材被选用的较多，上述《博雅汉语》《汉语教程》和《发展汉语》均为系列教材。大约是因为各个层次配合得比较好，使用起来比较方便。

④口语教材多，而明确标明教授汉语书面语的教材几乎没有。口语教材在各个层次都有，如《初级汉语口语》《汉语口语速成》《中级汉语口语》和《高级汉语口语》等。而书面语教材似乎没有得到明确标识，即便在中、高级阶段也是这样，教材榜中所列的《汉语综合教程》《中级汉语教程》和《现代汉语教程》似乎是侧重书面语的。

对外汉语教材研究是个很大的课题，不但要求掌握大量准确的数据，同时也要求研究者有丰富的教材编写理念和经验。本文了解教材情况只是想了解口语教材和书面语教材的分布状况。海外教材使用情况如下表：

---

① 北语出版社和北大出版社的教材按理说不应该与《博雅汉语》等具体教材同列为选项，但因我们无法穷尽列出两个主流出版社全部的教材，又很想了解这两个出版社教材的使用情况，因此这么做了。

表 C－7　海外教材使用情况（自高至低排名）

<table>
<tr><th>序号</th><th>书名</th><th>数量</th><th>备注</th></tr>
<tr><td>1</td><td>《中文听说读写》</td><td>6</td><td rowspan="11">1. 国外教材使用更不集中，多为自编教材。
2. 《新实用汉语课本》和《长城汉语》等是国内编写的教材，其中《长城汉语》是多媒体教材。
3. “自编教材”和“本土教材”在这里未合并。</td></tr>
<tr><td>2</td><td>《新实用汉语课本》</td><td>5</td></tr>
<tr><td>3</td><td>自编教材</td><td>4</td></tr>
<tr><td>4</td><td>《长城汉语》</td><td>3</td></tr>
<tr><td>5</td><td>哈佛系列教材</td><td>2</td></tr>
<tr><td>6</td><td>《功夫》</td><td>2</td></tr>
<tr><td>7</td><td>本土教材</td><td>2</td></tr>
<tr><td>8</td><td>《当代中文》</td><td>2</td></tr>
<tr><td>11</td><td>《体验汉语》</td><td>1</td></tr>
<tr><td>12</td><td>《汉语教程》</td><td>1</td></tr>
<tr><td>13</td><td>《博雅汉语》</td><td>1</td></tr>
</table>

简要分析国外教材使用情况：

①尽管调查人数不多，但还是可以看出，教材选用显得更为分散。除了《中文听说读写》选用较多以外，自编教材若和本土教材合并，则可看出海外汉语教学因为情况各异，各自为政的情况比较普遍。

②国内教材向国外输入的很多，但总体上来说所占比例不大，汉办力推的两套教材《新实用汉语课本》和《长城汉语》相较之下使用率高一些。

③有关书面语教学的状况就更无法明确显示，这说明汉语在国外仅仅是众多外语学习中的一种，目前还无法谈书面汉语教学等更深入的问题。

下面是国内外汉语教材使用的总排名。国内外汉语教学环境不同，教学要求各异，似乎放在一起不甚合理。不过就汉语教材的总体使用情况而言还是有价值的。详见下表：

表 C－8　国内外汉语教材使用情况总排名

序号	书名	数量	备注
1	《博雅汉语》	48	1. 使用者多并不等于使用数量也多。 2. 使用者多并不意味着分布范围广：《汉语教程》《博雅汉语》和《发展汉语》《新实用汉语课本》等在国内的使用率较高；《中文听说读写》在北美地区影响较大。 3. 只统计使用者较多的教材，使用频率低于 10 的教材不再统计。
2	《汉语教程》	48	
3	《发展汉语》	32	
4	自编教材	28	
5	《汉语 301 句》	24	
6	《新实用汉语课本》	22	
7	哈佛教材	22	
8	北语教材	22	
9	《中文听说读写》	20	
10	《桥梁》	12	
11	《成功之路》	10	

5）在哪个阶段开始有意识地进行书面语方面的训练？

A. 初级　B、中级　C. 高级　D. 从低到高贯穿始终

有的老师做了多选，统计数据如下：从中级阶段开始的为 92 人，从初级阶段就开始的为 19 人，从高级阶段开始的为 17 人，书面语教学贯穿始终的为 25 人。从现有数据来看，压倒多数的意见是从中级阶段开始。关于书面语教学从哪个阶段开始，是一个单独的课题，需要做专门的研究，在此恕不赘述了。①

表 C－9　被调查者开始有意识进行书面语训练的阶段分布

	初级	中级	高级	贯穿始终	备注
国内教师	15	67	12	20	1. 有一些受访者此项未填。 2. 有人选了中、高级两项。
海外教师	2	14	2	4	
孔院教师	2	11	3	1	
合计	19	92	17	25	

① 因为出现了多选情况，该题未做饼形图。

6）您在进行书面语教学时比较注意哪些方面？

这个问题也是多选题，从现有结果来看，按重视程度高低分别为：注重书面语用词的有 122 人，其次注重衔接与连贯的有 92 人，再次为注重韵律语感的有 46 人，最后注重篇章结构的有 42 人。详细情况参见下表：

表 C－10　被调查者在进行书面语教学时的取向

	韵律语感	书面语用词	衔接与连贯	篇章结构	备注
国内教师	34	87	65	24	1. 有 3 个人选了篇章结构又勾掉了； 2. 有人特意强调侧重于“书面语用语”方面的教学。
海外教师	8	20	13	10	
孔院教师	4	15	14	8	
合计	46	122	92	42	

这说明，在教师们心目中书面用词是最大的区别于口语的特征，其次是衔接与连贯。实际上，在书面语教学中到底哪些方面是最重要的、最应该引起老师和学生的重视，还需进行深入研究。该题所列的这四项只是初步的一个看法，很可能在这四项之外还有更需要注意的地方。不过在教学中注意书面词语的教学练习，注意篇章中衔接连贯手段与口语不同则是毫无疑问的。

7）您认为学生若在中国学习，在学习中将较多地用到哪些现代汉语书面语语篇类型？

在学习中用到的书面语语篇有：请假条，应用文读写（包括证明、合同、签证文件、各种表格），文学作品阅读，便条、留言条等，课文、课堂笔记、作业，报刊新闻，邀请函，简历、求职信、自我介绍，计划，演讲辩论发言稿，短信，日记，报告，总结，通知，论文，启事、广告、海报等，调班申请，书信、电子邮件，作文。具体数据参加下表：

表 C－11　被调查者认为外国学生在中国学习时常用的书面语语篇类型

		国内教师	海外教师	孔院教师	合计	备注
1	请假条①	79	17	16	112	1. 其他申请包括入学申请、退学申请等多种。 2. 启事招贴包括找语伴、辅导、寻物、征婚等启事。 3. 论文包括日常作文、学年论文、毕业论文等。
2	其他申请	54	9	5	68	
3	书信电邮	28	12	4	44	
4	作文	19	8	3	30	
5	启事、广告、海报	20	4	4	28	
6	调班申请	19	1	3	23	
7	报告	16	2	2	20	
8	通知	14	4	2	20	
9	应用文	12	4	3	19	
10	简历、求职信等	10	6	2	18	
11	论文	10	2	1	13	
12	演讲稿等	9	0	2	11	
13	短信	6	2	1	9	
14	总结	9	0	0	9	
15	报刊新闻	3	3	0	6	
16	文学作品类	4	1	0	5	
17	便条、留言条	3	1	0	4	
18	邀请函	2	0	2	4	
19	计划	4	0	0	4	
20	日记	4	0	0	4	
21	笔记、作业等	2	1	0	3	

各种书面语篇类型所占的比例如下图所示：

① 请假条频率奇高的原因可能是在题干的提示语中有提示，而受访者对这一语篇形式又比较认同。

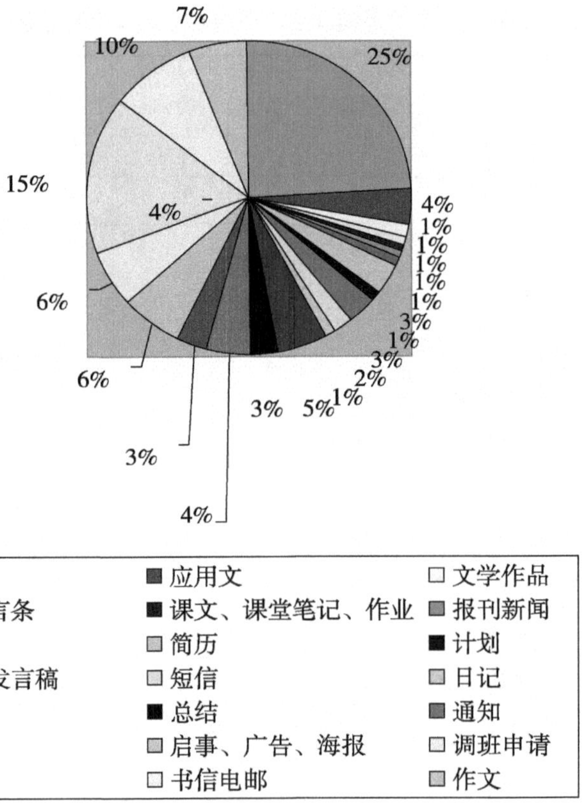

从中可以看出：

（1）请假条、多种申请、书信邮件和作文是一线教师认为重要的常用语篇类型，出现频率都在 30 以上。我们在研究的时候应先从这几种语类入手，尤其是作文。

（2）启事、广告、海报，调班申请、报告和通知等也不容忽视，出现频率都在 20 以上。

（3）或许因为达到高级阶段的学生毕竟很少，只有本科生和研究生才有论文写作的要求，因此在学习领域填写“论文”的受访者并不太多，出现频率仅有 13。

（4）要求会写的语篇类型（请假条、申请、书信邮件、作文等）要先于要求能读懂的语篇类型（如启事、广告、海报、通知等）。

我们调查常用书面语语篇类型的目的就是要重点研究常用语篇类型，从现有数据来看请假条、多种申请、书信邮件和作文都可作为我们的主要研究对象。相比较之下，“作文”这种语篇类型应该作为我们的首选，理由如下：

①尽管作文不是出现频率最高的语类，但在任何一个国家学习，会写作文是最起码的要求，其重要性不言而喻。

②我们目前有成熟的HSK作文语料库可供利用，有最好的研究条件。摸清外国学生在各种文体写作上的情况是很有意义的。

8）您认为学生若在中国生活，在生活中将较多地用到哪些书面语语篇类型？

受访者所填写的语篇类型有：新闻、报刊，广告、启事、海报等，书信、邮件，文学作品，作文，通知，说明书，各种票据、文件，申请，便条、留言，自我介绍、简历等，合同、协议，短信，请假条，应用文，报告，日记，论文、科技语篇等，菜单，旅游材料，演讲稿，网络用语，贺卡、名片、明信片，成语和总结。各项统计数据详见下表：

表C－12　被调查者认为外国学生在中国生活中常用的书面语语篇类型

<table>
<tr><th colspan="2"></th><th>国内教师</th><th>海外教师</th><th>孔院教师</th><th>合计</th><th>备注</th></tr>
<tr><td>1</td><td>新闻、报刊</td><td>99</td><td>19</td><td>16</td><td>134</td><td rowspan="4">1. 应用文：指除了通知、总结、报告等单列出来之外的应用文。</td></tr>
<tr><td>2</td><td>广告、启事、海报等</td><td>25</td><td>17</td><td>10</td><td>52</td></tr>
<tr><td>3</td><td>书信、邮件</td><td>22</td><td>6</td><td>2</td><td>30</td></tr>
<tr><td>4</td><td>文学作品</td><td>18</td><td>2</td><td>1</td><td>21</td></tr>
</table>

续表

		国内教师	海外教师	孔院教师	合计	备注
5	作文	10	2	3	15	
6	通知	11	3	1	15	
7	说明书	11	0	2	13	
8	各种票据、文件	8	2	1	11	
9	申请	7	3	1	11	
10	便条、留言	7	2	1	10	
11	自我介绍、简历等	9	0	1	10	
12	合同、协议	5	0	1	6	
13	短信	3	2	0	5	
14	请假条	3	2	0	5	
15	应用文	5	0	0	5	
16	报告	4	0	0	4	
17	日记	4	0	0	4	
18	论文、科技语篇等	3	1	0	4	
19	菜单	2	1	0	3	
20	旅游材料	2	0	1	3	
21	演讲稿	3	0	0	3	
22	网络用语	2	1	0	3	
23	贺卡、名片、明信片	1	0	2	3	
24	成语	2	0	0	2	
25	总结	2	0	0	2	

具体比例如下图所示：

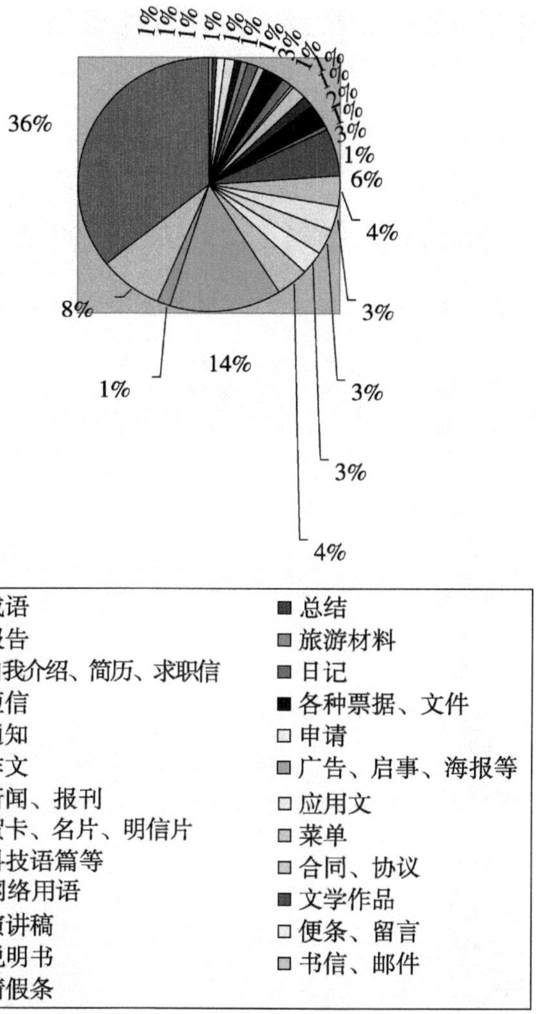

数据显示，在常用的语篇类型中新闻报刊占据绝对优势，约 36%；其后依次为广告、启事、海报等（14%），书信、邮件（8%）和文学作品（6%）。该数据的意义在于应重视新闻语篇及广告、海报等应用文体。

9）您认为学生若在中国工作，在日常工作中将较多用到哪些书面语语篇类型？

在工作中用到的书面语语篇有：求职申请、工作总结、报告、工作报告、简历、自我介绍、其他申请、公文、应用文、书信、邮件、合同、协议、计划、请假条、广告、海报、通知、调查报告、汇报、工作汇报、说明书、说明文、便条、留言条、商务文书、报纸、新闻、会议纪要、法规、日记、邀请函、网络用语、辞职报告和银行资料等。各项统计数据详见下表：

表 C－13　被调查者认为外国学生在未来工作中常用的书面语语篇类型

		国内教师	海外教师	孔院教师	合计	备注
1	求职申请	69	8	13	90	1. 其他申请指求职申请之外的申请书。
2	工作总结	59	8	10	77	
3	报告、工作报告	28	5	3	36	
4	简历、自我介绍	28	6	4	38	
5	其他申请	14	6	1	21	
6	公文、应用文	9	5	5	19	
7	书信、邮件	12	3	1	16	
8	合同、协议	10	3	1	14	
9	计划	8	3	1	12	
10	请假条	7	3	1	11	
11	广告、海报等	7	2	1	10	
12	通知	5	3	2	10	
13	调查报告	8	0	2	10	
14	汇报、工作汇报等	6	0	1	7	
15	说明书、说明文	2	2	2	6	
16	便条、留言条	4	0	1	5	
17	商务文书	4	1	0	5	
18	报纸、新闻	1	3	0	4	
19	会议纪要	0	2	0	2	
20	法规	0	2	0	2	
21	日记	2	0	0	2	
22	邀请函	2	0	0	2	
23	网络用语	2	0	0	2	
24	辞职报告	2	0	0	2	
25	银行资料	1	0	0	1	

具体比例如下图所示：

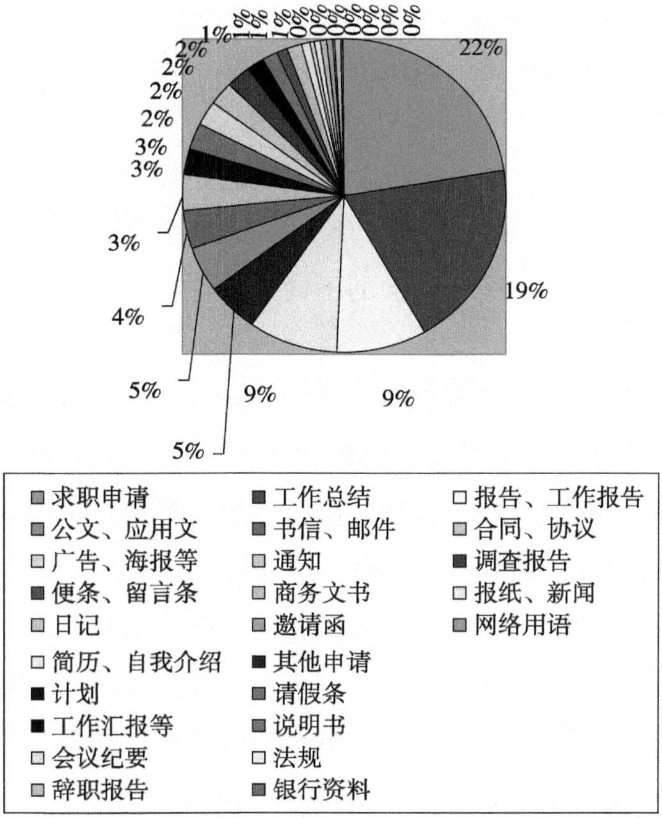

从数据可以看出，求职申请（求职信）高居榜首，占22%；其次为工作总结，占19%；再次为报告、工作报告（9%）和简历、自我介绍（9%）；其他工作用经常用到的应用文也占据不少比例。可以看出，与求职有关的书面语篇和工作中常用的应用文出现频率是比较高的。这些数据对本研究的意义在于，若培养外国学生在华工作的能力，应注意应用文文体的训练。在研究方面，也应注意选取应用文方面的语料。

10）您觉得书面语语篇层面教学最重要的内容是什么？

这是一个开放式问题，老师们提出了很多很好的建议。总体观点与建议如下[①]：

（1）谈到最多的是词语的使用与训练，被 9 次提及，教师们建议应注意使用书面语用词，注意恰当性。

（2）其次是涉及篇章方面的训练，被提及 8 次，教师们谈到篇章结构、衔接连贯以及层次间的逻辑关系。

（3）最后是句型句式方面，被提及 5 次，建议应意识到书面语与口语在句法结构上的不同，并注重一些常用书面句式的教学。

此外还谈到书面语语篇教学的注意事项及方法步骤：首先强调实用性（2 次提及），所教授的应是常见的通用汉语，庄雅度适中，不宜太高。其次，应注意循序渐进。有老师提出可从简单的日常标语到规定句子（rules），进而到记叙文和论说文；或者从口语入手渐进引入书面语；在训练单位上可由句到句群，再到语篇。最后达到让学生自然地道地表达的教学目的（2 次提及）。此外，在书面语语料输入方面，特别提到应多听新闻、多看电视和报纸，注意学习其中的语言（2 次提及）。

七、讨论

调查得到了很多我们意想不到的结果，这些数据来自教学一线，非常珍贵。值得研究者深入思考，认真利用。但调查本身在问卷设计和调查过程方面都有不少需要改进的地方，这也是一次很好的“下水”经验，将为未来的调查打下良好基础。

① 我们问的是语篇层面的书面语教学，词语和句式不属于语篇层面，但对书面语教学依然具有重要意义。

应注意书面语篇的阅读和写作的差异，受访者在这一点上有很明确的区分。如明确写出“写信”“文学作品阅读”等。在现实教学中书面语篇的要求是不同的，有的只要求能理解、读懂即可，如海报、广告、报刊新闻等，有的却要求必须会写，如调班申请、个人简历等等。

尽管调查统计有诸多不尽如人意的地方，但我们也通过上述调查为下一步的研究指明了方向：即应着力研究欧美学生和日韩学生；在初、中级阶段汉语学习过程中，作文、新闻及应用文语篇的写作与阅读是需要特别关注的书面语篇类型。在现代汉语书面语篇章研究方面，应特别注意篇章结构和衔接连贯手段的研究。

后　记

拙著是在本人博士后出站报告的基础上修改而成，回顾在站做后的这些日子，蒙诸多师友扶助，内心十分感激：

首先，衷心感谢我的博士后导师崔希亮教授，老师“顺其自然”的教诲让我受益终生！感谢我的博士导师李宇明教授，老师“学术至上”的理念也成了我的人生信条！

非常感谢困苦之中援手相助的陆俭明先生和马真先生，没有二位先生在学业上的耳提面命与生活上的诸多帮助，或许我无法渡过重重难关！

特别感谢危难之中鼎力支撑的徐赳赳教授和刘海涛教授，没有二位恩师的力挺，相信我已经彻底告别学术生涯了，深恩厚德，铭记在心！

尤其感谢技术上倾力相帮的张宝林教授、林君峰博士、徐枫洁师妹、王之岭师妹以及毫无保留与我讨论问题的郭翠翠博士！有缘与这些学术伙伴共事是我的荣幸，深情厚谊，不敢